RICHARD
SENNNETT

DER
DARSTELLENDE
MENSCH

Kunst, Leben, Politik

Aus dem Englischen
von Michael Bischoff

Hanser Berlin

Die englische Originalausgabe erschien 2024 unter dem Titel
The Performer. Art, Life, Politics bei Allen Lane,
an Imprint of Penguin Random House UK, London

1. Auflage 2024

ISBN 978-3-446-28174-5

Umschlag: Anzinger und Rasp, München
Motiv: © AegeanBlue / iStock / Getty Images Plus
Satz: Sandra Hacke, Dachau
Druck und Bindung: GGP Media GmbH, Pößneck
Printed in Germany

FSC www.fsc.org
MIX
Papier | Fördert
gute Waldnutzung
FSC® C014496

Für QQ

INHALT

Buch III

DER WENDEPUNKT

Buch IV

BÖSWILLIGE DARBIETUNGEN

Buch V

WIE KUNST ÖFFNET

Buch VI

KONFRONTATION UND ANERKENNUNG

VORWORT: AUF DER BÜHNE

Der Autor stellt seine Ware aus

Eine Kunst

»Die ganze Welt ist Bühne«, sagt der »melancholische Jacques« in Shakespeares *Wie es euch gefällt*. Das ist kein neuer Gedanke. Das Bild des Lebens als Bühne oder Theater lässt sich bis in die Antike zu dem römischen Dichter Juvenal zurückverfolgen, bei dem es heißt: »Ganz Griechenland ist eine Bühne, und alle Griechen sind Schauspieler«, wie auch nach vorn bis zu dem amerikanischen Soziologen Erving Goffman, der meinte, das »soziale Leben« sei »ein Mosaik aus Darbietungen« unterschiedlichster Art. Der Gedanke verdeckt allerdings mehr, als er enthüllt.

Als ich mit der Niederschrift dieses Essays über die Gesellschaft und die darstellenden Künste begann, beherrschten diverse Demagogen die Bühne der Öffentlichkeit. Donald Trump in den USA und Boris Johnson in Großbritannien sind geschickte Darsteller. Bei bösartigen Darbietungen dieser Art werden allerdings dieselben Ausdrucksmittel eingesetzt wie bei anderen Ausdrucksformen. Bühnenaufstellung, Beleuchtung und Kostümierung sind nonverbale Mittel, die bei Darbietungen aller Art zum Einsatz kommen, ebenso wie Tempowechsel bei Sprache und Klängen oder die ausdrucksstarke Bewegung von Händen und Füßen.

Tatsächlich ist Darstellung eine der Künste – eine unreine Kunst. Wir sollten keinesfalls versuchen, ihr krummes Holz zu begradigen, indem wir Darstellungen an die richtigen sozialen Werte ketten. Das war Rousseaus Gedanke, den er Mitte des 18. Jahrhunderts in seinem *Brief an d'Alembert über das Schauspiel* darlegte, und das ist auch, was autoritäre Regime von jeher tun. Reinheit im Namen der Tugend ist zutiefst repressiv. Wir sollten die Kunst in ihrer ganzen Unreinheit verstehen wollen.

Doch genauso sollten wir auch Kunst schaffen wollen, die moralisch gut ist, und zwar ohne jede Unterdrückung. Ein antiker Gott zeigt, wie das gehen könnte.

Janus waltet über den Dingen

Wenn jemand als »janusköpfig« bezeichnet wird, ist damit gemeint, dass er unaufrichtig sei. Das Gesicht, das er der Welt zeigt, entspricht nicht seiner wahren Person. Die Römer sahen Janus anders. Er war ein Gott des Übergangs, des Durchgangs, der Möglichkeiten. Der erste Tag im Januar ist nach ihm benannt, weil er den Gang über eine zeitliche Schwelle markiert. In der Antike brachte man über Türen oder Toren Plaketten mit dem Januskopf an, um den Übergang von der Straße ins Innere des Hauses zu kennzeichnen.

Alle römischen Rituale begannen mit einem Gebet an Janus, und die Menschen hoffen auf eine gute Zukunft. Er war jedoch kein Gott, der für Ruhe und Sicherheit stand. Als Gott der Übergänge und Verwandlungen eröffnete er den Weg durch Zeit und Raum, ließ das Ziel aber im Unbestimmten. So hielten frühchristliche Theologen Janus im Unterschied zu Jesus für einen grausamen Gott, weil er sich weigerte, die Gebete der Menschen zu erhören und ihnen zu sagen, wie die Dinge ausgehen würden. Janus tat nur eines: Er lenkte die Aufmerksamkeit auf die neue Seite im Kalender, auf die Plakette über der Tür. Diese Unbestimmtheit hat jedoch auch ihre gute Seite.

Darstellende Kunst, im guten janusköpfigen Geiste ausgeführt, konzentriert sich auf den Prozess statt auf ein festgelegtes, fertiges Ergebnis. Darbietungen verändern sich mit der Zeit, weil es keine festgelegte Bedeutung gibt. Gute Künstler suchen stets nach Möglichkeiten, ein Werk mit neuer Frische zu erfüllen, es einen Schritt weiter zu treiben, es anders zu machen. Und ebenso fordert eine offene Darbietung die Zuschauer auf, sich an der Reise des Ausdrucks zu beteiligen, statt der Reise des Darbietenden passiv zuzuschauen. Janusköpfige Kunst ist zwar offen, aber durchaus nicht ohne Form. Mit wachsender Erfahrung lernt der Künstler die besonderen Punkte kennen, an denen Ausdruck sich verändern lässt – und wie ihm das gelingt.

Ich bilde mir nicht ein, die offene, im Zeichen des Janus stehende Ausübung der Kunst werde die Macht der manipulativen, bösartigen Darbietung auflösen. Auch bösartiger Ausdruck ist emotional überzeugend. Doch die Ausübung von Kunst kann dem entgegenwirken, indem sie ein Modell für Freiheit anbietet – eines, in dem nicht mehr der Anspruch auf Wahrheit und Richtigkeit vorherrscht und Ausdruck stattdessen zur Erkundung wird.

Eine berüchtigte Phrase

Ich habe noch nie der berühmten Behauptung geglaubt, dass »die Vergangenheit ein fremdes Land« sei. Wie mag es gewesen sein, als afrikanischer Krieger im 17. Jahrhundert gefangen, versklavt und nach Amerika gebracht zu werden? Natürlich können wir diese Erfahrung nicht in all ihren Einzelheiten verstehen, doch es wäre absurd, wenn wir bestreiten wollten, dass wir sie als menschliche Wesen sehr wohl nachempfinden können. Umgekehrt sind wir keine derart besonderen Wesen, dass dieser Krieger nicht in der Lage wäre, uns zu verstehen. Aus demselben Grunde wäre es schiere Arroganz, wenn man meinte, Platon, Machiavelli oder Kant hätten uns nichts Relevantes zu sagen, weil sie – Pech für sie – vor der Moderne lebten.

In meiner ganzen schriftstellerischen Arbeit habe ich nach dem gesucht, was die Menschen über Zeiten und Räume hinweg miteinander verbindet. Die Unterschiede, die es gibt, können Möglichkeiten des Lebens oder Ausdrucks offenlegen, die untergegangen oder durch Macht erstickt worden sind. Die Vergangenheit ist Kritik an der Gegenwart.

Dieses Buch

Daher die Geschichte, die ich hier erzähle. Buch I betrachtet die beunruhigende, mehrdeutige, gefährliche Macht darstellerischen Ausdrucks. Buch II untersucht die Orte, an denen Darbietungen stattfinden, und genauer noch die schrittweise Trennung der Bühnen von den Straßen. Buch III geht der Frage nach, wie der Darsteller in einem entscheidenden Augenblick der Geschichte als eigenständige Person hervortrat. Buch IV schaut auf den Zuschauer, dessen Rolle heute im Dunkeln liegt. Buch V versucht zu klären, wie die Dunkelheit sich durch würdigere Formen der Darbietung ein wenig erhellen ließe. Buch VI macht sich Gedanken über die Frage, wie Darstellung sowohl die Politik als auch das alltägliche Leben emporheben könnte.

Ich

Ich nähere mich der Darstellung und Darbietung aus einer besonderen persönlichen Perspektive als Darbietender. In meiner Jugend bereitete ich mich darauf vor, Berufsmusiker zu werden, und spielte hauptsächlich klassische Kammermusik. Dann arbeitete ich als Klangkünstler für experimentelle Tanzgruppen. Eine Handverletzung und ein fehlgeschlagener chirurgischer Eingriff setzten meinem Cellospiel ein Ende, und auch in der Klangkunst verlor ich den Mut. So vollzog ich denn eine große Wende und fand eine Nische als Autor von Schriften über die Gesellschaft, vor allem über Arbeit in Städten und die Gestaltung öffentlicher Räume. Auch in diesem neuen Leben schlug ich mir das alte nicht vollkommen aus dem Sinn.

Zweimal habe ich versucht, die Beziehung zwischen Kunst und Gesellschaft auf soziologischer Ebene zu untersuchen – zunächst 1977 in *Verfall und Ende des öffentlichen Lebens* und dann, vierzehn Jahre später, in *Civitas. Die Großstadt und die Kultur des Unterschieds*. Welchen akademischen Wert diese Bücher auch haben mögen, sie wurden jedenfalls nicht aus der Perspektive des Künstlers geschrieben. Als Musiker weiß ich von jeher, dass eine große Gefahr besteht, darstellende Kunst oder Musik auf eine simple Manifestation, eine Abbildung der Gesellschaft zu reduzieren. Die ethischen Probleme des Darstellens und Aufführens liegen jedoch tiefer, und zwar innerhalb der Kunst.

»Darstellung« und »Aufführung« decken ein breites Spektrum an Darbietungen ab. Ich wollte, meine Erfahrungen mit der Kunstausübung wären umfassender. Jenseits westlicher klassischer Musik bin ich ein musikalischer Laie. Ich habe jedoch versucht, aus diesem Mangel eine Tugend zu machen und der Frage nachzugehen, wie hohe Kunst Bedeutung für das alltägliche Leben erlangen könnte. Aus Gründen meiner persönlichen Biographie, von denen noch die Rede sein wird, habe ich nur wenig Erfahrung mit der Schauspielerei, eine weitere Einschränkung, der ich zu begegnen versuche, indem ich mich auf jene körperlichen Aspekte des Theaters konzentriere, die Darbietende im Bereich der Musik und des Tanzes gemeinsam haben, weil sie auf der Bühne nicht sprechen.

Falls ich lange genug lebe, möchte ich drei Essays über die Präsenz der Kunst in der Gesellschaft schreiben: diesen hier über Darbietung, einen weiteren über Erzählen und einen dritten über Abbilden. In meinen Augen decken diese drei Aspekte das gesamte Ausdrucksspektrum des Menschen ab; sie bilden unsere Ausdrucks-DNA. Natürlich gibt es hier Unterschiede. Eine Geschichte zu lesen, ist nicht dasselbe, wie eine dramatisierte Fassung auf der Bühne oder auch im Film zu sehen. Dennoch ist die ethische Verbindung stärker als das Medium: Alle drei können sowohl schaden als auch inspirieren.

Ich sollte kurz erläutern, warum ich oben gesagt habe: »Falls ich lange genug lebe.« Ich bin jetzt fast achtzig. Der Sensenmann könnte mich jederzeit holen. Deshalb schreibe ich die drei Essays als eigenständige Texte und hoffe das Beste.

Erinnern und Denken

Gewöhnlich rät man jungen Autoren, über Dinge zu schreiben, die sie kennen. Das ist ein schlechter Rat. Wer jung ist, sollte seiner Fantasie freien Lauf lassen. Für ältere Autoren ist der Rat dagegen gut. Für sie ist es höchste Zeit, vor sich selbst Rechenschaft über ihr Leben abzulegen. Erinnern kann indessen auch gefährlich sein. Still in einem Café sitzend, eine verbotene Zigarette in der Hand – mit achtzig ist einem Vergnügen mit Recht wichtiger als Gesundheit –, verliert man sich leicht in seinen Träumereien. Solche Erinnerungen können für andere durchaus langweilig oder irrelevant sein. Man sollte sich fragen, ob, wie und warum etwas, das man erlebt hat, auch für andere Menschen mit einem ganz anderen Leben bedeutsam sein könnte. Beim Erinnern sollte man Disziplin üben.

Präsenz der Stadt

Zwischen Kunst und Stadt besteht eine besondere Affinität. »Die Kunst ist eine Folge der Übervölkerung«, erklärte einmal der Literaturkritiker William Empson und meinte damit, dass dicht besiedelte Orte Menschen stimulieren, die dort durch Vergleich und Konkurrenz neue Möglichkeiten erkennen, wie man etwas tun könnte. Solch eine kreative Stimulierung kann nicht entstehen, wenn die »Kreativen« isoliert werden oder unter sich bleiben – in einem Dorf oder einem Campus gleichgesinnter Menschen.

Ville und *cité* sind französische Ausdrücke für zwei Aspekte urbanen Lebens. *Ville* ist der physische Aspekt auf der Landkarte, die Gebäude und Räume; *cité* besteht aus den Verhaltensweisen und Vorstellungen der Menschen, die in dieser physischen Umgebung leben. Beides passt nicht immer nahtlos zusammen. So bewohnen die Menschen verschiedener Kulturen bestimmte Haustypen auf unterschiedliche Weise. Umgekehrt kann ein gutes Design eine Herausforderung für selbstverständlich erscheinende Lebensweisen darstellen. Städte funktionieren weitgehend deshalb nicht wie gut geölte Maschinen, weil es Reibung zwischen *ville* und *cité* gibt. Wenden wir diese Unterscheidung auf die darstellenden Künste an, ist die Bühne eine physische Baulichkeit, die Straße eine physische Aneinanderreihung von Räumen in deren Umfeld. Die materielle *ville* des Darstellens besteht auch aus Kostümen, Masken und Schminke, gemalten Landschaften, Bühnenbeleuchtung, der Technik in Aufnahmestudios. Die *cité* der Kunst besteht dagegen aus den Bedeutungen eines Textes, den Bemühungen der Darbietenden, ihn zu interpretieren, sowie den Bedürfnissen, Wünschen und Bedeutungen, die ein Publikum an die Darbietung heranträgt. Auch hier gibt es eine Spannung zwischen der *ville* der Kunst und ihrer *cité*, zwischen ihrer Materialität und ihren Bedeutungen. Diese Spannung prägt die Erfahrung einer Darbietung, erzeugt ihre Ecken und Kanten, ihre Komplexität.

Ohne die

Ich sollte freimütig bekennen, dass ich nicht versucht habe, dieses Buch in den Rahmen des boomenden akademischen Feldes der »Performance Studies« zu stellen. Ich wollte selbst über diese Dinge nachdenken. Was zweifellos zur Folge hat, dass ich hier das akademische Äquivalent zur erneuten Erfindung des Rades unternommen habe. Dennoch hoffe ich, das Interesse der Leser zu finden, die wahrscheinlich ebenfalls keine akademischen Fachleute sind.

Besonderen Dank schulde ich Patrick O'Conner, dessen Leidenschaft für Varietés, verwelkte südamerikanische Diven und die *chanteuse* Josephine Baker Vergnügungen eröffnete, die von der Juiliard School of Music nicht berücksichtigt wurden. Dem Musiker Richard Gode und der Musikerin Marcia Gode verdanke ich Jahrzehnte gleichermaßen leidenschaftlich geführter Diskussionen über Kochen und die Bedeutung von Kunst. Dankbar bin auch Ian Bostridge, der mir ein Beispiel gab, wie man zwanglos und ausdrucksstark über Musik schreibt. Vor allem aber möchte ich dem Pianisten und Dichter Alfred Brendel danken, mit dem ich seit fünfzig Jahren befreundet bin.

Zwei Menschen öffneten mich für Darbietungen außerhalb meiner Komfortzone. In den neunzehnhundertsiebziger Jahren schleppte Robert Gottlieb mich mit zum New York City Ballet, damals die grandioseste Tanztruppe der Welt, die er im Unterschied zu mir kannte. John Guare nahm mich mit zu Theateraufführungen, die aus eigenem Antrieb zu besuchen ich damals zu snobistisch und engstirnig war.

Dieser Band knüpft an Bücher über die Darbietung von Musik an, die von befreundeten, Bücher schreibenden Musikern und Musikerinnen stammen: George Lewis, Georgina Born und Alex Ross. Dankbar bin ich auch für die Erkenntnisse von Menschen, mit denen ich nicht bekannt bin, insbesondere dem Soziologen Jeffrey Alexander, dem Musikwissenschaftler Richard Taruskin und der Philosophin Judith Butler.

Gelernt habe ich auch aus dem Meinungsaustausch mit mehreren jüngeren Freundinnen und Freunden: John Bingham-Hall und Gascia Ouzounian, mit denen ich im Theatrum-Mundi-Projekt zusammenarbeite; der Tänzerin Adesola Akinleye, die mir den Mut gab, selbst wieder aufzutreten, wenn auch schlecht; Daniel Jütte, der so gelehrt und ein so sorgfältiger Leser ist. In dieser Reihe junger Leute ist der persönlich für mich bedeutsamste Andrew Barratt, der diesen Essay argwöhnisch Wort für Wort gelesen und meine Aufmerksamkeit vor allem auf aktuelles statt früheres Geschehen gelenkt hat.

Schließlich möchte ich meinem anspruchsvollen, aber freundlichen Lektor Stuart Proffitt und meiner zugleich als psychiatrische Betreuerin fungierenden Agentin Cullen Stanley danken. Die Lektorin Bela Cunha verbesserte, was als chaotischer und schlecht organisierter Text auf ihren Tisch kam.

Dieses Buch wurde durch einen Zuschuss der Leverhulme Foundation gefördert.

EINLEITUNG: KUNST UND LEBEN IM SOMMER 1963

Ich bin zu jung, um drei Spannungen zwischen Kunst und Leben zu verstehen

Kunst im Dienst der Macht

Im Frühsommer 1963 besuchen die Kusine meines Vaters Sylvia und ich das Thalia-Filmtheater in New York. Sie lebt gleich doppelt im Exil. Als junge Frau floh sie während der stalinistischen Säuberungen 1936 aus Odessa nach München und dann während Hitlers Säuberungen 1938 aus München nach New York. Jetzt, in ihren mittleren Jahren, verdient sie ihren Lebensunterhalt als Puppenspielerin in New York und springt gelegentlich als Ersatzspielerin für Ollie (einen Drachen) in der TV-Show *Kukla, Fran and Ollie* ein. Häufiger tritt sie allerdings bei Puppentheatervorstellungen in Schulen auf, wo ihr immer noch massiver ausländischer Akzent offenbar der Prüfung durch die Kinder standhält.

Das Thalia war ein Programmkino, das sich auf ausländische Filme ohne größeren kommerziellen Wert spezialisiert hatte. In den neunzehnhundertsechziger Jahren entstanden solche umsatzschwachen Kleinunternehmungen überall in der Stadt in Vierteln, in denen viele Künstler, Ausländer und Studenten zusammenkamen. An der 95th Street Ecke Broadway lag das Thalia mitten in dieser polyglotten Community in der Upper West Side Manhattans. Es befand sich im Untergeschoss eines Gebäudes, unterhalb eines populäreren Filmtheaters. Der Kinosaal war ein seltsamer Raum, geformt wie ein Schiff, dessen Bug von einer Woge angehoben wurde, sodass die Sitze tiefer lagen als die Leinwand. Da oft mehrere Filme eines Regisseurs nacheinander gespielt wurden, verbrachten kinobegeisterte Stammkunden dort häufig viele Stunden am Stück, und so roch dieses schlecht belüftete Kunstschiff stark nach Schweiß.

Auf Anregung Sylvias besuchten wir eine Retrospektive von Leni-Riefenstahl-Filmen, die sie sehr aufmerksam, aber still anschaute. Obwohl sie so redselig und ausgelassen war, wenn ihre Hand in einer Puppe steckte, und sichtlich Spaß daran hatte, ließ sie sich abseits der Bühne meist nur zu kurzen, rätselhaften Bemerkungen hinreißen, falls sie überhaupt redete – vielleicht wegen ihres holprigen Englischs oder wegen ihrer Erinnerungen.

Riefenstahls *Triumph des Willens*, der Hitlers Besuch in Nürnberg 1934 feiert, verbindet wortlos Kunst und Leben. Der Soundtrack ist brillant konstruiert. In der Eröffnungssequenz hören wir das Motorengeräusch eines Flugzeugs und sehen dabei nur Himmel. Der Führer ist in den Wolken verborgen, aber das Geräusch sagt uns, dass er da ist und gleich aus den Wolken in die Stadt herabsteigen wird. Der chaotische Lärm des Straßenverkehrs signalisiert das übliche städtische Gewirr der Aktivitäten und Menschen unten am Boden. Das Horst-Wessel-Lied ist zu hören, allerdings gedämpft vom Brummen der Propeller. Dann Stille. Bald taucht seine Wagenkolonne auf. Er kommt. Nun sind organisierte Heil-Hitler-Rufe zu hören. Riefenstahl filmt den Einzug in Zeitlupe als ein Geschehen, das sich schrittweise entfaltet. Als der Führer zum Podium hinaufsteigt, wird alles schneller. Seine Rede gleicht einer plötzlichen Explosion, die wachrüttelt und beschleunigt.

Mit solchen nichtsprachlichen Mitteln lässt Riefenstahl sein Charisma lebendig werden. Tatsächlich hat der Film seine schwächsten Augenblicke, wenn Hitler tatsächlich spricht und Klischees hinausspuckt, die das Publikum inzwischen fast auswendig kennt. Riefenstahl kompensiert das, indem sie sich auf seinen Gesichtsausdruck, die Gebärden seiner Arme, seine Bewegung auf dem Podium konzentriert. Sie lässt den Zugriff des Demagogen auf die Menschen körperlich spürbar werden.

Diese wortlose Macht ist keineswegs grobschlächtig. So setzt der Film auf raffinierte Weise Wagners *Meistersinger* ein. In Beckmesser schuf der Komponist eine archetypische Figur des durchtriebenen Juden. In der 6. Szene des 2. Akts wird Beckmessers Macht in einer der verästeltsten und spannungsvollsten Passagen, die Wagner jemals komponiert hat, auf die Probe gestellt und schließlich besiegt. Der in der 5. Szene des 3. Akts folgende Choral »Wach auf« ist dagegen friedvoll, und viele der unaufgelösten Harmonien werden unvermittelt geglättet. *Triumph des Willens* eignet sich Wagners Choral an und bringt ihn als Begleitmusik zum friedvollen Erwachen Nürnbergs am Morgen nach Hitlers Besuch. Ein erhabener Augenblick aus der Oper markiert Hitlers Macht über eine Stadt – überzeugend selbst für mich als Juden.

Wir bleiben und schauen uns auch den nächsten Film des Festivals an, *Olympia*, der von den Olympischen Spielen 1936 in Berlin handelt und den ich erst kürzlich wieder gesehen habe – noch stärker ergriffen von Riefenstahls Kunst. Hier zeigt sie Schwimmer, die »ins Reine tauchen«, wie Rupert Brooke einige Jahre davor ganz unschuldig über das Schwimmen geschrieben hatte. In zahllosen Wiederholungen, wobei sie den Wechsel von Jubel und Stille unablässig repetiert (es gibt Schnitte dieses Films, in denen bei jedem Sprung vom Brett der Ton wegbleibt, als hielten wir den Atem an), wird die Nacktheit der Springer zum Symbol für den idealisierten arischen Körper.

Nackte Körper dienen seit der Antike politischen Zwecken und stehen für tugendhafte Stärke. Bei den Nazis symbolisierte Nacktheit einen reinen Körper wie etwa bei den nackten Torsos des Nazi-Bildhauers Arno Breker. Die Logik des Rassenhasses und der Verachtung folgt aus diesem Bild des idealen arischen Körpers. Der jüdische Körper ist dagegen angeblich durch herabhängendes Fleisch und starke Körperbehaarung gekennzeichnet. Brekers Statuen sind allerdings Schund, und tatsächlich ist politische Kunst größtenteils nur Klischee, wobei die Botschaft wie mit dem Vorschlaghammer eingebläut wird. Grobschlächtigkeit macht die Botschaft zugänglich. Riefenstahls Kunst ist alles andere als grobschlächtig. Bei ihr wird große Kunst in den Dienst des Staates gestellt.

Wortlose große Kunst erklärt natürlich nicht die Politik. Die Filmemacherin beutete Verwundungen und Verwirrungen ihres Publikums aus, deren Wurzeln anderswo lagen: im verlorenen Krieg, in der großen Inflation der neunzehnhundertzwanziger Jahre, der endemischen staatlichen Korruption … Das Theater formte diese Ereignisse jedoch um, sodass der Faschismus die Öffentlichkeit auf eine Weise in den Bann zog, der man nicht leicht etwas entgegensetzen konnte, weil sie über Worte hinausging. Die Traumata verwandelten sich in Erlebnisse, die keine Diskussion zuließen.

Sylvia verlor nie das angstvolle Gefühl, sie sollte immer einen Koffer gepackt haben für den Fall, dass sie überstürzt abreisen musste. Dennoch sah sie sich im Thalia die Macht einer Kollegin aus einer anderen Sparte der darstellenden Kunst an. Sie saß gespannt vorgebeugt da und war von Riefenstahl in Bann geschlagen. Ich hätte diese unheilvolle Verzauberung mit Sylvia diskutieren müssen, aber ich tat es nicht. Wenn wir jung sind, meiden wir instinktiv Themen, die wir nicht verstehen können, und die Jugend ist kein Lebensalter, in dem man etwas von unauslöschlichem, unwiderruflichem Verlust hören möchte.

Ich war stattdessen mit einem persönlichen Problem beschäftigt, von dem ich fälscherweise annahm, dass es ein ganz anderes sei.

Die Würde der Kunst

Ich ging 1963 nach New York, um meine musikalischen Fähigkeiten zu verbessern. Zwei Jahre zuvor hatte ich mich dank eines Stipendiums an der University of Chicago eingeschrieben. Ich hielt damals die Universität für eine Art Hotel, in dem nach dem Frühstück Vorlesungen serviert wurden, doch die akademische Arbeit war weitaus anspruchsvoller, als mein siebzehnjähriges Ich es sich vorgestellt hatte – erst recht an der University of Chicago, damals eine Bastion intellektueller Strenge. Auch begann ich mit einem Quartett etwas älterer Musiker Konzerte zu geben, und es fiel mir schwer, diese Reisen mit dem Vorlesungsplan in Einklang zu bringen. Frank Miller, mein Mentor beim Chicago Symphony Orchestra, riet mir, nach New York zu gehen und mich dort an der Juilliard School vollständig dem Musikstudium zu widmen.

Das Konservatorium befand sich damals am westlichen Rand von Harlem. Karosseriebauwerkstätten, Parkplatzgelände und Lagerhallen säumten die Straßen, die meist menschenleer waren. Doch das Gebäude der Juilliard School, eine massive Festung aus Ziegel und Stein, umgab die Musiker und Tänzer mit ihren sicheren Mauern, als drohte ihnen draußen Gefahr. Die Bezeichnung »Musikkonservatorium« war damals in der Tat sehr treffend. Diese Einrichtungen glichen Gewächshäusern, in denen Gärtner-Maestros musikalische Pflänzchen aufzogen, beschnitten und aussortierten. Nur sehr wenige Farbige und nicht viele Frauen studierten damals an der Juilliard School. Und ganz gewiss hatte das Konservatorium nichts mit der »Gegenkultur« zu tun. Ich bezweifle sehr, dass unsere Lehrer den Geruch von Pot hätten erkennen können, der im Übrigen auch niemals durch diese Hallen zog. Das Konservatorium verkörperte kulturelle Orthodoxie, ganz wie wir selbst: Kids mit großer Selbstdisziplin, die vier bis sechs Stunden am Tag übten und den Gärtnern meist gehorchten.

Diese Isolation ließ einen Augenblick nach, als im späten Frühjahr 1963 eine Bürgerrechtsdemonstration auf dem Broadway einige Leute aus dem Gebäude lockte, die zusehen und zuhören wollten. Die Demonstranten hatten eine New-Orleans-Bluesband angeheuert, doch obwohl viele Studenten der Juilliard School den politischen Vorstellungen der Demonstranten mit Sympathie begegneten, wäre es Cellisten, Harfenisten oder Kesselpaukenspielern schon rein physisch schwergefallen, sich den marschierenden Musikern anzuschließen. Nur wenige Musiker in der Festung kannten die Melodien, und die korrekte Phrasierung der Anfangstakte in Schuberts Celloquintett schien keine Erkenntnisse zum Kampf für Rassengerechtigkeit zu bieten.

Einmal abgesehen von der Politik, löste die Atmosphäre im Treibhaus der Juilliard School bei recht vielen Studenten die Befürchtung aus, die klassische Musik gleiche – um hier das Bild zu wechseln – einem Kunstmuseum und der Musiker sei gewissermaßen ein Konservator, der ein Stück von Schubert bei seiner Darbietung renoviere und auffrische – ganz wie Gemälde im Museum gereinigt und restauriert werden. In der Angst, für unsere eigene Zeit irrelevant zu werden, spiegelte sich zum Teil auch der Bedeutungszuwachs, den die populäre Kunst in den neunzehnhundertsechziger Jahren gegenüber der klassischen Kunst erlebte. Bob Dylan war ein unendlich aufregenderer Musiker als der akademische, heute zu Recht vergessene Komponist Easley Blackwood. Wir hatten

Angst, als Ästheten angesehen zu werden – doch unsere Lehrer hatten eine ganz andere Erfahrung des Abgeschnittenseins hinter sich.

Die meisten Musiker, die an der Juilliard oder der Mannes School of Music studierten, lebten in großen Wohnungen in der Upper West Side, die von Familien in Richtung der Suburbs verlassen worden waren. Die Wohnhäuser waren und sind für Musiker deshalb besonders attraktiv, weil sie mit ihren massiven Betondecken und dicken Wänden die Möglichkeit boten, noch spätabends zu üben, ohne allzu große Proteste bei den Nachbarn auszulösen. Auch viele unserer Lehrer lebten in solchen Wohnungen. Darin fand man mit einiger Sicherheit Gegenstände wie einen Aschenbecher aus einem Café in München, von wo die Nazis den Wohnungsinhaber einst vertrieben hatten, oder eine hochgeschätzte frühe Ausgabe von Novalis-Gedichten, die gerade noch Platz im Gepäck der Fliehenden gefunden hatte.

Sylvias Vater landete nach der Flucht aus Europa schließlich in Chicago, wo er jede Nacht, statt zu schlafen, seine Foltererlebnisse neu durchlebte. Die ins Exil getriebenen Musiker waren zwar verzweifelt, aber nicht zerstört. Die Kunst hielt sie am Leben. Kunst um ihrer selbst willen auszuüben, ist ein in heutigen Kunstschulen aus der Mode gekommener Gedanke. Er lässt offensichtlich an Ästheten und Connaisseure oder Connaisseusen denken, die in getäfelten Bibliotheken genussvoll kostbare Zeichnungen betrachten. Solche Hochnäsigkeit ist – in der Sprache der »*cultural studies*« eine Folge ihrer »privilegierten Stellung«. Unsere verfolgten Lehrer und Lehrerinnen dagegen bewahrte der Glaube an die Kunst um ihrer selbst willen davor, wahnsinnig zu werden. Dabei ging es nicht nur um die Bewahrung der Musik jüdischer Komponisten wie Mendelssohn und Mahler, sondern um das breite Spektrum humanistischen Ausdrucks in der von den Nazis unterdrückten Literatur, Malerei und Theaterkunst. »Konservatorium« bedeutete für diese Exilanten »bewahren«, und das Wort »Ästhet« verwies auf den Glauben an die Kunst, der ihnen Kraft verlieh.

Wie ich in diesem Jahr erfahren sollte, verlieh um ihrer selbst willen ausgeübte Kunst auch Künstlern in Harlem Kraft, für die »Exil« eher soziale als politische Vertreibung bedeutete.

Im Ferment des Bürgerrechtskampfes machte die Juilliard School eine Geste in Richtung ihrer Umgebung und öffnete einen ihrer Übungsräume für die Nutzung durch die Allgemeinheit. Musiker aus Harlem machten von diesen Möglichkeiten Gebrauch, weil es in dem Übungsraum ein gutes Drumset gab – ein teures und erstaunlich empfindliches Instrument. Daraus ergab sich eine Art Verbrüderung, die etwas von einem Kaffeekränzchen hatte. Wie sich zeigte, bestand bei den Demonstranten eine gewisse Ambivalenz in der Frage, ob man New-Orleans-Musik spielen sollte, um eine größere Menschenmenge anzulocken. »Sambo Music« sagten sie und betrachteten den eingängigen New-Orleans-Jazz als eine kommerzialisierte und kolonisierte Musik für Touristen. Die künstlerische Leidenschaft der marschierenden Musiker galt dem »Second-stage Bebop«, einer komplexen, innovativen Musik.

Wie diese Musik klingt, können Sie in einem Album mit dem Titel *Free Jazz: A Collective Improvisation* hören, das Ornette Coleman 1960 aufnahm. Dort sind zwei Quartette aus Instrumenten zu hören, die stereophon getrennt sind, sodass sie sowohl gegeneinander als auch miteinander spielen. Die Rhythmen sind komplexe Kombinationen wie ein 5/8-Takt mit unterschiedlichen Geschwindigkeiten in den beiden Quartetten. Das melodische Material ist sparsamer als im barocken First-stage-Bebop Charlie Parkers, der eine Generation vor Coleman arbeitete. Harmonische Dissonanzen werden nun ausgeschrieben, auch wenn man hier von Free Jazz spricht, um zu verdeutlichen, dass Führungsstimmen (die Stimme, die zu einer auflösenden Harmonie zu führen scheint) in der Schwebe bleiben. Free Jazz dauert lange, hat jedoch keinen Anfang, keine Mitte und keinen Schluss. Er ist reiner Prozess.[1]

Ein paar Freunde und ich besuchten einen Jazz-Club in der 125th Street, um dort Free Jazz zu hören. Die Musiker waren nicht in Colemans Kurs, aber sie waren wirklich gut und keineswegs meilenweit entfernt von Stücken, die uns begeisterten wie *Le Marteau sans maître* von Pierre Boulez. Überraschend war ihr Verhältnis zur Harlem-Community.

Große Jazz-Clubs an der 125th Street wie das Apollo waren auf Touristen, hauptsächlich französische, eingestellt, die mit Begeisterung – in Bussen, nicht zu Fuß – von downtown bis hinauf zu *le ghetto* uptown gefahren wurden. Die in diesen Clubs gespielte Musik im *le hot jazz*-Stil war eingängiger Big-Band-Swing, der für den internationalen Konsum aufgezeichnet und vertrieben wurde. Die Musiker, die wir dort hörten, spielten dagegen in einem schäbigen, nur spärlich mit Zuschauern besetzten Raum. Sie standen oder saßen an einer Wand, und statt einer erhobenen Bühne trennte sie ein freigelassener Streifen vom Publikum. Die Musik war zwar kompliziert, machte aber keinen großen Eindruck irgendwelcher Art auf die Zuhörer, bei denen es sich nicht um französische Touristen, sondern eher um Einheimische handelte. Sie benutzten das Lokal als Social Club, redeten, rauchten und tranken, und die Musik bildete nur den Hintergrund dazu.

Damals sah ich keinerlei Verbindung zwischen den Post-Bebop-Musikern und unseren mitteleuropäischen Lehrern. Heute erkenne ich, dass die Jazz-Musiker eine Trennung zwischen Kunst und Gesellschaft erlebten, die zugleich anders und doch auch wieder nicht anders war als bei den klassischen Musikern.

Anders vielleicht deshalb, weil die Post-Bebop-Musiker unter Gleichgültigkeit zu leiden hatten statt unter Verfolgung wie die ins Exil getriebenen Lehrer. Die Jazz-Musiker waren bereit, um der Sache willen »Sambo Music« zu spielen, doch ihre eigene Kunst bedeutete ihrer Community nicht viel. Alle Mitglieder des Quartetts waren in Harlem geboren – ihre Eltern stammten aus dem tiefen Süden – und kannten dort jeden Winkel, wie man es nur tut, wenn man schon als Kind in diesem Stadtteil aufgewachsen ist. Als Künstler jedoch litten sie unter einer Art inneren Exils. Die Besitzer des Clubs entließen sie schließlich, weil sie keine »zugängliche« Musik spielten.

Die Rettungsleine zur Juilliard School riss wenig später, als unser Konservatorium aus Harlem wegzog und Teil der Art Factory im Lincoln Center for the Performing Arts sechs Kilometer weiter downtown wurde. Die Musiker aber blieben, wie ich entdeckte, als ich den Bassisten mehrere Jahre später zufällig im Patelson's traf, einem Musikalienladen hinter der Carnegie Hall, der allen New Yorker Musikern als Treffpunkt diente, bis man das Gebäude abriss, um Platz für Luxuswohnungen zu schaffen. Wie die Sängerin Alberta Hunter arbeitete Carl inzwischen in einem

Krankenhaus. Sie verbrachte Jahrzehnte als Krankenschwester, er als Pförtner. Wie sie machte auch er in seiner Freizeit weiterhin Musik.

Es ist allzu leicht, das verkannte Genie zu romantisieren. Weder die Exilanten noch die ins innere Exil Getriebenen wären glücklich, wenn man sie schlichtweg als Opfer betrachtete. Carl und Alberta Hunter führten ein ruhiges Leben, wie die meisten unserer Lehrer, die keine Stars waren, aber durchhielten, weil sie aus der Ausübung ihrer Kunst Sinn und ein gewisses Selbstwertgefühl bezogen. Ich habe mich schon oft gefragt, was genau sie nun durchhalten ließ, denn darstellende Künstler benötigen ein Publikum und insbesondere den direkten Kontakt zu ihm. Wir können unmöglich in Isolation arbeiten, wie das Schriftstellern vielleicht möglich ist.

Das innere Durchhaltevermögen ist mir vor allem deshalb ein Rätsel, weil die Kulturszene Ästheten wie Carl immer weniger Raum bietet. In den letzten fünfzig Jahren ist die Zahl der »Kleinkonzerte« in New York ständig zurückgegangen. Das Publikum möchte wissen, wer spielt, und eher selten, was gespielt wird. Wenn die Leute den Namen nicht kennen, gehen sie nicht hin. Die Ökonomie der Darbietungen vereinigt sich hier in allgemeinerer Weise mit einem Kult der Person, wie er durch Facebook und andere Formen der Online-Selbstdarstellung verkörpert wird. Damals sah ich nur, dass Carl wie meine Lehrer an der Juilliard School irgendwie aus ihren Darbietungen Kraft bezogen – obwohl kaum Nachfrage nach ihrer Kunst bestand.

Getrennte Wege

Ab Herbst 1963 unternahm ich Ausflüge downtown in die florierende Tanz- und Experimentalmusik-Szene in der Judson Memorial Church am Washington Square mitten in Greenwich Village. Die dortigen Choreografen wollten nach urbanen Klängen tanzen. Im Herbst wurde ich gebeten, für drei Monate ein schwangeres Mitglied der Gruppe bei der Aufzeichnung solcher Geräusche zu vertreten. Wir nahmen heulende Sirenen, Hupkonzerte bei Verkehrsstaus, das Geräusch von Regen, das

Summen einer Trafostation auf. Uptown war ich ein ziemlich arroganter Pinsel gewesen; downtown folgte ich den Anweisungen der Choreografen und verbrachte die meiste Zeit mit dem Zerschneiden und Zusammenkleben von Tonbändern.

Die Erinnerung an diese Bemühungen stellt keine sonderlichen Anforderungen an die verfluchte Brüchigkeit meines Gedächtnisses, denn die Szene downtown ist inzwischen aus der Dunkelheit, in der wir damals agierten, zu einem ikonenhaften, kuratierten und archivierten Status aufgestiegen und wird in offiziellen Einrichtungen wie dem Museum of Modern Art in New York gefeiert. Doch obwohl das Museum diese Szene als Wahrzeichen der Avantgarde präsentiert, ist doch etwas verlorengegangen: unsere häufige Frustration bei dem Versuch, die Kluft zwischen hoher Kunst und Alltagsleben zu überbrücken.

Washington Square hatte das richtige urbane Zeug zum Bohème-Mythos. Um den Brunnen in der Mitte des Platzes lagerten junge Leute mit Gitarren; Alkohol- und Drogenabhängige schliefen auf den Bänken an der nördlichen, schattigen Seite des vier Hektar großen Parks; ältere Menschen bevorzugten dagegen die sonnenbeschienenen Bänke der Westseite, wo sie von morgens bis abends miteinander schwatzten. Die Szene war eine ständige Einladung an Touristen, die auch angenommen wurde – wiederum von Franzosen, die möglicherweise in denselben Bussen dort eintrafen, mit denen man sie zu *le hot jazz* in der 125th Street gefahren hatte.

Auf der Südseite befand sich die Judson Church, eine architektonische Kopie der Kleinstadtkirchen, aus denen die meisten ihrer italienischen Pfarrgemeindemitglieder kamen, nur dass dies keine katholische Kirche war. Als Howard Moody, eine führende Stimme in der Bürgerrechtsbewegung, dort 1957 das Amt des Pastors antrat, wurde die Kirche zu einem absolut nicht konfessionsgebundenen Ort. Judsons Engagement für die Kunst begann fünf Jahre später, als Al Carmines hinzukam, ein Geistlicher mit einer furchterregenden Bildung, der zugleich Komponist und Lyriker war. Von 1962 bis 1964 probte das Judson Dance Theater in den für die Jugendgruppe der Gemeinde bestimmten Räumen, trat im Untergeschoss der Kirche auf und verlegte ihre Vorstellungen gelegentlich auch nach draußen in den Bereich um den Brunnen auf dem Washington Square.

Die Choreografen zielten dabei eher auf die älteren Parkbankbenutzer als auf die Gitarre spielenden Kids oder die Drogensüchtigen auf dem Platz. Die Italiener und Polen, weiß und eher älter, gehörten erkennbar zur Arbeiterklasse und daher zum »Volk«. Moody, der bei ihnen sehr beliebt war, versicherte der Gemeinde, unsere ganze Arbeit gelte dem »Dienst« an der Kirche. Dabei half ihm die Tatsache, dass wir erkennbar hart arbeiteten und uns nicht pseudokünstlerisch kleideten, im Unterschied zu den Kids im Park mit ihren Batikhemden und durchsichtigen Blusen im Stil der »befreiten Jugend«. Carmines drängte die Tänzerinnen und Tänzer, sich als politische Akteure zu begreifen: Ihr tanzt an denselben Orten, an denen Moody Protestaktionen gegen Rassenungerechtigkeit organisiert. Hier geht es um ein und dasselbe Projekt.

Hohe Kunst und alltägliches Leben waren allerdings auf zweierlei Art voneinander getrennt: physisch und spirituell. So versuchten die Tänzerinnen und Tänzer, eine physische Verbindung herzustellen, indem sie ausbildungsferne natürliche Bewegungen wie Gehen oder Trippeln in ihren Tanz aufnahmen. Yvonne Rainer nutzte bei der Ausbildung der Älteren Schrittfolgen, die sich in kurzer Zeit erlernen ließen. Sie mochte die Art von Broadway-Theater nicht, in der Stars ein in Bewunderung erstarrtes, unterwürfiges Publikum hypnotisierten. Auf Yvonnes Anregung versuchte Trisha Brown, einen, wie sie es nannte, »demokratischen Tanz« zu schaffen. Sie erarbeitete eine Technik, bei der der Körper in seiner Bewegung den Weg des geringsten Widerstands nimmt, indem er auf frappierend schwierige Sprungsequenzen verzichtet, sich langsam statt mit wirbelnder Geschwindigkeit dreht oder realistisch fällt, statt anmutig niederzusinken.

Das Bemühen, hohe Kunst und alltägliche Bewegung miteinander zu mischen, war keine Besonderheit der Tänzerinnen und Tänzer im Judson-Ensemble oder auch des Tanzes überhaupt. In der Musik reicht die Mischung des Hohen mit dem Alltäglichen zurück bis zu den Ursprüngen der Kunst. Die politische Form dieser Verbindung ist allerdings ein modernes Phänomen. So sammelte Béla Bartók Volksmusik aus Ungarn und Rumänien, zeichnete sie auf und baute sie in seine eigenen Kompositionen ein. 1904 schrieb er an seine Frau: »Noch ein weiterer, ganz anderer Faktor macht die zeitgenössische Musik (die des XX. Jahrhunderts) realistisch: dass sie nach Impressionen von der großen Realität der uns umgebenden Volkskunst sucht, die alles umfasst.«[2] Diesen »Realismus« im Klang verstand er als politischen Tadel: Die Klänge gewöhnlicher Menschen seien »gesund«, wie er an anderer Stelle anmerkte – eine Zurückweisung der dekadenten, sich um sich selbst drehenden, bourgeoisen Musik, die seines Erachtens aus Wien kam.

Die Tänzerinnen und Tänzer des Judson-Ensembles machten deutlich, wie schwierig es ist, die politische Form der Verbindung zwischen hoher und populärer Kunst zu verwirklichen. Trisha Brown war zwar eine Verfechterin des »demokratischen Tanzes« und glaubte, dass selbst die alten Leute im Park die zugehörigen Bewegungen ausführen könnten, doch sie machte diese Verbindung gleichzeitig unmöglich. Sie nutzte die Stadt als Bühne und platzierte auf den Dächern separater Wohnhäuser Tänzer, die einen gemeinsamen Tanz aufführten, indem sie einander gleichsam körperliche Rauchsignale quer über die Dächer zusendeten: Wenn ich mich nach vorn beuge, beugst du dich nach hinten. Diese Tanzbewegungen waren weit entfernt von der Art, wie Handwerker dort oben hantieren oder Mieter ihre gymnastischen Übungen vollführen mochten. Gelegentlich wurden die Tanzfiguren auch am Rande des Dachs ausgeführt, sodass hier nur geschickte Tänzer in Frage kamen, wenn ein Schwindelanfall nicht zur Katastrophe führen sollte. So verwandelten sich denn auch Browns ursprüngliche Bemühungen, Bewegungen zu schaffen, die jeder Mensch ausführen konnte, in Experimente, bei denen selbst professionell ausgebildete Tänzer und Tänzerinnen sich verrenken mussten. Zum Beispiel stattete sie Tänzer mit Gurten aus, sodass sie an Mauern hinaufgehen und tanzen konnten, von der Schwerkraft befreit, aber auch ohne die Sicherheit festen Bodens unter ihren Füßen. Statt alltägliche Bewegung zum Ausdruck zu bringen, erkundete dieses Experiment, wie weit sie sich untergraben ließ. Ihr Problem bei der Herstellung einer Beziehung zum Publikum lag im abenteuerlustigen Charakter ihrer Kunst. Und dort liegt es heute noch.

Im Jahr 2020 ließ mich eine Veranstaltung erneut über das vertrackte Verhältnis zwischen inklusiver Kunst und künstlerischer Innovation nachdenken. Ich hatte das Privileg, einer Jury anzugehören, die dem kenianischen Schriftsteller Ngũgĩ wa Thiong'o einen Preis für sein Lebenswerk zusprach, den Premio Internacional Cataluña, der jährlich von der Regierung von Katalonien vergeben wird. Er hatte 1977 ein Theater gegründet, das die Barrieren zwischen Darstellern und Publikum niederreißen, die Bühne durch in Kikuyu geschriebene Stücke »entmystifizieren« und eine direktere Verbindung zum kenianischen Publikum herstellen sollte, als in Englisch geschriebene Stücke dies taten. Als man mir das Textbuch für *Ngaahika Ndeenda* übersetzte, erklärte mir der Übersetzer, dass einige Wörter oder Phrasen radikale Abweichungen vom Kikuyu darstellten und deshalb nur schwer verständlich waren. Ngũgĩs Kunst ist inzwischen immer experimenteller und damit auch für das Publikum immer schwieriger geworden. Dennoch war und ist er ein sozial engagierter Künstler. Er bemüht sich auch weiterhin um die Inklusion seines Publikums.

Im Rückblick auf meine Zeit an der Judson Memorial Church erscheint mir heute vor allem bewundernswert, dass die Tänzerinnen und Tänzer nicht bereit waren, um der Inklusion willen Risiken einzugehen und die Schwierigkeit der »Zugänglichkeit« zu opfern – jener repressiven, kunstbürokratischen, medienfreundlichen Version der Kunst und des Alltagslebens. Die Tänzerinnen und Tänzer dort hatten wie Carl oder Alberta Hunter den Mut, Kunst um der Kunst willen auszuüben. Ich denke, am Ende ehrt solche Integrität ein Publikum eher als »Zugänglichkeit«, die in Wirklichkeit nur ein anderer Name für Herablassung ist: »Sie würden es nicht verstehen.« Im Unterschied zu einem Fehlschlag macht die Spannung zwischen Kunst und Alltag das Erlebnis nur zu einer größeren und tieferen Herausforderung, sowohl für die Darbietenden als auch für das Publikum. Wir sollten daher die Schwierigkeit offenhalten wollen, statt sie zu schließen, indem wir einer leicht konsumierbaren, »freundlichen« Kunst den Vorzug geben.

Im Rückblick bot die Judson Memorial Church mir einen ersten Einblick in eine ähnliche Spannung eher spiritueller als soziologischer Art.

Die Kunst wurde im Untergeschoss der Church gemacht. Oben im Kirchenraum hießen Taufen neues Leben willkommen, wurden Ehegelöbnisse abgelegt, gedachte man der Toten. Wände hinaufzulaufen, schien keine Verbindung zu diesen Ritualen zu haben. Rituale sind nur selten Ereignisse, die Menschen vollkommen neu erfinden. Während es in der Kunst auf Originalität ankommt, spielt sie im Ritual kaum eine Rolle. Welche Verbindungen bestehen zwischen diesen beiden Arten von Darstellung? Zwanzig Jahre später erlangte diese Frage während der größten Krise für schwule Männer meiner Generation enorme Bedeutung.

Buch I

VERSTÖRENDE DARBIETUNGEN

1 EINE UNBEHAGLICHE NÄHE ZWISCHEN SCHAUSPIEL UND RITUAL

Aufführungen im Angesicht des Todes

Auf einer Aids-Station

Anfang der neunzehnhundertachtziger Jahre besaß das St Vincent's Hospital in Greenwich Village eine der wenigen großen Aids-Stationen der Stadt. Viele Krankenhäuser verfügten nicht über die nötige Ausstattung, um Aids-Kranke zu behandeln, zumindest nicht in größerer Zahl. Falls sie dennoch einen Patienten aufnehmen mussten, isolierten sie ihn. St Vincent's verfügte dagegen über eine große offene Station für Aids-Patienten, in der Familienmitglieder, Geliebte und Freunde frei aus und ein gehen konnten, ohne einen separaten Eingang benutzen oder Schutzhandschuhe tragen zu müssen wie in manchen anderen Kliniken. Das war umso erstaunlicher, als es sich beim St Vincent's um ein katholisches Krankenhaus handelte und die katholische Amtskirche in New York Homosexualität als eine Sünde an der Grenze zur Todsünde behandelte. Dennoch plauderten die Schwestern im St Vincent's zwanglos mit ihren Patienten, während sie sie wuschen, die Männer zum Essen überredeten, obwohl sie oft nur wenig bei sich behalten konnten, und mit Besuchern schwatzten, die dort nutzlose Nachtwachen hielten. Ich kannte die Station nur allzu gut, da viele meiner Freunde zum Sterben dorthin gingen.

Charles war damals mein überorganisierter Assistent, der abends noch zusätzlich bei Theaterstücken Regie führte oder selbst auftrat. Im St Vincent's Hospital, wo er auf halber Strecke seiner Reise in den Tod logierte, lud man ihn ein, bei einer gemeinsamen Lesung von Shakespeares *Wie es euch gefällt* mit einigen Mitpatienten Regie zu führen, da er dieses

Stück zuvor schon mit rein männlicher Besetzung in einem Theater unweit der Judson Memorial Church am Washington Square auf die Bühne gebracht hatte.

Die meist jüngeren Patienten hatten ihr Stück gut gewählt, denn das Textbuch lässt sich durch Geschlechtsvertauschungen realisieren, die eher vergnüglich als aufdringlich sind – wie Virginia Woolf wusste, als sie ihren an Shakespeares Stück angelehnten Roman *Orlando* schrieb. *Wie es euch gefällt* beginnt an einem düsteren Ort, in einem Reich, in dem ein Thronräuber den rechtmäßigen Herrscher bedroht. Der Herzog flieht samt seiner Familie und seinem Gefolge in den Zauberwald von Arden, wo nach einigen verblüffenden Geschehnissen der Sieg über eine Löwin eine Reihe von Ereignissen auslöst, die alles wieder ins rechte Lot bringen.

Tatsächlich wurden im elisabethanischen Zeitalter alle Theaterstücke ausschließlich von männlichen Schauspielern aufgeführt, wobei die Frauenrollen von Knaben gespielt wurden – damals offenbar keine Grenzüberschreitung. Doch in den neunzehnhundertachtziger Jahren war es eine Provokation, auf der Bühne erwachsene Männer, oft mit Schnurrbärten, in Frauenkleidern einander umarmen zu sehen. Besonders sonderbar war es, in einem katholischen Krankenhaus zu erleben, dass Männer Frauen spielten. Auf der Station trugen die Schauspieler Schwesternkittel und waren fleischfarben geschminkt, um die rötlich braunen Läsionen des Karposi-Sarkoms auf Hals, Gesicht und Händen zu verdecken. So wurden die Schauspieler nicht ständig an die Spuren des Krebses auf ihrer Haut erinnert und konnten so überzeugend und ansprechend spielen. Im Liegen oder Sitzen – nur wenige hatten noch die Kraft, länger zu stehen oder umherzugehen – lasen die Patienten/Schauspieler ihren Text und lächelten dabei oft in sich hinein.

Charles übernahm im Krankenhaus die Rolle des melancholischen Jacques, wie er es zuvor auf der Bühne getan hatte, und sprach gleichsam *sotto voce*, weil die Krankheit seine Lunge geschwächt hatte. Mitten in Jacques' berühmtem Monolog, der mit den Worten beginnt: »Die ganze Welt ist Bühne / Und alle Fraun und Männer bloße Spieler«, bekam er einen Hustenanfall. Als der Anfall vorüber war, wiederholte er den gesamten Monolog, als antwortete er damit auf ein begeistertes Publikum. Er sprach leicht und ironisch, als amüsierten ihn die Worte.

Wie zimperlich war ich doch zwei Jahrzehnte zuvor gewesen, als ich Angst hatte, das Leben könnte an mir vorbeigehen, wo nun meine Generation von Männern von einer Krankheit bedroht wurde, gegen die niemand etwas zu tun vermochte. Im Rückblick hat es etwas Heroisches, wie die Schauspieler sich weigerten, Patienten zu sein und sich in ihr Schicksal zu ergeben – und sei es nur für zwei Stunden. Bemitleidet uns nicht, betet nicht für unsere Seelen – oder wenigstens noch nicht! Uns ist die Flucht in den Wald von Arden gelungen.

Die trauernden Freunde und Verwandten schlossen sich diesem Geist jedoch nicht an. Unsere Gesichter blieben versteinert. Auch war nicht klar, was die Priester, die demnächst die Sterbesakramente spenden sollten, von dieser Transvestitenshow halten würden, und vor allem von den Schwestern auf der Station, denen das zu gefallen schien. Die Priester wollten tröstende Gebete, rituelle Worte und Gesten anbieten, die vielleicht eine Verbindung zwischen uns und den zum Sterben Verurteilten herstellen konnten. Doch die Schauspieler wollten all das nicht – sie wiesen das Mitleid der Priester wie auch das unsrige zurück. Die Kluft zwischen dem Machen von Kunst und der Ausführung von heiligen Ritualen, die eine Generation zuvor in der Judson Memorial Church erkennbar geworden war, hatte eine moralische Umkehrung erfahren.

Der gar nicht so unterschwellige Subtext der sehr konservativen katholische Diözese New York lautete in den neunzehnhundertachtziger Jahren, sterbende schwule Männer hätten um Vergebung zu bitten, damit sie und ihre Verwandten, Freunde und selbst noch Geliebten zueinanderfinden konnten. Vergebung der Sünden war jedoch genau das, was Charles nicht wollte – und ich denke, das galt auch für die anderen. Er hielt seine Homosexualität nicht für eine Sünde und seine Krankheit nicht für ein Strafe Gottes. Der großzügigere und weitsinnigere Katholizismus kann die Sterbesakramente als Erleichterung der Leiden des Lebens auslegen. Die Darsteller in der Drag-Fassung von *Wie es euch gefällt* suchten nach einem letzten Vergnügen: Sie spielten.

Ich sollte anmerken, dass Charles durchaus nicht gelassen war. Genau wie die Freunde und Verwandten, die sich *Wie es euch gefällt* ansahen, einen stützenden Rahmen für das Lebensende benötigten, hatte auch Charles dieses Bedürfnis, als er dem Tod immer näher kam. Seine Einstellung gegenüber den Priestern schien bei deren täglichen Besuchen milder zu werden. Er bedachte sie nicht mehr mit einem sardonischen Lächeln, er begrüßte sie nun, winkte aber immer noch ab, wenn sie für ihn zu beten begannen. Anstelle des trotzigen Akts der Theateraufführung zeigte er am Ende Mut – den Mut, allein und ohne Tröstung zu sterben.

Ein Trostritual

RITUALE SIND DARBIETUNGEN Anthropologen und andere haben endlos über die Bedeutung des Rituals debattiert. Der Anthropologe Victor Turner gab einmal eine Definition, die trocken, aber ebenso gut wie jede andere ist:

> Ein Ritual ist eine stereotype Abfolge von Aktivitäten, zu denen Gesten, Worte und Objekte gehören, ausgeführt an einem abgesonderten Ort und dazu bestimmt, außernatürliche Entitäten oder Kräfte zugunsten der Ziele und Interessen des Akteurs zu beeinflussen … Rituale werden häufig zyklisch ausgeführt (jährlich, alle zwei Jahre, alle fünf Jahre usw.) … Trostrituale bringen Emotion in diese leblose »stereotype Abfolge von Aktivitäten«.[1]

Menschen vollziehen Rituale schon seit Anbeginn organisierten sozialen Lebens mehrere tausend Jahre vor dem Erscheinen geschriebener Sprache. Ursprünglich war das Ritual eine wortlose Darbietung. Heute wie damals besteht der physische Ritus aus kollektivem Handeln statt individuellem Ausdruck. Damit Rituale als kollektiver Ausdruck fungieren können, benötigen sie strenge Regeln, die alle Beteiligten aufeinander ausrichten und von einer Generation an die nächste weitergegeben werden können. Diese Regeln geben an, wie Körper sich im Verhältnis zu anderen bewegen und welche Gebärden die Teilnehmer vollführen sollen; sie bestimmen, wann gesprochen wird und wann zu schweigen ist. Wie jede Aufführung legt das Ritual auch Maßstäbe für eine gute Ausführung fest. Die Strenge des Rituals ist weniger nachsichtig als profanere Aktivitäten wie der Guss eines Topfes. Auch in einem leidlich guten, wenngleich nicht perfekt geformten Topf kann man eine gute Mahlzeit zubereiten. Macht man jedoch bei einem Gebet auch nur den kleinsten Fehler in der Bewegung, der Sprache oder dem Setting, kann es sein, dass die Götter einer Plage kein Ende setzen oder keinen Regen schicken.

Im Grundsatz könnte man meinen, es sei nicht schwierig, eine Verbindung zwischen Kunst und Ritual als Darbietungsformen herzustellen. Man denke nur an eine Messe von Bach oder Bernstein. Renaissancekomponisten wie Josquin des Prez wechselten ständig zwischen sakraler und profaner Kunst und nutzten dieselben Melodien für Messen und weltliche *chansons*. Im Jazz findet sich dieser Wechsel zum Beispiel beim späten Duke Ellington. Er verwandelte Bigband-Musik, die Billy Strayhorn für ihn komponiert hatte, in religiöse Feiern. Doch wie er 1965 einem Musikkritiker erklärte, wollte er mit seinen »spirituellen Konzerten« nicht alte Formen, den Glauben zu erleben, folgen. Vielmehr sollten sie den Glauben erneuern und lebendig machen, statt eine Tradition zu beachten und weiterzugeben. Der klischeehafte Ausdruck »die tote Hand der Tradition« scheint viel besser auf das Ritual zu passen. Aus dem Wunsch, den Glauben aufzufrischen und ihm Echtheit zu verleihen, spricht der Künstler in Ellington.

Ein Gebet zu sprechen, das man schon hundert Mal aufgesagt hat, ist nicht an sich schal. Vielmehr wird es für dich zu lebendiger Gegenwart, wenn du es sprichst. Und das ist ein Rätsel. Wie können nonverbale Rituale, die eine strenge Form besitzen und weitgehend unverändert von einer Generation an die nächste weitergegeben werden, immer noch so frisch wirken, als führte man sie zum ersten Mal aus?

KADDISCH Zum ersten Mal nachgedacht habe ich über die lebendige Gegenwart des Rituals im Zusammenhang mit Trostritualen im Judentum, meiner eigenen Religion. Genauer gesagt, ich habe mich seither gefragt, was wohl anders gewesen wäre, wenn man *Wie es euch gefällt* in einem jüdischen Krankenhaus aufgeführt hätte. Damals wäre das unwahrscheinlich gewesen, da jüdische Krankenhäuser keine schwulen Männer in großer Zahl aufgenommen hätten, wie das St Vincent's Hospital dies tat. Dennoch hätte der Brennpunkt sich verschoben, denn unsere Rituale im Umfeld des Todes sind nicht wertender Art, und so hätte Charles einen Rabbi möglicherweise nicht abgewiesen.

Auch der Zeitpunkt der Tröstung ist im Judentum ein anderer. Sie erfolgt nach dem Tod. Das Trauer-Kaddisch ist ein zentraler Bestandteil des Begräbnisses. Es wird am Grab gesprochen und dann zu Hause beim Tod eines Elternteils elf Monate lang, nach dem Tod eines Ehepartners oder Kindes dreißig Tage lang wiederholt. Dem Tod zum Trotz bekräftigen die Trauernden ihren Glauben an Gott. Nach theologischen Begriffen handelt es sich um eine »Lobpreisung«, die im 13. Jahrhundert so gestaltet wurde, dass jeder Trauernde das Kaddisch geradeso sprechen konnte wie ein ausgebildeter Rabbi. Im Kaddisch mischen sich Trauer und Gerechtigkeit, denn die jüdische Geschichte ist durchzogen von unnatürlichem, ungewolltem Tod – von Völkermord oder Pogromen. Das Kaddisch versichert, dass die Getöteten ebenso wie die eines natürlichen Todes Gestorbenen von den anderen niemals vergessen werden.[2]

Über die Jahrtausende, die das Judentum nun besteht, haben sich die korrekten Worte und Gesten des Kaddisch verändert, und sie variieren auch zwischen den verschiedenen Zweigen des Judentums. Doch welche Regeln zu einer bestimmten Zeit auch gelten, sie müssen beim Sprechen des Gebets in jedem Fall präzise und korrekt eingehalten werden, wenn sie unverarbeitete Verlustgefühle kanalisieren sollen. Die korrekte Ausführung des Kaddisch hängt wie eine gute schauspielerische Vorstellung nicht von der moralischen Qualität des Ausführenden ab. Die Toten, deren hier gedacht wird, können ebenso gut Heilige wie Sünder gewesen sein.

FÜNF REGELN DER TRÖSTUNG Rituale wie das Kaddisch unterscheiden sich von schauspielerischen Darbietungen zumindest in fünffacher Hinsicht.

Erstens besitzen Rituale eine strenge zeitliche Ordnung. Wenn jemand stirbt, spricht man das Kaddisch genau nach den zeitlichen Vorgaben. Man kann das Kaddisch nicht komprimieren oder in die Länge ziehen. Es ist in zeitlicher Hinsicht nicht elastisch. *Wie es euch gefällt* kann man dagegen zu jeder Zeit aufführen. Rituale stützen sich auf Mythen, doch Mythen sind zeitlich nicht in ähnlicher Weise festgelegt. Das griechische Wort *muthos* bezeichnet eine Geschichte, die verschiedenen Leuten zu verschiedenen Zeiten an verschiedenen Orten in unterschiedlicher Weise erzählt werden kann. Die äußeren Umstände sind nicht eindeutig bestimmt. Auch in zeitlicher Hinsicht ist die Erzählung des Mythos nicht festgelegt. Wie lange ein Krieg dauerte oder wie lange eine Liebe währte, kann der Geschichtenerzähler ausschmücken oder verändern, damit die Zuhörer, die den Mythos in groben Umrissen bereits kennen, nicht das Interesse verlieren.[3]

In der zeitlichen Strenge des Rituals findet ein grundlegender Aspekt der Kreativität seinen Ausdruck. Das griechische Wort für »machen« lautet *poiein*, das sich übersetzen ließe mit »etwas schaffen, wo zuvor nichts war« (das moderne Wort »Poesie« stammt aus dieser antiken Wurzel). Für die Darbietenden bedeutet *poiein*, dass sie in Gestik und Bewegung auf Motive und Improvisation zurückgreifen. Da der Plot oder die Partitur in ihren Grundzügen bekannt sind und feststehen, lenken solche Abwandlungen die Aufmerksamkeit auf die kreative Präsenz der Darbietenden, ihre »Handlungsmacht«, wie man in den Kulturwissenschaften gern sagt. Wenn man dagegen in Ritualen wie dem Kaddisch Motive und Variationen einfügte, litte darunter die Kraft des Rituals selbst. Es geht nicht um Handlungsmacht, wenn man das Kaddisch spricht.

Das Kaddisch ist nicht nur in zeitlicher Hinsicht streng, sondern auch hinsichtlich der Zahl der Beteiligten. Soll das Kaddisch in der Öffentlichkeit gesprochen werden, ist eigentlich ein Minjan aus zehn erwachsenen Juden erforderlich. Das traditionelle Judentum ist nach modernen Begriffen hochgradig sexistisch. Nur Männer über dreizehn Jahren können ein Minjan bilden. In weniger strengen Formen des Judentums können auch Frauen den Minjan auf die nötige Teilnehmerzahl bringen. Man könnte nun sagen, dies sei eine Variation oder eine Ausschmückung – und genau das behaupten Konservative, die es für ein Sakrileg halten, irgendeine Änderung am Ritus vorzunehmen. Nach meiner Erfahrung ändert die Zulassung von Frauen jedoch kaum etwas am Ritual, denn wichtiger ist hier die Größe der Gruppe. Der Minjan legt die Zahl fest, die eine sichtbare Gemeinschaft konstituiert – wenn daran etwas nicht stimmt, wird Gott das Gebet nicht erhören.

Dagegen kann man *Hamlet* vor zehn, hundert oder tausend Zuschauern aufführen. Und auch auf der Bühne sind die Zahlen flexibel. So kann man in einem Stück kleinere Rollen herausschneiden. In einer Oper kann die Größe des Chors von klein bis groß variieren. Natürlich können die Menschen im Judentum wie in den meisten anderen Religionen auch allein und stumm beten – doch das Kaddisch ist keine Meditation. Es ist eine gemeinschaftliche Aufführung, in der »Gemeinschaft« zahlenmäßig präzise definiert ist.

Das Kaddisch ist zwar nach Zeit und Zahl genau bestimmt, im Raum jedoch beweglich. Migranten werden oft als »Heimatlose« bezeichnet – und für Juden hat das besondere Bedeutung, da sie über Jahrtausende Vertriebene waren. Ein jüdischer Iraker könnte das Kaddisch in einem türkischen Flüchtlingslager sprechen oder auch im Großbritannien des Brexit Trost darin gefunden haben.

Die räumliche Beweglichkeit besitzt im Ritual und auf dem Theater unterschiedliche Schattierungen. Jüdische Einwanderer tragen einen heiligen Text bei sich, dessen Integrität nicht vom Ort abhängt, an dem er aufgeführt wird, während der Text eines Theaterstücks an die jeweiligen Umstände seiner Aufführung angepasst werden kann. Ortsspezifische Kunst wie Trisha Browns Tänzer auf den Dächern hoher Gebäude in Lower Manhattan müsste recht radikal umgedacht werden, wenn man sie in eine Stadt mit niedrigeren Häusern wie Marseille verlegen wollte.

Rituale müssen verkörpert werden. Das Kaddisch ist ein geschriebener Text, der laut gesprochen und nicht nur gelesen werden muss. Bei der Ausführung stehen die Teilnehmer an verschiedenen Orten. Wenn der

Rezitator steht, verbeugt er sich an verschiedenen Stellen des Ablaufs. Bei der letzten Zeile, dem »Ose Schalom«, tritt der Sprecher drei Schritte zurück, verbeugt sich nach links und dann nach rechts – eine Abschiedsgebärde. In der antiken römischen Rhetorik stellte man sich vor, dass Handlungen wie eine Verbeugung eine Art physischer Farbe darstellten, die zur sprachlichen Bedeutung hinzukam. Nach Cicero sollte die Gebärde den »Inhalt und Gedanken andeutend, nicht darstellend« zum Ausdruck bringen. Sie soll die tröstliche Botschaft körperlich spürbar machen. Du lässt die Trauer hinter dir, das Leben ruft dich.[4]

Die Verbeugungen beim Ose Schalom sagen uns nichts über die Person, nichts darüber, wer sie ist, während dieselben Verbeugungen auf dem Theater die dargestellte Figur kennzeichnen. Im *Hamlet* etwa könnte eine lange, tiefe Verbeugung Hamlets, als seine Mutter Gertrude erstmals auf der Bühne erscheint, eine Möglichkeit sein, seine bitteren Gefühle zum Ausdruck zu bringen.

Und schließlich müssen die meisten Darbietenden ihre Hemmungen und ihre Verlegenheit überwinden, die daraus resultieren, dass sie auf der Bühne auftreten, während die Verlegenheit, die man möglicherweise zu Beginn des Gebets empfindet, verschwindet, sobald man tatsächlich betet. Ich gebe zu, diese Unterscheidung ist fragwürdig. Manche Theologen behaupten, zu dieser unbewussten Hingabe ans Wort komme es nicht automatisch. Man müsse sich darauf vorbereiten – sonst fühlten die Gebete sich fremd an, und man könne sie nicht unbefangen sprechen. Deshalb gilt das Studium der Tora im Judentum als äußerst wichtig. Die Tora enthält viele Stimmen, viele Standpunkte. Noch vielfältiger und widersprüchlicher sind die aus mehreren tausend Jahren stammenden Kommentare zur Tora. Die Disziplin dieses Studiums und der Umgang mit dieser Komplexität stärken nach und nach den Glauben und sorgen dafür, dass dem Bekenntnis »ich glaube« kein innerer Vorbehalt, kein Schatten eines Zweifels mehr innewohnt.

Es gibt noch eine zweite Möglichkeit, den Aspekt der Freiheit von einem hemmenden Bewusstsein seiner selbst im Ritual darzustellen. Im religiösen Ritual fällt die Aufgabe des eigenen Ichs leichter, weil die Palette der Gefühle dort weniger vielfältig ist als in der Kunst. Und in der

Kunst ist mehr Raum für Ironie. In der Aufführung von *Wie es euch gefällt* im St Vincent's Hospital machten die Umgebung, das Vergnügen, mit dem die Schauspieler ihre Karposi-Sarkome mit Schminke überdeckten, und die selbstbewusste Darstellung durch Charles einen Großteil des expressiven Eindrucks aus – wenn auch nicht für uns, die wir einfach nur Trost finden wollten. Damit ist nicht gesagt, das Ritual wäre der Kunst unterlegen – vielmehr sind die Gefühle dort stärker fokussiert, werden stärker kanalisiert.

In ihrer Summe verleihen diese fünf Strukturen – zeitliche und zahlenmäßige Strenge, räumliche Beweglichkeit, unpersönliche Verkörperung, das Fehlen hemmenden Selbstbewusstseins – dem Ritual seine Fähigkeit zur Tröstung.

Kunst, die nicht tröstet

Könnte auch die Kunst eine ähnliche tröstende Kraft entfalten wie das Kaddisch? Das war in den neunzehnhundertachtziger Jahren keine bloß abstrakte Frage. Viele der Männer, die an Aids starben, waren ihren jüdischen Familien entfremdet. Deshalb mussten ihre Freunde und Geliebten oft selbst Zeremonien zu ihrem Gedenken erfinden.

In einem Gedicht aus dem Jahr 1960 stellt Allen Ginsberg sich der Herausforderung, das Kaddisch-Ritual in ein Kunstwerk zu verwandeln, das seine Mutter Naomi Ginsberg betrauert. Sie hatte viele Jahre an Schizophrenie gelitten und war 1956 in einem psychiatrischen Krankenhaus gestorben. Ginsbergs »Kaddisch« lebt Strophe für Strophe schmerzhaft ihr Leiden und seine eigene Hilflosigkeit angesichts ihrer Krankheit nach. Obwohl das Gedicht den Namen des Rituals als Titel trägt, enthält es doch kein Wort daraus. Ginsberg verharrt in trostloser Trauer: »Nichts mehr zu sagen und nichts mehr zu weinen.« Das Gedicht beschwört diesen Verlust ohne jeden Trost – ein deutlicher Unterschied zum Ritual.[5]

Nach der Fertigstellung des Gedichts meinte Ginsberg, man könne es auch als Theaterstück aufführen, das einen Teil der im alten Glauben enthaltenen Kraft wiedererlangen würde. Zunächst schrieb er ein Filmdrehbuch, das ein anderer Autor, Robert Kalfin, in ein Bühnentextbuch umwandelte. Kunst und Leben vermischten sich dort dank der Verwendung einiger Videoaufnahmen von Naomi Ginsberg, die bewiesen, dass es eine reale Naomi Ginsberg gegeben hatte. Sowohl Ginsberg als auch Kalfin hofften, dass »Kaddisch« sich auf der Bühne eher wie ein Ritual anfühlen werde.[6]

Während das Gedicht in meinen Augen Ginsbergs bestes ist – tiefgründiger als sein Hippie-Epos *Howl* –, funktionierten diese und spätere Aufführungen von »Kaddisch« meines Erachtens nicht, und das zum Teil deshalb, weil die Körper der Schauspieler zu wenig tun. Die vierte Stärke des Rituals ist nur schwach ausgeprägt. Der Schauspieler und die Schauspielerin in den Rollen von Allen und Naomi weinen und schluchzen, doch ihr dramatisches Gefuchtel und ihr Haareraufen fügen den Worten des Textes nur wenig Einfallsreiches hinzu. Die Videos unterstreichen dieses Ungenügen noch, weil sie als Beweise für das Leiden präsentiert werden, doch ihre Projektion ist ein Fehlschlag – als würden sie gezeigt, um die Handlung auf der Bühne glaubwürdiger zu machen. Dort auf der Bühne entwickelt sich das Schreien und Fuchteln nicht im Verlauf des Stücks: Am Anfang und am Ende stehen dieselben Gebärden. Es gibt keine Verwandlung und deshalb auch keine Befreiung von der Trauer.[7]

Ginsbergs Stück wirft eine Frage hinsichtlich des Publikums auf: Wie stark sollte es an den Gefühlen auf der Bühne beteiligt sein? Es gehört zum Wesen einer Lobpreisung, dass alle sie ausführen können und nicht nur Rabbis. In Analogie dazu wird das Publikum bei der Darbietung von Kunst nach einer der möglichen Versionen derart tief vereinnahmt, dass die Zuschauer das Gefühl haben, selbst auf der Bühne zu sein. Ginsberg wollte eine tiefe Identifikation dieser Art auslösen. Ein Theaterstück ist kein Objekt wie ein gedrucktes Gedicht, meinte er, es ist ein gemeinschaftliches Geschehen. Der Theaterregisseur Richard Schechner trieb die an eine Lobpreisung gemahnende Beteiligung der Zuschauer noch einen Schritt weiter. Seine Performance *Dionysus '69* basierte auf den *Bacchae* des Euripides, einem antiken Theaterstück voller hochgradig sexualisierter und wilder Momente hemmungsloser Hingabe. Schechner nutzte diese Ausbrüche, um die Zuschauer in einer ehemaligen Fabrikhalle einzuladen, sich auszuziehen, mitzumachen und ihren Gefühlen freien Lauf zu lassen.

Schechner wusste sehr wohl, was er mit dieser Einladung bewirken wollte. Seine Schauspielerinnen und Schauspieler mussten gut ausgebildet sein in Techniken, mit deren Hilfe sie den Widerstand des Publikums brechen und es dann bewegen konnten, seine Wut auszuagieren. Die Beteiligung sollte nicht »beliebig« sein, schrieb er später. Dennoch versuchte er mit seiner Performance, geradeso wie Ginsberg mit den Videoaufnahmen der psychotischen Episoden seiner Mutter, das Publikum in unkontrollierte Gefühle zu verwickeln. Es ging darum, die Distanz der Zuschauer aufzulösen.[8]

Man vergleiche das einmal mit der Aktion *Wie man dem toten Hasen die Bilder erklärt* von Joseph Beuys. Diese Aktion fand 1965 in einer Düsseldorfer Galerie statt. Die Zuschauer konnten den Künstler nur von außen durch die Fenster beobachten. Sein Kopf war mit Honig beschmiert, in den Armen hielt er einen toten Hasen, den er streichelte, während er durch die Galerie ging und ihm Erklärungen zu den Bildern zuflüsterte. Das Publikum musste selbst herausfinden, was da vor sich ging, doch der Künstler blieb auf Distanz. Auch wenn die Galerie in ihrem Begleittext darlegte, die Aktion handle von der Nahtoderfahrung des Künstlers während des Zweiten Weltkriegs, vermag das doch nicht zu erklären, warum Beuys sich mit Honig beschmierte und dem toten Hasen Kommentare zuflüsterte. Hier gab es keinerlei Möglichkeit einer Identifikation oder Beteiligung. Beuys machte eine fesselnde, aber nicht auf Partizipation ausgerichtete Kunst.

Ich glaubte früher, die Musik sei die darstellende Kunst, die noch am stärksten für Partizipation sorgt, weil sie über Darstellung und Identifikation hinausgeht. Wie bei Beuys' Aktion in der Galerie wird der Zuhörer von Musik als solcher gefesselt und vermag sprachlich nicht zu erklären, was das bedeutet. Deshalb schien mir auch klar, warum Musik so oft Trost spendet. Sie spricht die Zuhörer ganz direkt an. Manchmal geschieht das jedoch nicht. Die Gründe haben etwas mit dem Verhältnis zwischen Schöpfung und Ritualisierung innerhalb der Musik zu tun.

Ein konkretes Beispiel für diese Schwierigkeit ist Leonard Bernsteins

Symphonie Nr. 3, der er selbst die Bezeichnung »Kaddisch-Symphonie« gab. Das 1963 geschaffene Werk widmete der Komponist dem im Herbst desselben Jahres erschossenen US-Präsidenten John F. Kennedy, auch wenn er die Arbeit daran schon vor diesem fatalen Ereignis begonnen hatte, und zwar zum Gedenken an seinen Vater, zu dem er eine komplizierte, von Schuld geprägte Beziehung hatte. (Wir sprechen hier über Juden.) Bernstein war nach der Premiere in Tel Aviv unzufrieden mit seinem Werk und erstellte eine überarbeitete Fassung, die 1997 in Villach uraufgeführt wurde.[9]

Seine Unzufriedenheit war durchaus begründet. Die Kaddisch-Symphonie wird gelegentlich mit Malers Symphonien verglichen, und zwar wegen des Einsatzes gewaltiger Kräfte – eines großen Chors, eines riesigen Orchesters, eines geschulten Sprechers. Doch in Wirklichkeit ähnelten die Probleme eher denen von Malers Zeitgenossen Anton Bruckner. Der musikalische Gestus der Kaddisch-Symphonie war übersteigert; immer wieder trieb die Musik mit abnehmender Kraft zu einem Höhepunkt. Die Musik schluchzte, schlug um sich, schrie, doch wie bei Ginsbergs Bühnenfassung des »Kaddisch« fehlte ihr die Macht, Leid zu verwandeln.

Bei der Umarbeitung des Stücks stärkte Bernstein den musikalischen Gestus, der nun eher den Eindruck eines Rituals machte. Komplexe, verklumpte Zwölfton-Texturen wichen nun einfachen, geradlinigen diatonischen Momenten. So werden wir im Schluss-Scherzo aus einem Knoten von Tönen in eine Reihe ruhiger Ges-Akkorde auf dem Wort »glauben« entlassen. Der Übergang von der Zwölftonmusik zur Monotonalität bindet Bernsteins gewaltige Kräfte, die nun erst recht miteinander interagieren. Die Sänger schaffen einen Knoten, der vom Orchester gelöst wird, während der Sprecher zwischen ihnen vermittelt.

Die Überarbeitung kreiert ein Ritual innerhalb der Musik, doch sie erreicht niemals den Charakter der sakralen Musik, die überall in der Welt von Laienchören aufgeführt wird. Dazu ist sie technisch zu anspruchsvoll. Zwölftonmusik ist immer verflixt schwer zu spielen, wenn man kein Berufsmusiker ist, doch bei sakraler Musik lässt sich das Problem der Lobpreisung umgehen. Das rituelle Kaddisch kann von jedem gesprochen werden, das komponierte »Kaddisch« vermögen dagegen nur wenige aufzuführen. Um dies einmal außerhalb des europäischen Kontexts zu stellen, ohne den Bereich des Aids-Problems zu verlassen, können wir uns Gibson Kentes *The Call* ansehen.

Dieses Theaterstück schrieb Kente für die Townships im südafrikanischen Johannesburg, die in den neunzehnhundertneunziger Jahren von Aids verwüstet wurden. Bei der Aufführung seines Stücks setzte Kente zwar einige einheimische Laienschauspieler ein, doch die Hauptrolle verlangte ein Spektrum verschiedener Gebärden und Bewegungen, Stimmlagen und Diktionen, um widerstreitende Gefühle zum Ausdruck zu bringen, die Amateure überfordert hätten. Kente, ein ausgezeichneter Schauspieler, übernahm die Hauptrolle deshalb selbst. Als er ein Jahr später an der Krankheit verstarb, versuchten andere an seine Stelle zu treten, doch es war ihnen nahezu unmöglich, *The Call* mit neuem Leben zu erfüllen.

Statt einen falschen Gegensatz zwischen schauspielerischer Darstellung und Ritualisierung zu konstruieren, als hätten beide nichts miteinander zu tun, versteht man sie besser als zwei unbehaglich nebeneinander stehende Formen der Darstellung. Eine Verbindung besteht insofern, als sie einiges an Ausdrucksmaterial gemeinsam haben: körperliche Gebärden, Choreografie einer Szene und der zugehörigen Bewegungen. Doch ihr Verhältnis ist unbehaglich, weil sie in verschiedene Richtungen schauen. Das Ritual blickt in Richtung einer Praxis, die nicht von Ort zu Ort variiert, in der die Anordnung der Worte und Bewegungen sich nur langsam verändert und zeitlich streng geregelt ist, eine Darbietung, die jeder Trauernde auszuführen vermag. Die schauspielerische Darstellung ist dagegen zeitlich elastisch und lässt sich an den Ort anpassen; sie stellt erhebliche Anforderungen an das Können des Darstellers, und ihr Fokus liegt auf der dargestellten Figur. Die Gesamtwirkung der Darstellung kann grenzüberschreitend sein, während Rituale wie das Kaddisch eine Reintegration in die Gemeinschaft anstreben.

Auf der Aids-Station gab es keine Wahl zwischen diesen beiden Möglichkeiten. Sowohl was Charles als auch was die Priester fühlten, konnte ich nachempfinden. In der Aufführung von *Wie es euch gefällt* lag eine kreative Trotzhaltung gegenüber dem Tod, in dem vom Priester angebotenen Ritual dagegen eine tröstliche Hinnahme des Todes. In mir selbst bestand ein unbehagliches Nebeneinander dieser beiden Wege, dem Tod zu begegnen – und ich fürchte, obwohl Ihre und meine Lebensumstände sich voneinander unterscheiden dürften, geht es Ihnen ganz ähnlich.

2 DIE MORALISCHE AMBIGUITÄT DER DARSTELLUNGSKUNST

Wie die Schauspielerei ihre Unschuld verliert

Unschuldiges Spielen

Mit fünf Jahren glaubten Sie bereitwillig, dass Kröten sprechen können. Mit siebzig lächelten Sie nachsichtig über diese kindliche Illusion. Wenn Sie jedoch Ihrem Enkel laut aus *Der Wind in den Weiden* vorlasen, gaben Sie der Kröte eine eigene Stimme und erfanden krötenartige Gebärden, um die Worte zu verstärken. Mit der Zeit begannen Sie selbst an die Kröte zu glauben, die Sie da spielten.

Die Darstellung des Kröterichs folgt zwei separaten Kanälen für Ritual und Spiel. Wehe, wenn Sie es wagen, die Geschichte auszuschmücken, weil Sie sie schon hundert Mal vorgelesen haben. Ob nun in seinem gemütlichen Schlafzimmer oder in der mückenverseuchten Ferienwohnung der Familie, Ihr Enkel möchte, dass Sie der Kröterich werden – ein Vergnügen, mit dem er zuverlässig rechnen kann. Sein Interesse als Zuhörer gilt der Unveränderlichkeit der Darstellung, ihrem rituellen Charakter.

Ganz anders stellt die Sache sich dar, wenn Ihr Enkel selbst in die Rolle des Kröterichs schlüpft, vor allem wenn das Buch dabei geschlossen bleibt. Nun hat er Freude daran, zu improvisieren und die Geschichte auszuschmücken. Die Kinderpsychologin Anna Freud glaubt, wenn das Kind einer Geschichte zuhört, will es, dass die Realität als solide und zuverlässig bestätigt wird; wenn es dagegen selbst spielt, ergreift es Besitz von dieser Realität, indem es sie nach den eigenen Vorstellungen darstellt und eine Rolle gestaltet. So erscheint die Trennung von Kunst und Ritual schon früh im kindlichen Entwicklungsprozess.

In einem Winkel meines Gartens auf dem Lande lebte eine Kröte, die mein Enkel intensiv beobachtete, wenn er zu Besuch kam. Sein Krötenstudium veranlasste ihn anfangs lediglich, die Beinbewegungen des Tiers nachzuahmen, doch mit der Zeit arbeitete er die unter der Oberfläche verborgene Struktur heraus – nicht dass er sie biologisch hätte nachweisen können, vielmehr ließ er seine Fantasie spielen. Die Kröte verwandelte sich in einen Vogel, und die mit Schwimmhäuten versehenen Beine wurden zu Flügeln. Er lernte, wie Lebewesen verschiedene Formen annehmen können, so kann auch ein Schauspieler verschiedene Rollen spielen – derselbe Enkel war in der Lage, in einer Schulaufführung zu verschiedenen Zeiten den Kröterich, den Vogelmann und einen Engel zu geben.

MIT SPIELZEUG SPIELEN Verschiedene Rollen spielen zu lernen, ist in der Kindheit mit dem Umgang mit Spielzeug verbunden. Das behauptete der Historiker Johan Huizinga in seiner klassischen Untersuchung des Spiels *Homo ludens*. Wäre der Kröterich ein Stofftier, könnte das Kind Gespräche mit ihm führen und vielleicht mit dessen Vorderbeinen gestikulieren, als wollte es seinen Aussagen Nachdruck verleihen. Huizinga glaubte, es komme nicht darauf an, woraus das Spielzeug bestehe oder wie groß es sei, da die Fantasie des Kindes den Gegenstand in etwas Lebendiges und höchst Gegenwärtiges verwandele.

Spätere Psychologen waren nicht glücklich mit Huizingas These. In ihren Augen kommt es sehr wohl auf den materiellen Charakter des Spielzeugs an. Der prominenteste unter den Psychologen des Spiels nach Huizinga war Jean Piaget, der die Rolle untersuchte, die Objekte beim Übergang vom symbolischen zum analytischen Denken spielen, ein Entwicklungsprozess, der sich vom zweiten bis zum zwölften Lebensjahr erstreckt. Spielzeuge wie Stofftiere sind zunächst nur Gegenstände, die man greifen und umherstoßen kann. In einer weiteren Phase muss das Spielzeug zerlegt und auseinandergenommen werden können. Erst wenn die Stoffkröte in Stücke gerissen ist, beginnt das Kind über dessen inneren Aufbau nachzudenken. Dann muss das Spielzeug wieder zusammengesetzt werden, vielleicht nicht wie es vorher war, aber durch Klebeband oder lose Stiche zusammengehalten. Dadurch wird das Objekt in den Augen des Kindes wieder lebendig – eine Lektion in Metamorphosen. Diese Lektion lässt sich auch auf das Darstellen übertragen. Aus einer Figur kann man eine andere machen.[1]

In den Studien Donald W. Winnicotts gelten Spielzeuge als »Übergangsobjekte«, die das Kind schrittweise über seine eigenen Sinnesempfindungen hinausführen. Winnicotts Ansatz ist etwas anders als der von Piaget, denn er hielt die Erfahrung des Übergangsobjekts für zugleich sinnlich und kognitiv. Daher hob Winnicott das Material hervor, aus dem ein Spielzeug besteht, ebenso wie dessen inneren Aufbau. Sowohl Piagets als auch Winnicotts Thesen ließen sich im Spiel meines Enkels finden. Manchmal beobachtete er die Schwimmhäute der Kröte, ohne sie zu berühren; dann wieder streichelte er die samtweiche Oberfläche der Stoffkröte, als wäre sie ein Haustier.

Alle drei Autoren glaubten, das Spielzeug sei wichtig für die Entwicklung, und zwar weil die »Vorstellungen über Politik, ökonomische, philosophische und kulturelle Zusammenhänge« als »Derivat des Spiels« zu gelten hätten, wie Winnicott darlegte. Insbesondere gründe die Fähigkeit des Erwachsenen, verschiedene Rollen zu spielen, in dieser kindlichen Erfahrung. Dieser Prozess ist durchaus nicht so willkommen, wie man meinen mag. Obwohl Kinder sehr rabiat mit ihrem Spielzeug umgehen können, lernen sie dabei doch in ganz unschuldiger Weise, verschiedene Rollen einzunehmen. Das Kind weiß nicht, dass es hier eine Ausdrucksfähigkeit erlernt, mit der es möglicherweise anderen und auch sich selbst Schaden zufügen kann.[2]

Damit Sie sehen, inwiefern Spielen und Schauspielen im Erwachsenenleben ethisch zweideutig werden kann, bitte ich Sie, einen in Zeit und Raum großen Sprung zurück zu machen. Die zweideutige Fähigkeit zu Spiel und Schauspiel prägte Leben und Denken Machiavellis, des größten politischen Denkers der Renaissance.

Machiavelli, maskiert und in Robe

MASKIERT In seiner großen Abhandlung *Der Fürst* stellt Machiavelli die These auf, Herrscher müssten Schauspieler sein, wenn sie überleben wollten. Der Fürst muss politische Entscheidungen treffen (zum Beispiel Steuern erhöhen oder Bündnisse eingehen), gegen die seine Untertanen Widerstand leisten würden, wenn er sie ihnen offen vorstellte. Will er die Freiheit haben, hinter den Kulissen ungehindert zu agieren, muss er vor den Kulissen unberechenbar erscheinen, sodass seine plötzlichen Volten die Untertanen von der Politik ablenken und aus dem Gleichgewicht bringen. In der einen Woche zeigt er sich wütend, um seine Untertanen in Furcht zu versetzen; in der nächsten lobt er sie wie ein liebevoller Vater. Was wird der Fürst als Nächstes tun oder sagen? Die Leute können es nicht voraussehen. Der Fürst sorgt dafür, dass die Augen der Menschen sich ständig auf ihn richten, weil er in seiner Rolle immer wieder die Gestalt wechselt, die deshalb niemals schal und abgestanden wirkt. Dennoch muss er selbst klaren Kopf bewahren und darf sich nicht von der Verwirrung mitreißen lassen, die er in den Köpfen der anderen stiftet.

Machiavellis Fürst stützt sich auf die früh erworbene Fähigkeit, mehr als nur einen Part zu spielen. Doch bei diesem erwachsenen Rollenspiel findet sich ein neues Moment: Der Fürst gibt sich seiner Darstellung nicht vollkommen hin. Sie ist eine Maske. Deshalb ist eine Charakterisierung als machiavellistisch bei Demagogen wie Trump nicht ganz zutreffend. Der Fürst wechselt seine Masken nach Belieben, während Trump an seine eigenen Fantasien glaubt und tief in einer einzigen Rolle feststeckt.

Der Maskenwechsel basierte bei Machiavelli auf eigenen Erfahrungen als diplomatischer Vertreter bei Verhandlungen, in denen Florenz entweder andere Stadtstaaten betrog oder selbst von ihnen betrogen wurde. Bei vielen Verhandlungen dieser Art stand er im Rampenlicht, statt als undurchsichtiger Intrigant hinter den Kulissen zu agieren. Erstaunlicherweise analysiert er in *Der Fürst* nicht wirklich die Technik, in der Öffentlichkeit geschickt zu lügen und zu betrügen. Stattdessen bringt er geschichtliche Beispiele von Fürsten, denen es besonders gut gelang, anders zu erscheinen, als sie in Wirklichkeit waren. Dennoch hatte Machiavelli großes Interesse am Theater. Er schrieb selbst Theaterstücke, darunter *Mandragola*, das zeigt, wie man im häuslichen Leben mit Untreue davonkommt. Wir können nur vermuten, dass er der Ansicht war, beim Betrug am Ehemann oder an der Ehefrau kämen dieselben Fertigkeiten zum Einsatz wie bei der Übertölpelung der Öffentlichkeit.

Nahe Zeitgenossen Machiavellis übersetzten das öffentliche Erscheinungsbild des Fürsten in konkrete Bühnenanweisungen, etwa in der Frage, wie der Thron dekoriert und wo er platziert werden sollte; wie ein Herrscher den Thron bestieg oder wie er davon herabstieg. Die Gestaltung der politischen Bühne war nicht länger an verpflichtende Traditionen gebunden. Die Handlanger des Fürsten konnten das Setting manipulieren – eine politische Reflexion der von Victor Turner aufgestellten These, wonach die Kultur in der Renaissance einen Wechsel vom Ritual zum Theater erlebte. Tatsächlich könnte man meinen, diese Manipulationen glichen der heutigen Sucht nach einer darstellerischen und dramaturgischen Beratung der Politiker. Heute zahlt man solchen Beratern ein Vermögen für das Coaching von Politikern, denen sie beibringen, wie sie scheinbar freudig in den Wahlkampf ziehen und wie unter Zurschaustellung großen Bedauerns ein schneller Rückzug gelingt. Doch während Machiavelli hinter solchen Theatertricks ernsthafte Zwecke versteckte und dadurch gleichsam eine »tugendhafte Manipulation« ausübte, sind sie heute das eigentliche Wesen der Politik.

ROLLENDISTANZ Machiavelli war kein guter Soziologe – was man vielleicht als Kompliment statt als Kritik verstehen sollte. Er fragte nicht nach gravierenden Folgen dieser Maskerade in der Öffentlichkeit, die auch auf den Träger dieser Masken zurückschlagen könnten. Wenn ein Mensch immer das Gefühl hat, auf einer Bühne zu sein, kann er depressiv werden und meinen, es gäbe jenseits der Rollen kein »wahres Ich«. Schauspieler benötigen eine gewisse Distanz zu ihren Rollen, und zwar nicht zu dem machiavellistischen Zweck, ein Vorhaben zu verdecken, das nicht ans Tageslicht kommen soll, sondern um sich von dem Druck zu entlasten, den die Aufführung vor anderen Menschen mit sich bringt. Diesen Schritt zurück bezeichnet man in der Soziologie als »Rollendistanz«.

Erving Goffman erforschte das Rollenspiel in einer modernen Institution, die weit entfernt von den Machtspielen an einem Renaissance-Hof zu sein scheinen. Wie Goffman in seinem 1961 erschienenen Buch *Asyle* über Patienten in psychiatrischen Krankenhäusern darlegt, erwarteten Ärzte und Pflegepersonal von den Patienten, dass sie sich gemäß ihrer jeweiligen Diagnose verhielten. Patienten waren oft gesünder, als sie zu sein schienen, mussten jedoch ein geisteskrankes Verhalten an den Tag legten, um mit dem Klinikpersonal zurande zu kommen. Goffman ist hier Machiavellist, auch wenn die machiavellistische Maske von Machtlosen statt von Mächtigen getragen wird. Dennoch dient die Maske auch in diesem Fall dem Zweck, Strategie und Täuschung zu verbergen.

Die Idee der Rollendistanz ist philosophischer Herkunft und stammt aus einem 1955 erschienenen Buch des Philosophen J. L. Austin mit dem Titel *Zur Theorie der Sprechakte*. Austin prägte dort den Ausdruck »performativ« zur Charakterisierung der Funktionsweise von Worten. Der englische Satz »*I do*« hat keine eindeutige Bedeutung. Damit könnte gemeint sein: »*Yes, I do want another glass of wine*« – »Ja, ich möchte ein weiteres Glas Wein.« Aber auch: »*Yes, I do want to marry him*« – »Ja, ich will die Ehe mit ihm schließen.« Entscheidend ist hier, welche Handlung mit diesen Worten vollzogen wird. Nach den Begriffen der Semiologie gibt es keinen eineindeutigen Zusammenhang zwischen Signifikat und Signifikant. Eine Generation nach Austin griff Roland Barthes den Gedanken der Performanz in einem berühmten Aufsatz mit dem Titel »Der Tod des Autors« auf, in dem er erklärte, dass der Text »keinen anderen Inhalt (keine andere Aussage) besitzt als den Sprechakt«. Das heißt, in der Sprache gibt es keinen festen, von jeher gegebenen Referenten und im Leben kein Verhalten, das nicht angepasst oder manipuliert werden könnte. In der Sprache und im Leben gibt es keinen ureigensten Inhalt, keine feste Bedeutung.[3]

Obwohl diese philosophischen Ansichten in gewisser Weise selbstverständlich sind, verfehlen sie doch, wie die Menschen sich angesichts eines ständigen Wechsels in ihrem Selbstausdruck fühlen. Wenn ein Verhalten je nach Kontext alles Erdenkliche bedeuten kann, fühlen die Menschen sich leer. Als Goffman seine Aufmerksamkeit von Institutionen wie den psychiatrischen Krankenhäusern abwandte und sich dem alltäglichen Leben zuwandte, nahm er vor allem die negative Seite allzu großer Rollendistanz in den Blick. In diesem Moment verhalten Sie sich wie ein loyaler Angestellter, im nächsten beruhigen Sie am Telefon ein aufgebrachtes Kind, dann erhalten Sie einen Anruf von Ihrer Bank und versuchen möglichst zuversichtlich zu erklären, dass Sie ihr überzogenes Konto heute noch ausgleichen werden. Wenn im Alltag immer mehr Rollen zu spielen sind, sehnt man sich nach einer Bedeutung, die als Anker dienen könnte. Oder das Ich wird durch Scheinen statt Sein zerstört wie bei Sylvia Plath – nach außen hin lächelnd, gut darin, Mutter und Ehefrau zu spielen, verantwortungsvolle Bürgerin, bei alledem aber depressiv und innerlich voll unbändiger Wut.

Eine Maske zu tragen, hat zweifellos auch eine gute Seite, etwa wenn Heranwachsende Rollen ausprobieren, um zu sehen, wie sie sich anfühlen. In der Schule geben sie sich als überzeugte Kommunisten, ein paar Wochen später jedoch als libertäre Eiferer. Jede dieser Rollen spielen die Heranwachsenden mit tödlichem Ernst, zumindest solange sie daran festhalten. Sie scheinen jedoch in der Lage zu sein, eine Rolle innerhalb von Tagen oder gar Stunden aufzugeben. Diese chamäleonartige Fähigkeit, eine Rolle abzulegen und eine andere anzunehmen, ist ein Vermächtnis des Kröterichs. Von dieser positiven Seite der leidenschaftlichen Ausfüllung einer Rolle, um sie dann fallenzulassen, profitierte Machiavelli in der dunkelsten Stunde seines Lebens.

IN EINE ROBE GEKLEIDET Machiavellis Leben zerbrach, als er im Gefolge einer der zahlreichen politischen Umstürze in Florenz seine Macht verlor und sogar kurz ins Gefängnis geworfen wurde. Seines Amtes enthoben, fristete er sein Leben auf einem Bauernhof außerhalb der Stadt, doch jeden Abend legte er die Robe an, die er als Inhaber hoher Ämter einst getragen hatte. In einem Brief an seinen Freund Francesco Vettori beschrieb er Ende 1513 diese Verwandlung.

> Kömmt der Abend, so kehre ich heim und gehe auf mein Schreibzimmer, auf dessen Schwelle ich mein bäurisches Kleid voll Schmutz und Koth von mir werfe, und königliche Gewänder, und wie sie am Hofe sich ziemen, anlege; so, würdig angethan, besuche ich die alten Hofhaltungen der Männer des Alterthumes, und von ihnen freundlich empfangen, nähre ich mich von solcher Speise, die mir allein gehört, und für die ich geboren war; da hält mich keine Schüchternheit ab, mit ihnen zu reden, und die Ursachen ihrer Taten zu erforschen, und ihre Humanität macht, daß sie mir antworten. Vier Stunden lang, die ich so zubringe, empfinde ich nicht den mindesten Ueberdruß, vergesse ich allen Kummer, alle Furcht vor Mangel, und selbst der Tod erschreckt mich nicht; ganz versenke ich mich in jene.[4]

Vettori war ein alter Fuchs und dürfte kaum von dieser pathetischen Szene gerührt gewesen sein. Doch vielleicht ging es Machiavelli gar nicht darum, Mitleid zu erregen.

Wenn er die Robe anlegte, reiste er in der Zeit zurück in die ferne Vergangenheit, um seine Schmach nicht mehr zu fühlen. Sein Schmerz wurde gelindert, wenn auch nur für eine Stunde. Die Robe hatte nichts Individuelles – es war die bei Hofe übliche Kleidung (höhere Amtsinhaber trugen damals gewöhnlich schwarze Talare mit roten Aufschlägen an den Ärmeln). So gekleidet und durch sein Gewand in eine andere Zeit versetzt, wurde der Renaissance-Staatsmann zu einem Bruder im Geiste für Charles auf seiner Krankenstation, der gleichfalls von seinem Schmerz befreit wurde, wenn auch nur für eine Stunde.

Als Machiavellis Lage sich nach 1515 langsam besserte, gab er diese Gewänder auf und kehrte in die Welt zurück. Nun gab es keine imaginierten Sitzungen mit den Geistesgrößen der Antike mehr. Seine Situation ähnelte ein wenig der von Heranwachsenden, die eine Rolle ablegen, wenn sie nicht mehr »passt«, der Fähigkeit, eine Rolle zu spielen und eine bestimmte Rolle hinter sich zu lassen.

Machiavellis Maske steht für die schlechte Seite des Rollenspielens, seine Robe für die stärkende. Das Rollenspiel ist daher ein zutiefst janusköpfiges Phänomen, da beide Gesichter aus derselben Kindheitsquelle stammen – die Fähigkeit, sich auf eine Rolle einzulassen und dann in eine andere zu wechseln. Rollendistanz findet sich auf beiden Seiten. Der Fürst nutzt die Rollendistanz, um seine Untertanen zu manipulieren; im gewöhnlichen Leben kann Rollendistanz eine zerstörerische Wirkung haben, sie kann die Menschen jedoch auch befreien, zeitweilig Schmerzen lindern oder ihnen die Möglichkeit geben, neue Erfahrungen und neue Identitäten zu erproben.

Auf der Theaterbühne nimmt Rollendistanz eine weitere Wende.

Der Übergang

DIE BEIDEN DIDEROTS Ein Text aus dem 18. Jahrhundert versucht das Rätsel zu lösen, das in der abwechselnden Übernahme und Aufgabe einer Rolle liegt: Denis Diderots *Paradox über den Schauspieler*. Allzu große persönliche Hingabe an die Rolle, so meinte Diderot, sei für Berufsschauspieler kontraproduktiv. Warum das so ist, versuchte er zu zeigen, indem er Rollendistanz als Paradoxon darstellte. Je weniger tief der Schauspieler fühle, desto tiefere Gefühle, könne er beim Publikum auslösen.

Nehmen wir einmal an, Sie hätten einen Vertrag mit der Comédie-Française für dreißig Aufführungen von Racines *Phädra* abgeschlossen. In den ersten zwei Vorstellungen sind Sie vielleicht noch voll Feuer, doch in den folgenden achtundzwanzig Vorstellungen würden Sie ausbrennen, wenn Sie Ihr emotionales Engagement nicht von Anfang an dosierten. Als Beispiel für einen derartigen Burnout nennt Diderot das französische *mélodrame*, ein Genre, das leidenschaftliche Deklamation mit einer hochgradig aufgeladenen Musik unterlegt. Schauspieler und vor allem junge Schauspieler, die sich mit ganzer Kraft ins *mélodrame* stürzten, wurden rasch schal, weshalb denn Impresarios lieber erfahrene Kämpen anheuerten, die gelernt hatten, sich selbst einen gewissen inneren Raum zu schaffen.

New Yorker meines Alters erinnern sich vielleicht an ein Beispiel für Diderots Paradox in einem Film über die siebzigjährige Ida Kamińska, die in Jiddisch die junge Ophelia in *Hamlet* gab. Mrs Kamińska legte ihre ganze Seele in den Part der todgeweihten jungen Frau und spielte die Rolle derart bewegend, dass niemand auf ihre kaum verdeckten Falten und hervortretende Venen achtete. Als der Vorhang fällt, sieht man in einer Aufzeichnung der Vorstellung das weinende und klatschende Publikum, während Mrs Kamińska von der Bühne abgeht. Es folgt ein kurzer Blick auf eine hinter der Bühne stattfindende Pokerpartie – ein Spiel, nach dem sie süchtig gewesen sein soll. Diderot würde wohl sagen, das Pokerspiel bilde ein wesentliches Element in Ida Kamińskas kraftvollem Spiel auf der Bühne. Es biete Entlastung von dem tiefen, leidenschaftlichen Engagement, mit dem sie die Rolle der jungen Frau spielte.[5]

Dagegen beschrieb Diderot in seinem philosophischen Dialog *Rameaus Neffe* die Fähigkeit eines Schauspielers, viele Rollen zu spielen, als eine Deformation des Ichs. Dabei handelte es sich um den Neffen des Komponisten Rameau, einen Schauspieler, der fast alles spielen konnte.

> Er häufte und vermischte dreißig Arien, italienische, französische, tragische, komische, verschiedensten Charakters, bald sang er im Bariton und stieg bis in die Hölle hinab, bald zerriß er mit leiser Fistelstimme die Höhen der Lüfte, während er den Gang, die Haltung, die Gebärden der verschiedenen Gesangsrollen nachahmte … er ganz allein spielte die Tänzer, die Tänzerinnen, die Sänger, die Sängerinnen, ein vollbesetztes Orchester, ein ganzes Operntheater, teilte sich in zwanzig verschiedene Rollen.

Goethe merkte an, diese Art von Virtuosität verkörpere geradezu die Krankheit der Moderne. Die Menschen seien in der Lage, zahlreiche Rollen zu spielen, legten sich aber auf keine fest. So ist denn auch Rameaus Neffe ein Vorläufer der von Goffman vorgetragenen Kritik an leerem Rollenspiel.

In *Rameaus Neffe* findet sich ein technischer Aspekt, der sich in die Erfahrung jedes Musikers zutiefst eingräbt. Bei der Darbietung von Musik muss der Wechsel von einer Stimme zur anderen rasch erfolgen. Musiker müssen sich im Verlauf von zwei Stunden auf verschiedene Ausdrucksregister einlassen und sie wieder hinter sich lassen. Ein Cellist muss möglicherweise von der Vertiefung in Bachs erste Gambensonate, die voll italienischer Sonne ist, zu Samuel Barners Cellosonate wechseln, die voller Angst steckt. Er muss aufhören, das eine zu fühlen, und stattdessen etwas anderes fühlen – und zwar rasch. Man geht von der Bühne, erhält eine Minute Zeit, um einen anderen Gang einzulegen, und geht dann zurück. Pausen geben den Musikern bestenfalls zwanzig Minuten für diesen Wechsel des Ausdrucksregisters. Diderots Paradox kommt hier ins Spiel, denn wenn Sie sich von Ihrer Darbietung überwältigen lassen, ist es nicht leicht, mit etwas anderem fortzufahren.

Meine wunderbare Klavierpartnerin, eine gesprächige junge Frau aus Chattanooga, Tennessee, ließ die Leute hinter die Bühne und spielte die Südstaatenschönheit, wenn sie sie empfing. Allerdings gestand sie, dass sie sich später an kein einziges Wort von dem erinnern konnte, worüber sie und die Leute gesprochen hatten. Wir ließen das Vergangene hinter uns, indem wir sozusagen unser Bewusstsein entleerten. Wie ein Zen-Moment, in dem man nichts empfindet, ermöglichte uns dieses vorübergehende Ausblenden den Übergang zum nächsten Stück.

Die Lösung von einem Ausdrucksregister ist dabei leichter zu erklären als die erfolgreiche Hinwendung zu einem anderen.

ZEITWEILIGE IDENTIFIZIERUNG Zu Diderots Zeiten verkörperte der Schauspieler David Garrick die Fähigkeit zu einem blitzschnellen Wechsel der Rolle oder der Stimmung. Laurence Olivier, der in Shakespeares *Romeo und Julia* sowohl Romeo als auch Mercutio spielte, war gleichfalls zu solch einem raschen Wechsel fähig. Beide waren Meister des Rollenwechsels.

Man könnte hier etwas abstrakter von einer »zeitweiligen Identifizierung« sprechen. Konstantin Stanislawski kämpfte mit diesem Konzept, als er 1897 das Moskauer Künstlertheater gründete, ein Ensemble, das sich dem Grundsatz verschrieb, Schauspieler und Schauspielerinnen sollten bei der Aufführung einer Rolle aufrichtig sein und sich selbst treu bleiben. Aber wie kann ein Chamäleon aufrichtig sein? Stanislawskis Antwort wird zuweilen auf eine krude Karikatur der Identifizierung reduziert. Man stützt sich auf die eigene Erfahrung: auf Kindheitserinnerungen an ein Spielzeug, das Ähnlichkeit mit dem gerade in der Hand gehaltenen Requisit hat; oder auf die Gerüche und Geräusche einer Straße, die einem in den Sinn kommen, wenn es darum geht, das Umherschweifen einer ziellos durch die Stadt wandernden Figur mit Leben zu erfüllen; oder auf die eigenen Gefühle bei dem Gedanken, der eigene Vater wäre – wie der von Hamlet – plötzlich gestorben. Persönliche Projektionen dieser Art stoßen allerdings auf ein Problem, wie Stanislawski schon bald erkannte. Bloß zu erzählen, was man fühlt, ist noch nicht expressiv. Genau das lief schief, als Allen Ginsberg *Howl* auf die Bühne brachte – eine unvermittelte, rohe Identifizierung des Schauspielers mit der Rolle.

Als Schauspieler litt Stanislawski an akuten Anfällen nervösen Ichbewusstseins. Er begegnete diesem Problem, indem er eine Reihe von Probentechniken entwickelte, die eine Konzentration auf den Anderen statt auf das Ich ermöglichen sollten. Sie lenkten das Augenmerk auf die physische Beziehung der Figuren untereinander. Warum blicke ich sie an? Warum stehe ich drei und nicht fünf Meter von ihr entfernt? Wie langsam sollte ich meinen Kopf wenden, um jemanden zu begrüßen, der gerade die Bühne betritt? Solche Fragen zu stellen, war für Stanislawski eine Möglichkeit, allzu großes Ichbewusstsein zu überwinden. Der Körper unternimmt die Aufgabe, sich nach außen zu wenden.

In gewisser Weise ähnelt dieses Verfahren der Beobachtung der Kröte. Anfangs identifizieren Kinder sich mit imaginierten Figuren, als wäre die Puppe eine Spiegelung ihrer selbst. Wenn sie dann mit der Zeit imaginäre Figuren erkunden, die keine Spiegelungen ihrer selbst darstellen, kommt es wie bei den Erfahrungen meines Enkels im Garten zu einer Verwandlung: von der Kröte in einen Vogel und in einen Engel. Nun schlägt das Kind ganz anders mit seinen Armen, seine Körperhaltung nimmt neue Formen an. Durch solche körperlichen Veränderungen verwandelt sich das Kind und nicht indem es lediglich denkt: »Jetzt bin ich ein Engel.«

Auf das heutige Theater übertragen, könnte Stanislawski darauf abzielen, einen schwarzen Schauspieler zu befähigen, überzeugend einen

Sklavenhalter zu spielen, oder einen weißen Schauspieler, die Rolle eines Sklaven zu übernehmen. Wenn ein schwarzer Schauspieler für die Rolle eines Sklavenhalters gecastet wird, muss er für eine gewisse Zeit all die Grausamkeiten ausblenden, die er vielleicht selbst wegen seiner Hautfarbe erlitten hat. Nach den Stanislawski-Übungen kommt es bei der erfolgreichen Anlage der Rolle vor allem darauf an, wie nah ein Sklavenhalter bei einem Sklaven stehen oder wie er zwei Sklaven aneinanderketten würde. Der Schauspieler wird die Ausdrucksschwelle vom Ich zum Anderen nicht durch pure Introspektion überschreiten können.

Dennoch war Stanislawski nicht zufrieden mit seinen Übungen zu der Fähigkeit, jemand anderes zu werden, und er hatte Recht damit. Wie Diderot in *Rameaus Neffe* und wie Goethe in seiner Reaktion darauf befürchtete der Regisseur, der Mensch, der dieser Schauspieler oder diese Schauspielerin ist, werde bei diesem Übergang ausgehöhlt. Wie aber erreicht der Schauspieler Überzeugungskraft und Leidenschaft in der neuen Rolle, wenn es sich nicht um den Ausdruck des eigenen Selbst handelt?

RICHTIGKEIT Stellen Sie sich vor, eine Dirigentin steigt aufs Podium, wendet sich ans Publikum und erklärt mit einem leichten Lächeln: »Ich könnte Beethovens Pastorale entweder wie Toscanini oder wie Erich Kleiber beginnen (ihre Tempi sind sehr verschieden). Beides ist möglich …« Ohne innere Überzeugung wird die Darbietung zweifellos lahm ausfallen. Nur wenn sie selbst die Gewissheit hat, sie spiele Beethoven korrekt, wird sie über sich selbst hinauswachsen. Toscanini und Kleiber waren Pulttyrannen, die darauf bestanden, dass ihre Interpretation die richtige sei – dass der schon lange tote Beethoven es genau so gewollt hätte, wenn er den Dirigenten nur hätte hören können. Auch sie wird Entscheidungen über die Tempi treffen müssen (in der Partitur gibt es nur wenige Angaben dazu), oder sie wird entscheiden müssen, wie schnell eine mit *teneramente* gekennzeichnete Passage gespielt werden soll. Es ist ihre Entscheidung, was dieses Wort im Blick auf die Geschwindigkeit bedeutet. Sie muss keine Sklavin der Partitur sein, doch ihre Entscheidungen müssen ihr als das erscheinen, was Beethoven gewollt haben *sollte*.

Dieselbe Entschiedenheit wird auch dem schwarzen Schauspieler helfen, einen Sklavenhalter zu spielen. Um das zu erreichen, muss er glauben, dass es eine richtige Art gibt, diese Rolle zu spielen – und zwar so, wie er es tut. Künstlerische Überzeugung ist jedoch ein merkwürdiges Phänomen. Stanislawskis Methode ist von ihrem Impuls her liberal: Geh aus dir heraus, lass dich auf die Welt in ihrer ganzen Vielfalt ein, in ihren verschiedenen Rollen, Partituren, Choreografien. Dieser Impuls verbindet sich jedoch mit einem autoritären Zug. Immer wenn du eine Figur verkörperst, musst du das Gefühl haben, dass dein Weg genau der richtige ist.

Diese Dualität in Stanislawskis Methode zeigt sich im alltäglichen Leben schon frühzeitig in den Darstellungserfahrungen des Kindes. Wie ich oben vielleicht allzu beiläufig erzählt habe, wollte mein Enkel, dass ich die Geschichte vom Kröterich genauso wiedergab, wie er es zuvor gehört hatte. Als mein Enkel dann selbst das Schauspielen übernahm, gab er zahlreiche abgewandelte und veränderte Fassungen von *Der Wind in den Weiden* und bestand nicht mehr auf einer einzigen Art, der Kröterich zu sein. An jede dieser neuen Versionen glaubte er und stürzte sich mit Leidenschaft in jede neue Rolle. Die Dualität erlaubt es dem Schauspieler, ungehindert zu experimentieren, aber immer mit der Überzeugung, dass er es richtig macht – ob es sich nun um einen Jungen zu Hause oder um einen Berufsschauspieler auf der Bühne handelt.

In einem weiteren Sinne betrachtet, stellt uns die Dualität des Darstellens vor ein ethisches Dilemma. Und es ist alles andere als unschuldig.

Die Tränen des Judas

In Caravaggios zwischen 1602 und 1603 gemalter *Gefangennahme Christi* beherrschen drei Figuren die Mitte des Bildes: Judas, Jesus und ein Soldat. Judas küsst Jesus auf die Wange und signalisiert damit dem Soldaten, dass dieser der Gott ist, den der Soldat gefangen nehmen soll. Jesus blickt nach unten, eher gedankenverloren als überrascht von seiner Gefangennahme. Neben ihnen stößt aus dem pechschwarzen Dunkel die Hand des

Soldaten vor und ergreift den Gott. So weit erzählt das Bild eine Geschichte, die jeder mit der Bibel Vertraute kennt. Doch Caravaggio fügt dem auch etwas Eigenes hinzu.

Er setzt einen kleinen hellen Streifen zwischen Augenhöhle und Nase des Judas, der wie der Glanz eines Tränenstroms erscheint. In visueller Hinsicht ist dieses Detail verwirrend. Judas' Tränendrüsen scheinen einen horizontalen Tränenstrom abzugeben statt einzelner Tropfen, die über die Wange hinablaufen. Doch das funktioniert in diesem Gemälde, das wie viele andere von Caravaggio ein aufschlussreiches, aber ambivalentes Detail aufweist. Die *Gefangennahme Christi* wird von verschiedenen Lichtquellen erleuchtet, Strahlen hellen Lichts dringen ein in tiefdunkle Bereiche. Einer dieser Lichtstrahlen fällt auch auf die Tränen des Judas.

Der helle Tränenstreifen ist verwirrend. Warum weint der Verräter? Sind seine Tränen vorgetäuscht oder echt?

Die für Judas negative Deutung besagt, dass seine Tränen wie auch der Kuss nur Schau sind. Der weinende Judas möchte seine eigenen Gefühle und seinen Kummer zum Ausdruck bringen: »Wir müssen ihn leider töten.« Diese Deutung macht Judas zu einer Gestalt wie Machiavellis Fürsten. Die Maske des Verräters ist nur aufgesetzt – doch Jesus, dessen niedergeschlagener Blick zum Ausdruck bringt, dass der Gott um sein zukünftiges Schicksal weiß, lässt sich davon nicht täuschen.

Die für Judas positive Deutung besagt, dass die Tränen echt sind, da sein Verrat ihn unglücklich über seine Tat macht. Tränen gelten oft als Zeichen der Aufrichtigkeit. Roland Barthes schreibt: »Mit meinen Tränen erzähle ich eine Geschichte.« Tränen seien »die ›wahrste‹ aller Botschaften … die meines Körpers, nicht meiner Sprache«. Er verweist auf den Text des Schubert-Lieds »Lob der Tränen« und schreibt: »Was sind Worte? Eine einzige Träne sagt mehr als sie.« Der Körper des Betrügers verrät dessen wirkliche Gefühle.[6]

Sind Tränen tatsächlich die »wahrsten« aller Botschaften? Hier kommt nun das Ausagieren von Weinen ins Bild.

THEATERTRÄNEN Shakespeare reflektierte über diese Macht der Tränen auf der Bühne im 2. Akt seines *Hamlet*, den er zur selben Zeit schrieb, in der Caravaggio die *Gefangennahme Christi* malte. Hamlet leitet eine Schauspielertruppe, die auf Schloss Elsinore gekommen ist, um ein Theaterstück aufzuführen. Er ist zutiefst beeindruckt vom Weinen des Hauptdarstellers »im Auge der ergieb'ge Strom«, wie er sagt. Nach der Vorstellung sinnt Hamlet über das Wesen der Theatertränen nach:

> Ist's nicht erstaunlich, daß der Spieler hier
> Bei einer bloßen Dichtung, einem Traum
> Der Leidenschaft, vermochte seine Seele
> Nach eignen Vorstellungen so zu zwingen,
> Daß sein Gesicht von ihrer Regung blaßte,
> Sein Auge naß …

Wie ist es möglich, dass er selbst nicht in derselben Weise den Tod seines eigenen Vaters zu betrauern vermag – dass ein Schauspieler auf Kommando Tränen vergießen kann, nicht jedoch in Tragödien des realen Lebens? »Hätte er / das Merkwort und den Ruf zur Leidenschaft / Wie ich: was würd'e er tun? Die Bühn' in Tränen / Ertränken …« Doch Hamlet weint nicht, und die Unfähigkeit zu weinen verstärkt nur noch seine Trauer und Wut. Er erlebt keinen kathartischen Augenblick.[7]

Nach Ansicht mancher Psychologen ist Weinen eine automatische, instinktive Reaktion auf Schmerz oder Leid und spezieller noch auf das Geräusch von Weinen. Bei *Hamlet* geht es um etwas noch Kompliziertes: Weinen als kunstvolle Darbietung. Auf der Bühne auf Kommando zu weinen, kann ganz einfach sei. Man verdeckt eine geschälte Zwiebel mit einem Taschentuch und hebt sie ans Gesicht, sodass die Tränen zu fließen beginnen. In einigen Kulturen proben Klageweiber das Klagen und Weinen im Chor. In Marokko, wo ich sie bei ihrer Arbeit beobachtete, klagten sie abwechselnd statt unisono, wobei die eine genau abgestimmt einsetzte, sobald die andere aufhörte. Gerade diese Darbietung von Weinen durch professionelle Klageweiber erlaubte es anderen Teilnehmern an der Beerdigung, ihren Gefühlen freien Lauf zu lassen.

Die Tränen des Judas sind eine Darbietung anderer Art. Obwohl er Reue hier öffentlich zur Schau stellt, empfindet er sie möglicherweise doch tatsächlich, als er zu weinen beginnt. Möglicherweise reißt ihn sein eigenes Rollenspiel mit. Die Darstellung bewegt ihn, auch wenn sie als Schau für sein aus Soldaten und Einwohnern bestehendes Publikum gedacht war. Der verwandelnde Einfluss einer aufgeführten Szene auf den Darbietenden macht Judas zu einer überzeugenderen Figur, als sie es wäre, wenn man in ihm einen ausgemachten Schurken sähe, der sein Weinen nur spielt.

Wir wissen nicht, ob Caravaggio diese Botschaft vermitteln wollte. Wir können sie in einen kleinen Streifen weißer Farbe hineinlesen. Greifen wir diese im Gemälde enthaltene Anregung auf, erhellt sie indessen die moralische Ambivalenz, die schauspielerische Darbietungen kennzeichnet. Schauspielerei, die den Schauspieler verändert, kann gut sein wie für Charles oder den seine Robe überziehenden Machiavelli oder auch verderbt wie bei Machiavelli als Ratgeber seines Fürsten. Im Erwachsenenleben kann die Herstellung einer Distanz zur eigenen Rolle eine Notwendigkeit darstellen wie für die von Goffman beobachteten Patienten der Heilanstalt oder aber selbstzerstörerisch sein wie für Sylvia Plath, bei der die Kluft zwischen dem eigenen Sein und Schein Depressionen auslöste. In Diderots Augen war es für Berufsschauspieler gefährlich, sich mit ihrer Rolle zu identifizieren, zugleich glaubte er jedoch, der Schauspieler werde zu einem oberflächlichen Techniker, wenn er nicht eine gewisse emotionale Beziehung zu den Rollen im Stück aufbaute. Stanislawski kämpfte gegen allzu selbstbezogene Schauspielerei versuchte die Schauspieler dazu zu bringen, sich nach außen zu wenden. Dabei war für ihn jedoch entscheidend, dass sie sich persönlich in die verschiedenen Darbietungen einbrachten und überzeugt waren, dass sie ihre Rolle in der einzig richtigen Weise anlegten. Ich denke, all diese komplizierten Aspekte finden ihre Verkörperung in den gemalten Tränen, die aus dem Auge des Judas fließen.

3 DIE VERSTÖRENDSTE DARSTELLUNG

Die Aufführung von Gewalt

Befreiung von der Realität

HAND Als der Spielfilm *Die grünen Teufel* von John Wayne 1968 herauskam, sah ich ihn mir zusammen mit einem Freund an, der im Vietnamkrieg gekämpft hatte. Mein Freund war gerade von einer Veranstaltung des Militärs gekommen und trug noch seine Uniform. Sie vermochte Jamals Kriegsverletzung nicht zu verdecken. Eine Kugel hatte seinen linken Unterarm zerschmettert, und die Militärärzte hatten seinen Arm am Ellbogen amputieren müssen. Nun trug Jamal eine mechanische Prothese mit Fingern und Daumen, die es ihm ermöglichten, Besteck zu halten und zu tippen.

Mein Freund sah sich das Kriegsruhmepos gelassen an und machte gelegentlich ein paar technische Kommentare. Das Stammpublikum war dagegen erregt von der zweistündigen Schaustellung zerschossener und zerrissener Leichen und applaudierte bei besonders guten Treffern. In *Die grünen Teufel* kommt es jede Minute zu blutigen Begegnungen, während Gewaltepisoden im realen Krieg, wie Jamal anmerkte, nur sporadisch alle paar Tage oder Wochen vorkämen. Das Los der Soldaten sei Langeweile. Und wenn die Soldaten in der Realität so heldenhaft kämpften wie auf der Leinwand, kämen sie höchstwahrscheinlich ums Leben oder gefährdeten das Leben von Kameraden. Disziplin, nicht Wagemut im Stil von Cowboyfilmen sei der Schlüssel zum Überleben. Doch solche Tatsachen ergäben nur langweiliges Theater.

Als der Film vorbei war, gingen wir langsam hinaus. Jamal zündete sich eine Zigarette an und hielt sie mit seiner Klaue an seine Lippen. Um ihn, den erkennbar verwundeten Soldaten, herum strömten die Leute aus dem Kino, warfen einen Blick auf Jamals Metallhand und gingen mit Unbehagen davon. Bald waren wir eine kleine Insel inmitten der Menge.

Gewalt auf der Leinwand wird gelegentlich für die Gewalt im alltäglichen Leben verantwortlich gemacht. Dasselbe gilt für Pornografie. Wer sich in Online-Videos den Missbrauch einer Frau anschaut, wird angeblich selbst zum Täter. Die Darstellung von Gewalt kann jedoch auch das Gegenteil bewirken wie bei der Vorstellung jenes Kriegsfilms. Außerhalb des Kinos wollen die Menschen keineswegs echte Gewalt erleben. Unsere Erfahrung dort dürfte kaum einzigartig gewesen sein. Der Vietnamkrieg, ein grausamer und nutzloser Konflikt, den die Menschen vergessen wollten, sorgte für die große Amnesie meiner Generation. Möglicherweise half ihnen die Darstellung von Gewalt dabei, indem sie die Realität des Leids auslöschte.

HAUBE An diese Spaltung musste ich vierzig Jahre später denken, als ich das Atelier meiner Freundin Susan Crile besuchte. Crile, die politischste Malerin unserer Generation, hat eine Folge großformatiger Bilder über die Barbarei des Irakkriegs geschaffen. Viele davon zeigen ein Theater der Grausamkeit, das die Soldaten selbst aufführten. Zu diesem Zweck zog man zum Beispiel Gefangene nackt aus und zwang fünfzehn bis zwanzig nackte Männer, einen menschlichen Haufen zu bilden, der denen ganz unten die Luft nahm. Man fotografierte die Szene und verteilte sie online an Kameraden oder Kameradinnen. Criles Gemälde stellten eine ähnliche Form inszenierter Gewalt in den Mittelpunkt, bei der Gefangene in schmutziger Kleidung, denen man die Augen verbunden oder eine Haube über den Kopf gezogen hatte, in unregelmäßigen Abständen mit Elektroschocks gequält wurden, wobei sie nicht wussten, wann der nächste Schlag kommen würde – das alles veranstaltet vor einem unmittelbar anwesenden Publikum, das um die Opfer herum stand oder saß.

Auf Fotografien ähnlicher Art, die im Gefängnis Abu Ghraib aufgenommen worden waren und die Crile an die Wände ihres Ateliers geheftet hatte, posierten die Folterer oft offen vor der Kamera. Das berühmteste dieser Fotos zeigt eine Soldatin, die grinsend einen Elektroviehtreiber in die Leistenbeuge eines Gefangenen stößt, dem man einen Sack über den Kopf gestülpt hat.

Die das Gesicht verdeckende Haube kann auf eine lange Geschichte als Accessoire von Magiern zurückblicken. Bilder von solcherart verhüllten Magiern kennen wir schon aus dem Frankreich des 11. Jahrhunderts. In ihren mittelalterlichen Ursprüngen war die Haube des Magiers eine Vermummung – in einem absonderlichen Täuschungsmanöver sollte sie ihn vor dem Blick Gottes verbergen. Doch die vermummende Haube sorgte auch dafür, dass niemand eine Gefühlsregung auf dem Gesicht ihres Trägers erkennen konnte. Hier, bei der Folter im Abu-Ghraib-Gefängnis, diente sie dem Zweck, den Gesichtsausdruck der Opfer unsichtbar zu machen, wenn sie schrien und sich krümmten, während man sie »in die Saftpresse« nahm. Ein leidender Mensch wird hier ganz buchstäblich verhüllt, um ihn dem Blick zu entziehen.

HÖRNER Heute, zehn Jahre später, sehe ich im Fernsehen die Erstürmung des Kapitols in Washington am 6. Januar 2021. Das bekannteste Bild dieses gewalttätigen Ereignisses ist das von Jacob Anthony Chansley. Nachdem er dreizehn Jahre zuvor aus der U.S. Navy entlassen worden war, wurde er zum selbsternannten Schamanen. Beim Sturm auf das Kapitol trug Chansley ein Schamanenkostüm: sein Oberkörper nackt, das Gesicht rot, weiß und blau angemalt, eine Kopfbedeckung aus Pelzen mit zwei Hörnern darauf. Schamanen kleiden sich oft in dieser Weise, um ihren halb tierischen, halb menschlichen Charakter zu demonstrieren, und so war Chansley ganz in seiner Rolle.

Chansleys Hörner trugen wie die Haube in Abu Ghraib dazu bei, die Realität des Geschehens zu zerstreuen – dass nämlich die Marodeure drohten, im Gebäude Menschen zu töten. Die Kluft zwischen aufgeführter und realer Gewalt erklärt vielleicht, warum nach der Erstürmung des Kapitols so viele Festgenommene überrascht waren, dass sie wegen einer veritablen Straftat festgenommen worden waren. Sie hatten das Geschehen eher als Karneval empfunden.

Ich war erstaunt, wie sorgfältig Chansley sich ausgestattet hatte. Die sexy Brust mit der leichten Behaarung war ein fleischiges Zeichen, das mit der abstrakten Bemalung des harten Gesichts kontrastierte. Pelz und Hörner stellten gleichfalls eine Verbindung zwischen weich und hart her. Jede Maskenbildnerin hätte diese Verbindungen bewundert. Dadurch sah es tatsächlich so aus, als wäre er halb Tier, halb Mensch, und er erschien gefährlicher, als er in Wirklichkeit war. Seine Aura verflüchtigte sich allerdings, sobald er, ein unsicherer Sprecher, den Mund aufmachte.

Unsere Kultur konsumiert gierig Gewaltdarstellungen aller der hier vorgestellten Arten. Dieser Konsum markiert möglicherweise eine Trennungslinie gegenüber dem 19. Jahrhundert, das die Gewalt nicht im selben Maße erotisierte – zumindest nicht in der Öffentlichkeit. Denken Sie nur an Tolstois Beschreibung der Schlacht bei Waterloo in *Krieg und Frieden*. Blut und Gewalt um der Gewalt willen ist nicht seine Sache. Übersät mit massakrierten Leichen sind die Gemälde, die Félix Philippoteaux malte, um Revolutionäre im Pariser Aufstand von 1848 zu zeigen – überall Blut, aber kein gewissermaßen lüsternes Blut. Eine Verbindung zu dieser Zeit haben jedoch die Vietnamkriegsfilme, Abu-Ghraib-Folterer und Jacob Anthony Chansley: Die Gewalt, die sie genüsslich ausbreiten, ist überlebensgroß – nicht wie der Messerstich in einer dunklen Gasse, sondern groß, grell und unwahrscheinlich. Die Oper des 19. Jahrhunderts zeigt bestimmte Techniken, die dafür sorgen, dass diese Art der Gewaltdarstellung akzeptiert und genossen wird.

ÜBERLEBENSGROSS Schon der Titel von Verdis Oper *La forza del destino* sagt uns, dass etwas Großes und sogar Überlebensgroßes uns hier erwartet. Tatsächlich ist die Geschichte äußerst ungewöhnlich. Die Heldin, Leonora di Vargas, wird von ihrem Vater auf dem Land eingesperrt, um sie von ihrem Geliebten Don Alvaro fernzuhalten. Später erschießt Don Alvaro den Vater durch einen unglücklichen Zufall. Leonoras Bruder Don Carlo will den Tod des Vaters rächen, doch aufgrund einer Reihe zufälliger Umstände, verschleierter Identitäten und dergleichen retten Geliebter und Bruder einander das Leben. Die Handlung wird schließlich in ein Kloster verlegt, in dem Leonora und Don Alvaro sich unabhängig voneinander verstecken, ohne vom jeweils anderen zu wissen.

Der Bruder entdeckt ihren Aufenthaltsort – fragen Sie mich nicht, wie. Er ficht mit dem Geliebten vor der Tür ihrer Klause und wird tödlich verletzt. Sie versucht, ihren Bruder zu trösten, doch mit letzter Kraft ersticht Don Carlo sie mit seinem Degen.

Nun könnte man sagen, jede Oper gehe über das Alltägliche hinaus, um uns zu ergreifen, doch dieses Argument gilt zweifellos nicht für Verdi. *La Traviata*, 1853 geschrieben, ist eine Tragödie im Wohnzimmerformat. Die 1862 komponierte *Forza del destino* gehört in Verdis mittlere Periode, in der er große Bühneneffekte nach Art der Pariser *grande opéra* ausprobierte. Und über *Aida*, 1871 komponiert, sagte er, die Oper habe »Biss und – verzeihen Sie den Ausdruck – Theatralität«.

Die Opern des 16. Jahrhunderts orientierten sich an antiken Vorbildern und brachten das Treiben klassischer Götter und Göttinnen auf die Bühne. Im 18. Jahrhundert, dem Zeitalter der Aufklärung, begann die Kunst zur Erde herabzusteigen, doch ihre Landung war leicht und sanft. So spielte Jean-Jacques Rousseaus *Le devin du village*, erstmals aufgeführt 1752, in einer von Schäfern und Schäferinnen verschönten Landschaft. Die Musik – Rousseau schrieb das Libretto und komponierte die Musik – ist gespielt naiv, voll gefälliger Melodien und Harmonien und ohne die Spannungen, die Händels Opernkunst belebten. Mozart steht mit beiden Beinen sehr viel fester auf dem Boden; sein Interesse galt der Welt, wie sie ist, und den Menschen, wie sie sind. Obwohl *Così fan tutte* in einem exotischen Albanien spielt, sind die Figuren doch erkennbar gewöhnliche Menschen, die unglücklicherweise gewöhnliche Dinge tun und zum Beispiel die Menschen belügen, die sie lieben. Selbst eine Oper wie die *Zauberflöte*, die voller freimaurerischer Mysterien steckt, wurzelt in Erfahrungen, in denen die Zuhörer ihre eigenen zu erkennen vermögen. Die Freimaurerrituale am Schluss lassen sich ohne große Deutungskunst als Initiation ins Erwachsenenalter interpretieren.

Das 19. Jahrhundert erlebte dann die Wiederkehr überlebensgroßer Plots. Im Unterschied zu Wagners Allegorien der Macht sind Verdis Libretti eher leicht verkleidete Beschreibungen der damaligen Politik. Dennoch sind sie keine direkten Darstellungen, und hier lauert ein Problem für die Produktion. Die zunehmende Größe wie bei *La forza del destino* erfordert eine gewisse theatralische Raffinesse, um überhaupt handhabbar zu sein.

In der entscheidenden Szene, in der der Vater erschossen wird, stehen Regisseure vor dem Problem, wie sie mit der Pistole umgehen sollen. Soll sie auf den Boden fallen, greift der Vater danach, sind Held und Vater weit voneinander entfernt, oder befinden sie sich in einem direkten Zweikampf? Die Handlung muss diese Fragen klären, sonst könnte das verwirrte Publikum die Verbindung zum Geschehen auf der Bühne verlieren. In einer Produktion in Chicago sorgte die Intendantin der Lyric Opera Carol Fox durch eine einfache Maßnahme dafür, dass die Todesszene funktionierte. Sie ließ die Pistole rot anmalen und auf den Boden fallen, beleuchtet vom Schlaglicht eines Scheinwerfers. Auch in der Erstechungsszene der von ihr inszenierten *Tosca* von Puccini nutzte sie geschickt ein scheinbar absurdes Detail. Die Heldin Tosca ersticht den bösartigen Scarpia, der sie zu vergewaltigen droht und wahrscheinlich stärker ist als sie. Die Herausforderung besteht darin, auf der Bühne glaubwürdig zu machen, dass Tosca die gewaltige Kraft aufzubringen vermag, deren es bedarf, um ihn in die Brust zu stechen. Fox ließ Tosca ihre Hand erheben und ungläubig auf das herabtropfende Blut starren. Sie scheint über das Geschehen ebenso überrascht zu sein wie wir. Dann leckt sie an ihren Fingern, um das Blut zu schmecken.

So wie es keinen Grund gibt, weshalb die Pistole rot sein sollte, gibt es auch keine dramaturgische Logik, die erklärte, warum Tosca ihre blutigen Finger ablecken sollte (das hätte allenfalls in einer Oper über Vampire Sinn). In beiden Opern fesselt ein Objekt oder eine Gebärde, die nichts mit der Geschichte zu tun haben, unsere Aufmerksamkeit. Sie sind schlichtweg verblüffend. So wird die Aufmerksamkeit von der Logik des Plots oder vielmehr deren Fehlen abgelenkt. Gerade das Merkwürdige daran leistet einen Beitrag zur willentlichen Aussetzung der Ungläubigkeit.

Aristoteles liefert hier wie stets bereitwillig eine Erklärung. In der *Poetik* sagt er, solche Geschichten gebe es in zwei Formen: als das »Unmögliche, das wahrscheinlich ist«, und als das »Mögliche, das unglaubwürdig ist«. In Verdis *Forza* ist der Umstand, dass zwei Geliebte im selben Kloster leben, aber nichts voneinander wissen, etwas »Unmögliches, das wahrscheinlich ist«, da die Wahrscheinlichkeit, dass beide zur selben Zeit am selben Ort eintreffen, sehr gering ist und der Plot keinen Hinweis darauf gibt, wie das geschehen konnte. Außerdem sind Pistolen nicht rot – auch das etwas »Unmögliches, das wahrscheinlich ist«. Dass sich durch einen unglücklichen Umstand ein Schuss aus einer Pistole löst, ist dagegen etwas »Mögliches, das unglaubwürdig ist«, denn wir wissen, dass so etwas bei Pistolen passieren kann, und dass jemand den Vater der Geliebten in einem entscheidenden Augenblick unabsichtlich tötet, mag unwahrscheinlich sein, kann aber gleichfalls passieren. Das auf die rote Pistole gerichtete Schlaglicht hebt die Szene in einen Bereich des fantastischen, der jenseits unwahrscheinlicher Zufälle liegt. Dieser bühnentechnische Kunstgriff hilft uns bei der willentlichen Aussetzung der Ungläubigkeit hinsichtlich einer weiteren wahrscheinlichen Unmöglichkeit: dass es dem Vater gelingt, *forte* zu singen, während er verblutet.[1]

Auch die Musik kann dazu beitragen, von Details abzulenken oder uns darüber hinwegsehen zu lassen. Das gilt etwa für Verdis großen Gegenspieler Wagner in einer Oper wie *Tristan und Isolde*. Wagner griff tief in die mittelalterliche Vergangenheit seiner Geschichte hinein und nutzte gerade erst entdeckte Handschriften der Tristanlegende. Für sich allein betrachtet, ist das Libretto des *Tristan* wie das von Verdis *Forza* einigermaßen haarsträubend. Da gibt es einen magischen Liebestrank, ein Schiff, das nicht zur rechten Zeit eintrifft, und genau symmetrisch konstruierte Morde. Doch die Musik lässt diese Bühnenmittel für unser Ohr in einer Weise kraftvoll erscheinen, wie dies bei bloßer Lektüre unmöglich wäre.

In dieser Oper, die Wagner mitten in der Arbeit an seinem vierteiligen Opernzyklus *Der Ring des Nibelungen* komponierte, griff er tief hinein in die Möglichkeiten der Chromatik, der Halbtonschritte, die zu den Grundlagen westlicher Musik gehören. Lange Melodien ergießen sich aus engen Halbtonsequenzen. Wagner setzt diese chromatische Wucht sowohl gegen die üblichen chromatischen Verschiebungen wie die plagalen Kadenzen der Kirchenmusik als auch gegen Formen einer ausgefalleneren Harmonik wie hängende »neapolitanische Sechstelakkorde« ein harmonisches Abenteuer, in dem Debussy später Meisterschaft erlangte.

Diese chromatische Palette hilft dem dramatischen Musiker Wagner, die Intensität zu erreichen, die ein holpriges Libretto in ein überzeugendes Bühnenwerk verwandelt. Das große Liebesduett im 2. Akt wird vorangetragen von chromatischen melodischen Wellen, die ständig aufgelöst und wieder zusammengesetzt werden. Wir hören eine geringfügige harmonische Verschiebung, die uns immer stärker fesselt. Wohin wird sie führen? Wird sie jemals aufgelöst werden? Die nicht zu einem Abschluss gelangenden chromatischen Verschiebungen lenken uns von der Tatsache ab, dass Tristan und Isolde lange, sehr lange brauchen, um den Liebeshöhepunkt zu erreichen. Was soll's? Wir sind gebannt von den endlosen winzigen chromatischen Schritten. Wir akzeptieren Wagners heidnische, überlebensgroße Libretti, so denke ich jedenfalls, wegen der fein kalibrierten, unaufgelösten Mikrobewegungen in der Musik.

In welchem Zusammenhang stehen die Techniken, durch die uns die Oper zur willentlichen Aussetzung der Ungläubigkeit bewegt, mit der durch Hand, Haube und Horn dramatisierten Art von Gewalt? Eine Verbindung besteht in der Ablenkung durch ein Aufmerksamkeit heischendes Detail. In *Die grünen Teufel* setzte der Regisseur John Wayne ein Feuerzeug in genau derselben Weise ein, wie Carol Fox die rote Pistole in der *Forza* einsetzt: als ein Requisit, das die Aufmerksamkeit der Zuschauer ablenkt. Das Feuerzeug hat einem Green Beret gehört, doch man findet es bei einem gefangen genommenen Vietcong. Man foltert den Vietnamesen, um herauszufinden, wie er in dessen Besitz kam, doch die Kamera fokussiert nicht auf das Gesicht des schreienden Opfers, sondern auf das Feuerzeug, das immer wieder entzündet und gelöscht wird. Warum versagt die Zündung gelegentlich? Dieses visuelle Detail tritt in den Vordergrund, während die Folterung voranschreitet.

Die willentliche Aussetzung der Ungläubigkeit steht jedoch in noch einer weiteren Verbindung zur Darstellung von Gewalt.

Die willentliche Aussetzung der Ungläubigkeit

Gertrude ist kaum drei Meter von Hamlet entfernt, doch sie hört nicht, was er da laut vor sich hin sagt. Ein Selbstgespräch verlangt vom Publikum, dass es glaubt, sie könnten einen Schauspieler sprechen hören, obwohl die Figuren in seiner unmittelbaren Umgebung dies nicht könnten. Beim Selbstgespräch ist es anders als bei der Ironie, bei der das Publikum weiß, dass die Dinge anders sind, als sie den Figuren im Stück erscheinen, wie etwa in Shakespeares *Othello*. Wir wissen, das Desdemona unschuldig ist, Othello jedoch nicht. Hinter diesem Unterschied steckt eine große Frage. Während unser Wissen solche Ironie auf der Bühne möglich macht, verlangt das Selbstgespräch unsere willentliche Aussetzung der Ungläubigkeit.

Erfunden hat den Ausdruck »willentliche Aussetzung der Ungläubigkeit« der romantische Dichter Samuel Taylor Coleridge. Man könnte meinen, der Ausdruck solle lediglich einen Eskapismus jener Art beschreiben, wie wir ihn beim Publikum des Spielfilms *Die grünen Teufel* beobachtet haben. Als Coleridge ihn zum ersten Mal benutzte, hatte die »willentliche Aussetzung der Ungläubigkeit« eine weitaus stärkere Bedeutung. Er meinte nämlich, die Menschen müssten an religiöse Wahrheiten glauben, die sich weder beweisen noch widerlegen ließen. Der Glaube verlange eine willentliche Aussetzung der Ungläubigkeit.

COLERIDGES WAHRHEIT Im Gefolge der rationalen Erforschung der Welt im 18. Jahrhundert befürchtete Coleridge, die Wissenschaft könne den Drang schwächen, Dinge ganz einfach zu glauben. Deisten wie Thomas Jefferson sahen in der Bibel eine Sammlung inspirierter Allegorien und moralischer Mythen, eher im Sinne religiöser Erfindungen als im Sinne historischer Tatsachen. Eine Generation nach Coleridge prägte der Philosoph T.H. Huxley 1869 den Ausdruck »Agnostiker«. Dieses Wort bedeutete »lediglich, dass ein Mensch nicht sagen sollte, er wisse oder glaube Dinge, ohne dass er wissenschaftliche Gründe für die Behauptung, er wisse oder glaube, anzuführen vermöchte«. Huxleys Agnostiker neigte eher zu Skepsis als zu neutraler Aufgeschlossenheit. Wie könne jemand, der Darwin gelesen hat, jemals noch glauben, dass Gott die Welt in sieben Tagen erschaffen hätte.[2]

Wie viele andere damals und heute fürchtete der Dichter die Macht der Wissenschaft zur Aushöhlung des religiösen Glaubens. Insbesondere befürchtete Coleridge, der Unglaube werde sich auch in der Kunst ausbreiten und die Fantasie der Menschen stumpf werden lassen. Diese Furcht veranlasste Coleridge, eine bestimmte Art von Poesie zu schreiben. Er fragte sich: Wie könnte die Kunst eine Aussetzung der Skepsis bewirken und die Fähigkeit der Menschen zum Glauben stärken? Solch ein Kunstwerk müsste derart weit jenseits des Gewöhnlichen stehen, dass es stärker als die kalten Fakten wäre. Es musste größer als das Leben, es musste überlebensgroß sein. Damit betrat der Dichter das Reich der *Forza del destino*. Er erfand, was wir heute Science-Fiction nennen, eine Kunst des »Hyperrealen«.

Coleridges Gedicht »The Rime of the Ancient Mariner« – »Der alte Seemann« ist solch eine hyperreale Reise. Es beschreibt die Fahrt eines Schiffs auf dem Weg von einer imaginierten Antarktis bis zur tropischen Erstarrung am Äquator. Zu Beginn der Fahrt lädt der Seemann einen Fluch auf sich, weil er einen Albatros tötet. Während der Reise wechselt die Mannschaft die Gestalt zwischen Geistern und Menschen aus Fleisch und Blut. Die Leser sollen einfach glauben, dass eine Reise zu absonderlichen Orten solch eine Verwandlung zwischen soliden Körpern und Schattengestalten auslösen kann. Etwas Ähnliches erzählte auch Coleridges Freundin Mary Shelley in ihrem Roman *Frankenstein*. Dort erschafft Dr. Frankenstein, Wissenschaftler und Künstler, in seinem Laboratorium ein lebendiges menschliches Wesen. Nach Ansicht der beiden Schriftsteller sollte Kunst sich über die Gesetze der normalen Wissenschaft erheben.

Coleridges Befürchtung, die moderne Gesellschaft werde sich an die Kette der Fakten legen lassen, wäre vielleicht geschwunden, wenn er ein paar Tage an der Londoner Börse verbracht hätte. Dort galt die Tulpenmanie des frühen 18. Jahrhunderts als Beispiel für weltliche Leichtgläubigkeit bei hartgesottenen Geschäftsleuten. Ohne ersichtlichen Grund wurden damals die Zwiebeln dieses gewöhnlichen Liliengewächses zu gewaltigen Preisen gehandelt, bis die Blase dieses Glaubens platzte und die Händler wieder zur Besinnung kamen. Doch nur bis das nächste Wunderding auf der Bildfläche erschien. Der Soziologe Max Weber bestritt angesichts solcher Verrücktheiten, dass Skepsis das moderne Leben beherrsche. In der Wirtschaft wie in der Religion bräuchten die Menschen solch ein schlichtes Glauben. Die Tatsachen würden stets den eigenen Wünschen geopfert.[3]

Die willentliche Aussetzung der Ungläubigkeit hat auch eine persönliche Seite, die möglicherweise den überzeugendsten Aspekt dieses Konzepts darstellt. Der US-amerikanische Psychologe und Philosoph William James sah darin ein Mittel gegen Depression.

DIE GLAUBENSTHERAPIE Angesichts seines schlechten musikalisches Gehörs, seines mangelhaften Sehvermögens, seiner Rückenprobleme und seines schwachen Magens verfiel William James in Neurasthenie, wie man im 19. Jahrhundert die Depression nannte. Als junger Mann litt er sehr stark und dachte zuweilen monatelang an Selbstmord. In einem ersten Versuch, die Melancholie zu bekämpfen, nahm er Zuflucht in der Wissenschaft, um sich mit ihren harten Fakten von der Beschäftigung mit sich selbst abzulenken, und ging 1864 an die Harvard Medical School. Seine Depression blieb, und so suchte er nach einer extremeren Flucht vor sich selbst. Im folgenden Jahr fuhr er zusammen mit dem Anthropologen Louis Agassiz den Amazonas hinauf. Die Reise brachte ihm allerdings keine Erleichterung. Nach acht Monaten erkrankte er an Pocken, litt an Ruhr, kehrte zurück und verfiel erneut in suizidale Verzweiflung.

Erst 1872 fand er Erleichterung von seiner, wie er es nannte, »Seelenkrankheit«, unter anderem durch einen Wechsel von der medizinischen Forschung zum philosophischen Schreiben, einer Tätigkeit, die er im Rhythmus der Depressionsschübe einstellen und wiederaufnehmen konnte. An diesem Punkt begann er sich von dem Agnostizismus abzuwenden, den Huxley beschrieben hatte, und wandte sich dem Glaubenssprung zu, den religiöse Gläubige vollziehen.

In einem langen, 1902 verfassten Essay, *Die Vielfalt religiöser Erfahrung*, legte James detailliert die Psychologie religiösen Glaubens dar. Die Kraft, die Menschen zum Glauben treibe, stamme aus dem »gespaltenen Selbst«. Man habe Angst, man sei wertlos und das Leben ohne Sinn, selbst wenn man anderen Menschen wichtig ist und man selbst sinnvollen Tätigkeiten nachgeht. In einer »Religion des gesunden Geistes«, wie er es nannte, könne man sich von diesem Gefühl der eigenen Wertlosigkeit befreien, indem man »zweimal geboren« werde und das alte Ich gegen ein neues eintausche. Durch diesen Übergang rechtfertige man sich selbst nicht bloß durch Werke, durch Beweise, die aus der eigenen Erfahrung stammen; vielmehr vollziehe man einen Glaubenssprung hinein in das neue Ich unter Gott.

Solch eine Wiedergeburt sprach James nicht persönlich an. Er war an eine Religion gewöhnt, die keine Erlösung versprach. Der Glaube an Gott vertreibt nicht die inneren Dämonen. Ja, du bist unglücklich, und niemand kann daran etwas ändern. Dennoch glaubst du an Gott. Der Glaubenssprung liegt darin, dass du glaubst, obwohl du keinen Beweis anführen kannst, dass der Glaube dir guttun wird. Du lebst eher mit deiner Depression, als dass du sie überwändest. Dennoch gibt es da außerhalb deiner selbst eine höhere Wirklichkeit. Wende dich nach außen.[4]

Die Vielfalt religiöser Erfahrung gehört in dasselbe Bücherregal wie zahlreiche Romane, die sein Bruder Henry James schrieb. *Bildnis einer Dame* ist unter anderem eine Studie über ein Weiterleben nach der Desillusionierung. Die Heldin, Isabel Archer, geht eine verheerende Ehe mit einem Schuft ein. Sehr rasch erkennt sie, dass sie einen schrecklichen Fehler gemacht hat, doch sie verfällt nicht in Selbstmitleid. Sie kümmert sich weiterhin um ihre bedürftige Stieftochter und einen sterbenden Cousin. Der Roman zeigt ihren Willen, weiterzumachen, statt in Neurasthenie zu verfallen. Für Henry James besteht der Glaubenssprung in der Hinwendung zu anderen Menschen, und das trotz der eigenen Narben; für William James in der Hinwendung zu Gott, auch wenn das nichts an der Depression ändert. Der »Glaube« selbst ist in beiden Fällen letztlich derselbe.

Diese Versionen der willentlichen Aussetzung der Ungläubigkeit mögen weit von der Sphäre der Gewalt entfernt zu sein scheinen. Doch das täuscht. Die individuelle Glaubenserfahrung wirft ein Licht auf die kollektive Erfahrung von Gewalt.

WORDSWORTH-OBJEKTE In der Darstellung von Diskussionen mit William Wordsworth zwanzig Jahre nach dem Erscheinen ihres gefeierten Buchs *Lyrical Ballads*, in dem auch »The Rime of the Ancient Mariner« enthalten ist, bemerkte Coleridge, dass sein Dichterkollege sich inzwischen aus dem Bereich solcher feurigen Fantasien zurückgezogen hat. Der Grund für diese Abkehr von früheren Vorlieben lag in der Erfahrung, dass die »willentliche Aussetzung der Ungläubigkeit« zu Gewalt auf den Straßen führen konnte.[5]

Helen Maria Williams, eine junge Aktivistin und Partnerin William Wordsworths, verließ 1791 Großbritannien und ging nach Paris. Sie beschrieb die Fête de la Fédération, das Föderationsfest, mit dem man dort auf den Champs de Mars die nationale Einheit feierte, als »das vielleicht erhabenste Schauspiel, das jemals auf der Bühne dieser Erde aufgeführt worden ist«. Auch Wordsworth begrüßte die Revolution anfangs mit offenen Armen und erklärte: »Ein Fest, in diesem Anfang einer neuen Zeit / zu leben. Und dabei noch jung zu sein, / war wie der Himmel.«[6]

In der weiteren Entwicklung der Revolution verdüsterte sich seine Begeisterung, wie er in seinem langen Gedicht *Präludium oder Das Reifen eines Dichtergeistes* berichtet. Im September 1792 ging er über die Place du Carrousel in Paris, »Wo vor so wenig Wochen noch die Toten, / Über die Sterbenden getürmt, zuhauf / Gelegen hatten«, die wenig später von einem Mob in Brand gesteckt werden sollten. Die Gründe für diese Gewalt erschienen unbegreiflich: »So wie ein Mann auf einen Buchband blickt … den er jedoch nicht lesen kann«. Das ist nicht ganz richtig. Er wusste, dass er sich in den Klauen kollektiver Gewalt befand, die durch ihre Dramatisierung nur noch verschlimmert wurde. Einen Vorgeschmack darauf, wie diese Theatralisierung der Gewalt funktionierte, hatte er zuvor schon in Versailles erhalten. Dort hatte ein Mob aus *sans-culottes* fünfzig politische Gefangene massakriert und auf einen Haufen geworfen, um den die Leute tanzten. In einer schlaflosen Nacht in Paris vermischte sich in seinen Gedanken die blutige Gewalt in Versailles mit den Bildern der Leichen, die auf der Place Louis XV als öffentliches Schauspiel verbrannt werden sollten: »Die Angst vor dem, / Was sich ereignet hatte, lastete / Auf mir beinah wie Angst vor Kommendem. / Ich dachte an die Morde des September, / Von denen mich ja nur ein Monat trennte, / Ich sah, ich fühlte sie.«[7]

Exemplarischen Ausdruck fand das Theater der Gewalt während der Revolution in der Guillotine. Obwohl dieses Werkzeug auch britische Vorläufer hatte, verdankte es doch seine technische Perfektionierung dem Arzt Joseph-Ignace Guillotine, der eine vergleichsweise humane Methode zur Ausführung der Todesstrafe entwickeln wollte – ein Vorgehen, bei dem das Opfer mit dem Gesicht nach unten kniete, sodass es das Fallbeil nicht kommen sah.

Als sich die Revolution von 1790 in die Schreckensherrschaft von 1792 verwandelte, wurde die auf eine Bühne gestellte Guillotine zum wichtigsten Requisit für ein Massenspektakel. Wie in vielen Romanen dargestellt, erlaubte man dem Opfer, unmittelbar vor seiner Hinrichtung letzte Worte an die versammelte Menge der Zuschauer zu richten. Im letzten Jahr der Schreckensherrschaft wurden etwa 17 000 Menschen guillotiniert. Die Guillotinen wurden anfangs auf kleinen Plätzen aufgestellt, doch mit der Zeit zog man auf Plätze um, die große Menschenmengen fassen konnten – am Ende auf den größten Platz in der Stadtmitte, die Place Louis XV, heute die Place de la Concorde.

Szenen wir die bei den Hinrichtungen mit der Guillotine schürten bei Wordsworth die Angst vor solch einem Straßentheater. Coleridge – gutherzig, idealistisch, mit überbordender Fantasie ausgestattet – schien unfähig, diesen Albtraum nachzuempfinden. Ein Jahrhundert nach der Diskussion, in der die beiden aneinander vorbeiredeten, fand Wordsworths Angst vor theatralisierter Gewalt einen analytischeren Ausdruck in einer Theorie, die unser Verständnis bis heute prägt.

Das Straßentheater der Gewalt

KOLLEKTIVE AUSSETZUNG DER UNGLÄUBIGKEIT Ende des 19. Jahrhunderts, im Jahr 1895, veröffentlichte der Schriftsteller Gustave Le Bon ein Buch über Massen, dessen Titel *Psychologie der Massen* lautete und zu erklären versuchte, wie Menschen einander auf der Straße zu Gewalt anstacheln. Le Bon war ein Royalist, der »das Volk« zugleich hasste und fürchtete. Seines Erachtens lauerte in jeder Menschenmenge ein gewalttätiger Mob, der jederzeit hervorschießen konnte. Die Macht des Theaters zur Aussetzung der Ungläubigkeit war in seinen Augen einer der wichtigsten Gründe, weshalb es geschehen konnte, dass der Mob losgelassen wurde.

Le Bons *Psychologie der Massen* geht von der Prämisse aus, dass Menschen gemeinsam Grausamkeiten begehen, die zu begehen ihnen als Einzelnen niemals in den Sinn käme. Dieser Gedanke war nicht neu. Nietzsche sagte einmal: »Der Irrsinn ist bei Einzelnen etwas Seltenes, aber bei Gruppen, Parteien, Völkern, Zeiten die Regel.«[8] Le Bon holte diesen Gedanken zurück auf den Boden, insbesondere den der Stadt. Die belebten Straßen böten Anonymität, sodass niemand den Einzelnen erkennen und zur Verantwortung ziehen könne. Aggressionen, die im privaten Leben im Zaum gehalten würden, könnten in der Öffentlichkeit ausgelebt werden. Das »ich« verstecke sich hinter dem »wir«. Darin sah Le Bon den Grund, weshalb gewöhnliche Pariser sich während der Schreckensherrschaft 1793–1794 in revolutionäre Killer verwandelten: Sie handelten im Schutz der Anonymität. Lebte er heute, erschiene ihm das Phänomen des Online-Trolling als digitale Parallele dazu. Trolle zeigen niemals ihre wahre Identität und vermeiden so, persönlich zur Verantwortung gezogen zu werden.

Nach Le Bon erfolgt die Enthemmung der Massen auf der Straße in drei Phasen. Zunächst einmal versammelt sich eine dichte Menschenmenge. Statt innerhalb von Gebäuden wie etwa Kirchen kommt Le Bons städtischer Mob auf Plätzen zusammen oder auch in Bars und Cafés – überall, wo Menschen frei ein und aus gehen können.

Hat die Menschenmenge sich versammelt, verstärken sich in ihrer wabernden Masse leicht Gerüchte und von Mund zu Mund weitergegebene Behauptungen, und diese Fantasien breiten sich im kollektiven Körper wie ansteckende Krankheiten aus. Statt konkret nachzudenken, überlassen die Menschen sich dem Geschehen, das dann überlebensgroß erscheint: das Melodram der Feinde und Helden, wilde Geschichten über Mut und Grausamkeiten – diese Schreckensbilder entfesseln Dämonen, die der Einzelne gewöhnlich unter Kontrolle hält.

Eine dritte Phase beginnt, wenn die Menschen nach Blut gieren. Dabei schauen sie weniger aufeinander oder reden miteinander, sondern suchen nach einem unschuldigen Zuschauer – tatsächlich wenden sie den Blick voneinander ab, als würde der Bann gebrochen, wenn sie einen einzelnen Menschen ins Auge fassten. Der gemeinsame Angriff auf einen Menschen schweißt den Mob zusammen. So konnte während der Französischen Revolution jeder Passant als »Volksfeind« attackiert werden, ganz wie heute eine Schwarze Person oder ein Ausländer – jeder, der anders aussieht – diese Funktion erfüllen kann.

Freud war ein eifriger Leser Le Bons. In *Massenpsychologie und Ich-Analyse* (1921) übernahm er die These, dass der Einzelne jegliche dem Ich geschuldete Hemmung verliert, sobald er Teil einer Masse geworden ist. Eine Masse hat kein Überich; sie ist ganz Es. Und das Es ist leichtgläubig. Es besitzt keine inneren analytischen Mittel zur Prüfung der Bereitschaft, etwas zu glauben und zu tun. Diese Erkenntnis erklärt vielleicht die ratlose und oft schuldbewusste Reaktion mancher Angreifer auf das Kapitol nach dem 6. Januar 2021, als die Menschen nicht mehr unter dem Bann der Masse standen und zu sich selbst als Individuen zurückgekehrt waren – als wären sie aus einem schlechten kollektiven Traum erwacht.

Wie Freud und Le Bon glaubte auch Theodor W. Adorno bei seiner Untersuchung anhaltender kollektiver Gewalt, dass die Psychologie des Kollektivs anders geartet sei als die des Individuums. Im Blick auf die Nazimassen äußerte er den Verdacht: »Sowenig wie die Menschen im Innersten wirklich glauben, daß die Juden der Teufel sind, glauben sie ganz an den Führer.« Teil einer Massen zu sein, habe den Deutschen vielmehr Gelegenheit gegeben, sich von den Fesseln der Verantwortlichkeit und des Denkens zu befreien. Adorno schreibt: »[H]ielten sie nur für eine Sekunde um der Vernunft willen inne, müßte die ganze ›Show‹ zusammenbrechen, und sie wären der Panik überlassen.«[9]

Der wohl am wenigsten bekannte Erbe Le Bons ist Elias Canetti, der sehr viel stärker auf die physische Theatralität einer gewalttätigen Masse sah als auf deren sprachliche Existenz aufgrund von Gerüchten oder Parolen. Sein Buch *Masse und Macht* (1960) basierte auf persönlichen Erfahrungen mit dem Nationalsozialismus im Wien der neunzehnhundertdreißiger Jahre und insbesondere mit jenem ach so anständigen Teil der Wiener Gesellschaft, den Kleinbürgern. Wie konnte es geschehen, dass sie zu bösartigen Nazis wurden? Canettis Antwort lautete, das Salutieren, Jubeln, Marschieren habe sie in Nazis verwandelt. Derartige Gebärden trügen diese Macht in sich und entwickelten bei ihrer Ausführung ein Eigenleben. Wenn eine Menschenmenge in Wien einen Juden die Straße hinunterjagte, motivierte die schiere Freude am Rennen die Jagd – wie Pferd und Reiter bei der Parforcejagd von der physischen Lust an der Bewegung hingerissen werden. Hinsichtlich des sogenannten Hitlergrußes bemerkte Canetti, dass dieses Nach-vorn-Strecken des Armes spontan geschieht, wenn eine Masse erregter Körper nach vorn blickt. Es bedürfe keines ideologischen Judenhasses, damit Leute in dieser Weise salutierten. Durch die physische Ausführung der Nazigebärden, so glaubte Canetti, gelangte die Masse zur ideologischen Identifizierung mit ihnen.

All diese Analysen der gewalttätigen Masse betonen, dass Individuen das Bewusstsein ihrer selbst verlieren. In welcher Weise dient das Theater solch einer Auslöschung des Ich? Eine Antwort auf diese Frage stammt von Canettis Zeitgenossen Antonin Artaud.

Die Geschichte behält Artaud in Erinnerung als einen Autor von Romanen und eines Werks über *Das Theater und sein Double*, doch nicht als Schauspieler. Tatsächlich war er ein begabter Schauspieler, der nach Wegen suchte, das Publikum physisch zu erregen. Im Théâtre Alfred Jarry, das Artaud 1926 gründete, bemühte er sich, beim Publikum ein Gefühl körperlicher Enthemmung auszulösen – auf Kosten logischen oder kritischen Denkens. Zu seinem eigenen Schauspiel gehörten rasche Bewegungen über die ganze Bühne, Schreien und Flüstern, die Füße und den

Hintern hinausstrecken. Über die Gewalt der Enthemmung schrieb Artaud: »Das Theater der Grausamkeit ist geschaffen worden, um dem Theater den Begriff eines leidenschaftlichen, konvulsivischen Lebens zurückzugeben; und im Sinne dieser heftigen Unerbittlichkeit und äußersten Verdichtung der Bühnenelemente muß die Grausamkeit verstanden werden, auf die es sich gründen will.« Auch Jean Genet will in Stücken wie *Die Zofen* den Widerstand im Publikum aussetzen, damit es emotional und rückhaltlos in seine eigenen Entwürdigungsszenen eintaucht.[10]

Wordsworth sagte, er habe keine Sprache zur Beschreibung der Gewalt, die er auf den Straßen in Paris erlebt hatte, und diese Theorien kollektiver Gewalt können uns helfen, die Gründe dafür zu verstehen. Die Gewalt war auf körperliche Weise und nicht durch Sprache entstanden. Die willentliche Aussetzung der Ungläubigkeit auf den Straßen geschieht im Körper.

Die Dramatisierung von Gewalt ist zweifellos die gefährlichste Art der Darstellung. Das könnte uns zu dem Gedanken veranlassen, eine Rückkehr zu Gesundheit und Zivilität erfordere, dass wir das Schauspielen sein lassen. Zivilisiertes Leben verlangt stattdessen vielleicht einen leidenschaftslosen Diskurs. Es könnte scheinen, als hätte Huxley Recht behalten: Die willentliche Aussetzung von Ungläubigkeit mag in einem Opernhaus am rechten Ort sein, wirkt in der Gesellschaft jedoch zerstörerisch. Wenn wir allerdings nur glaubten, was sich auch beweisen lässt, und jegliche Fantasie vermieden, täten wir uns selbst eine andere Art von Gewalt an. Die Einbildungskraft würde verdorren. Die Lehren aus *Die Vielfalt religiöser Erfahrung* und *Bildnis einer Dame* sind hier bessere Führer. Wie Depression und Betrug ist Gewalt eine Tatsache, mit der wir leben müssen, statt sie zu transzendieren. Und die Räume, in denen sie zur Darstellung kommt, zeigen uns möglicherweise, wie wir das erreichen können.

Buch II

BÜHNEN UND STRASSEN

4 DIE DREI BÜHNEN DER STADT

Die elementaren Räume des Theaters

»Die ganze Welt ist Bühne« besitzt eine städtische Bedeutung. In der Stadt gibt es drei Arten von Räumen, in denen etwas aufgeführt wird. Es sind die offenen Bühnen, die geschlossenen Bühnen und die verborgenen Bühnen. Diese drei Räume sind mehr als bloße Kulissen. Sie prägen die Art, wie Darbietende darbieten und Zuschauer zuschauen.

Die drei Arten zeigten sich schon früh in der westlichen Geschichte im antiken Athen. Die offene Bühne war die Agora: in Athen ein etwa vier Hektar großer Platz innerhalb der Stadt, auf oder an dem sich Gerichtshöfe, Lebensmittelstände, Tempel für die Götter und Räume zum Essen, Schwatzen und Flirten befanden. Auf dieser Bühne konnte jeder sich zeigen. Es gab keinen Unterschied zwischen Darsteller und Zuschauer.

Die zweite Bühne Athens war die Pnyx, im Wesentlichen ein an einen Hang gebautes Amphitheater, in dem die Menschen ursprünglich auf dem Boden saßen und Tanzdarbietungen zuschauten oder der Rezitation von Oden und Geschichten zuhörten, die am Fuß des Hügels dargeboten wurden. Später wurde der Ort förmlicher gestaltet, mit steinernen Sitzreihen und einer gepflasterten Bühne. Schon bald nutzte man das Amphitheater auch für politische Versammlungen; es konnte fast ein Drittel der Bürger Athens aufnehmen. Einzelne Redner entfalteten ihre Herrschaft über eine große Menge von Zuhörern und setzten dabei zahlreiche Gebärden und rhetorische Mittel ein, die auch bei der Aufführung von Theaterstücken verwendet wurden. In der Pnyx sonderte sich der politische Darsteller vom zuschauenden Bürger.

Der dritte Bühnenraum für Darbietungen lag im Verborgenen. Seit den Anfängen der westlichen Zivilisation galten Höhlen als heilige Orte, in denen die Macht der Götter über das alltägliche Leben von Priesterinnen oder Priestern enthüllt werden konnte, die als Wächter der Mysterien fungierten. Zu den Darbietungen in solchen Höhlen gehörten furchterregende Rituale, Echos von den Höhlenwänden und Rauch, der von Zeremonialfeuern aufstieg, wobei das Orakel oft maskiert oder als wildes Tier verkleidet war. Die Zuschauer wurden eher durch übermenschliche Kräfte als durch menschliche Darsteller in den Bann geschlagen.

Diese drei antiken Formen haben Jahrtausende überdauert.

Die offene Bühne

Die Agora war ein ebenes Gelände von etwa vier Hektar Größe. Sie beherbergte den Hauptmarkt der Stadt, der auch als sozialer Treffpunkt und Ort zum Essen diente, außerdem Gerichtshöfe und mehrere den Göttern gewidmete Tempel. Die Gerichtsplätze waren von niedrigen Mauern umgeben, sodass Besucher des Markts, die dort vorbeikamen, beiläufig ihre Meinung zu einem gerade stattfindenden Mordprozess einwerfen konnten. Männer bevölkerten den Platz zu allen Zeiten, wechselten von einer Tätigkeit zur anderen, schwatzten, stolzierten umher, machten auf ihre Anwesenheit aufmerksam. Frauen erschienen früh am Morgen, um einzukaufen, und später am Tag bei bestimmten Festlichkeiten, doch im Wesentlichen war die Agora ein männlich geprägter Raum. In der Antike hätte man die »Straße« in der reichhaltigen symbolischen Bedeutung des Ausdrucks mit der Agora identifiziert. Die eigentlichen Straßen in Athen waren eng und meist von kahlen Mauern gesäumt.

Am Rande der Agora befanden sich langgestreckte Säulenhallen, die Stoen. Diese auf drei Seiten geschlossenen Gebäude waren zur Agora hin offen. In ihnen speisten die Männer oder besuchten Prostituierte oder machten ein Nickerchen. Die Stoen waren insofern privat, als man nicht einfach hineingehen konnte, sondern eine Einladung benötigte. Die freie Fläche der Agora gab Männern die Möglichkeit, ihren nackten Körper zu zeigen. Im antiken Griechenland taten Männer dies ohne Scham. Ebenso bedeutsam war die Körperhaltung. Auf der Agora standen die Männer, während sie in den Stoen saßen oder lagen. *Orthos*, die aufrechte Körperhaltung, war eine Haltung des Stolzes. Ein Mann bemühte sich, zielstrebig und so schnell wie möglich durch eine Menschenmenge zu gehen; wenn er stehen blieb, suchte er den direkten Augenkontakt zu Fremden, was zugleich auch als Zeichen von Männlichkeit galt, wenn er auf einen anderen Mann zuging. Er hatte persönlichen Stolz und Selbstkontrolle auszustrahlen, indem er sich zeigte, aufrecht stand oder ging und anderen direkt in die Augen sah.

Wenn ein Schauspieler im modernen Theater nach vorn in den Bereich des Rampenlichts tritt und Gedanken über das jeweilige Geschehen auf der Bühne äußert oder auch nur die Füße über den Bühnenrand baumeln lässt, besetzt er einen Grenzraum – der Fußlichtbereich markiert einen Zwischen-Raum: noch auf der Bühne, aber abseits der Haupthandlung.

Auf der Agora war die Randzone zwischen den abgeschlossenen Stoen und dem offenen Raum eine ähnliche Grenzzone, in der besondere Regeln zu beachten waren. Wer auf den Stufen der Stoa an der offenen Seite der Säulenhalle stand, konnte sowohl von hinten als auch von vorn gesehen werden, aber man durfte ihn nicht ansprechen. Machte er jedoch einen Schritt in die eine oder die andere Richtung, galt diese Konvention nicht mehr. Man durfte ihn ansprechen, und er hatte zu antworten.

Ist es sinnvoll, die Agora als ein Theater zu bezeichnen? In der Antike traf das zweifellos zu. Das altgriechische Wort für Theater lautet *theatron* und bezeichnet einen Ort zum Sehen. Das Wort selbst ist abgeleitet von dem Verbum *theaomai*, »sehen«. (Unser Wort »Theorie« geht auf *theatron* zurück; was Theoretiker da sehen, geschieht vor ihrem geistigen Auge. Das griechische Wort *praxis* bedeutet, nach dem im Geiste Gesehenen etwas zu tun, das heißt, Theorie in Praxis zu überführen.) Auf der Agora verhielten die Menschen sich so, als wären sie auf der Bühne, wo sie sehen und gesehen werden. Doch es handelte sich um eine komplizierte Szene. Man konnte sie ganz nach eigenem Belieben betreten, verlassen oder beobachten, indem man sich von außen nach innen bewegte. Für Partizipation gab es dagegen strenge Beschränkungen. In dieser Sklavenhaltergesellschaft war nur eine Minderheit frei. Dennoch enthielt sie die DNA, die in einer bestimmten Art von Theater bis heute überlebt hat: einem partizipatorischen Theater, in dem es keine Unterscheidung zwischen Schauspieler und Zuschauer gibt.

Die geschlossene Bühne

Die meisten antiken Amphitheater waren anfangs auf einem Hang gelegene Orte, wo Menschen sich versammelten, um Darbietende am Fuße des Hangs deutlich sehen und hören zu können – diese Beobachter waren jedoch noch keine Zuschauer, und die Menschen da unten noch nicht als Darbietende ausgezeichnet. Zu Anfang wechselten die Menschen die Rollen, vor allem bei Festlichkeiten. Das Fest der »ländlichen Dionysien« im antiken Athen zum Beispiel begann mit einem Umzug zur Feier der Traubenernte durch die Landschaft der Umgebung, bei dem Leute Krüge voll Wein, Brotlaibe und Phalli aus Ton (als Symbol für die körperliche Stärke des Bauern) durch die Felder trugen, und endete auf einer Lichtung auf einem der Hügel der Stadt, wo die Teilnehmer Gedichte vortrugen und Oden sangen. Die Menschen sahen anderen zu, wie sie die Tänze aufführten, die Musik spielten oder die Gedichte rezitierten, die sie auch selbst hätten darbieten können.

Die »städtischen Dionysien«, eine etwas anspruchsvollere Angelegenheit, signalisierten dann mit der Zeit eine Spezialisierung in diesen Darbietungen. Auch hier konnte jeder mitfeiern, durch die Straßen ziehen und die traditionellen Brotlaibe, Weinkrüge und Tonphalli tragen, zu denen nun eine hölzerne Statue des Dionysos als der über das Theater wachenden Gottheit kam. Auf dem Höhepunkt der städtischen Dionysien im Amphitheater trugen berühmte Theaterschriftsteller und Dichter ihre Werke vor und wetteiferten um Preise – anstelle der schlichten Darbietungen der Bauern bei den ländlichen Dionysien. Damit wurde die Bühne zu einem Ort für geübte Darsteller, in gewisser Weise auch erkennbar am Triumph des Sophokles über den älteren Theaterschriftsteller Aeschylos bei den städtischen Dionysien des Jahres 468 v.Chr. *Triptolemus*, das

Stück des Sophokles, erforderte äußerst erfahrene Schauspieler und eine ausgeklügelte Inszenierung. Beide Dionysien endeten an einem eigens für Dionysios am Südhang der Akropolis erbauten Ort. Schaut man heute von dem Tempel hinab, sieht man noch die Überreste des Theaters, wie es Ende des 5. Jahrhunderts bestand, mit einem Fächer aufsteigender Steinsitze, einem regelmäßig geformten, runden Platz für die Darbietungen am Fuße der Sitzplätze und weiter unten am Hang ein Gebäude zur Aufbewahrung der Masken, Kostüme und Kulissen. Dieses räumliche Arrangement war eine Voraussetzung für die spätere Entwicklung des geschlossenen Theaters.

DIE FANTASIELANDSCHAFT Ursprünglich waren jenseits der Darbietenden die Berge außerhalb der Stadt für das Publikum sichtbar. Die Handlung des Stücks ließ sich physisch nicht von der Natur trennen. Doch ab etwa 500 v. Chr. wurde dieser freie Blick teilweise versperrt. Die *orkhestra* genannte Aufführungsfläche erhielt eine rückwärtige Wand, die als *skene* bezeichnet wurde. Dieser Sichtschutz war ursprünglich nur ein aus Stoff gefertigter Vorhang. Später errichtete man dort eine Wand aus Holz, noch später eine Mauer aus Stein. Dahinter bereiteten sich die Schauspieler auf ihren Auftritt vor; außerdem lagerte man dort die Masken. Je größer und fester die Wand wurde, desto besser reflektierte sie die Stimmen und verstärkte den Klang, aber desto mehr verdeckte sie auch das natürliche Panorama dahinter.

Hier empfiehlt sich ein kurzer Sprung von der Vergangenheit in die Gegenwart. Eine leere Fläche wie eine *skene* oder ein farbloser Hintergrund lädt den Zuschauer ein, unbefangen Vorstellungen darauf zu projizieren, die ihm vielleicht nicht in den Sinn kämen, wenn Kulissen ihm anzeigten, worum es in dem Stück oder der Darbietung geht. Die Zuschauer sehen die Szene vor ihrem geistigen Auge – das entspricht der ursprünglichen Idee des *theatron*. Heute erscheint ein *skene*-Raum zum Beispiel in den einfarbigen Hintergründen vieler Ballettinszenierungen von George Balanchine; sie zeigen Ihnen gar nichts. Sie werden nicht aufgefordert, sich einen bestimmten Ort vorzustellen, sondern dazu eingeladen, sich den Raum vorzustellen, der von den tanzenden Körpern gebildet wird, die sich ineinander verflechten, sich voneinander lösen und zu immer neuen Mustern auf dem Bühnenboden ordnen.

Im 4. Jahrhundert v. Chr. begann das Theater diesen Urakt der Imagination aufzulösen und durch Darstellung zu ersetzen. Die Schauspieler deklamierten nun vor der vorderen, *proskenion* genannten Wand der *skene* und vor bemalten Tafeln, sogenannten *periaktoi*, die darauf angebracht wurden. Der Chor verlor an Bedeutung als Element des Theaters und verwandelte sich zuweilen sitzend, zuweilen stehend in eine Schicht aus Stimmen zwischen Publikum und Bühne. Dagegen gewann das *proskenion* an Gewicht, das die Schauspieler auf einem steinernen Podium über die Köpfe des Chors erhob. Und als das Gebäude, das *logeion*, zu einem soliden Bauwerk wurde, begannen Schauspieler von dessen oberen Fenstern oder auch vom Dach herab zu deklamieren, dem *theologeion*, einem Ort, von dem aus die Götter darstellenden Schauspieler am Anfang und Ende der Vorstellung sprachen.

Das freie Spiel der Fantasie wurde also bei den Zuschauern nach und nach eingegrenzt. Nicht dass die Fantasie damit verschwunden wäre, vielmehr wurde sie nun für die Zuschauer organisiert, vorgeformt und visuell definiert. Aus der freien wurde eine kontrollierte Fantasie.

DIE KRAFT DER DOMINIERENDEN STIMME Die Kontrolle der Fantasie des antiken Publikums resultierte aus einer Eigenheit der Götter, die damit auf den ersten Blick gar nicht zusammenzuhängen scheint. Die Götter zeigten sich den Menschen nicht direkt. Sie galten als unsichtbare Mächte, die deshalb eines Boten bedurften. Der von Gott inspirierte Bote war anfangs ein Rhapsode, ein Sänger und Rezitator, der für ihn sprach, für den »Gott, der durch mich spricht«. Mit der Zeit und in der Praxis wurde aus dem Rhapsoden ein mehr oder weniger selbstbewusster Interpret, der sich in seiner Arbeit nun stärker auf Ausbildung und Technik konzentrierte, also darauf, dass er (und es war immer ein »er«) die komplizierten, für ihn geschriebenen Rollen darstellen konnte. Diese Spezialisierung zeigte sich in gewissem Maße auch in den Fähigkeiten der politischen Darsteller. Damals wie heute musste ein politischer Redner die Künste der Rhetorik, der Bewegung und der Stimmkontrolle erlernen.

Doch das erklärt nur zum Teil, warum es zu einer Unterscheidung zwischen Darstellern und Zuschauern kam. Von Bedeutung war hier auch, dass die Zuschauer saßen. Sie saßen geordnet nach den Trittyen oder Bezirken, denen sie jeweils angehörten, und wer nicht auf dem richtigen Platz saß, dessen Stimme wurde nicht gezählt. Sie saßen stundenlang an einem Stück. Männliche Bürger – die nur 15 bis 18 Prozent der Gesamtbevölkerung Athens ausmachten – verbrachten dort viele Stunden, ohne sich von ihrem Platz zu bewegen, hörten sich Reden an, die eine Reihe von Rednern im *orkhestra* hielten, und stimmten dann ab. Wann die Abstimmung erfolgte, war nicht genau festgelegt. So blieben denn die Leute auf ihrem Platz, statt zu kommen und zu gehen.

Anders auf der Agora, auf der alle sich zeigten, denn dort standen die Leute, und das Stehen war positiv besetzt. Die aufrechte Haltung, *orthos*, war wie gesagt die Haltung des Stolzes. Die sitzende Haltung der Zuschauer in einem Amphitheater machte sie dagegen, wie man glaubte, passiv und verwundbar. Nach der altgriechischen Naturwissenschaft erhitzt ein in Bewegung befindlicher Körper das Blut, und heißes Blut regt das Gehirn an, während der unbewegte Körper lediglich Sinneseindrücke empfängt und aufnimmt. Man zog hier einen Vergleich: Wie ein kauernder Körper im Krieg verwundbar und leicht anzugreifen war, so ließ er sich in der Pnyx durch die Rhetorik der stehenden Redner attackieren. Gewiss, die in der Pnyx versammelte Menge war keineswegs still, im Unterschied zu dem Menschen, der an der Grenze zwischen der Stoa und der offenen Agora stand und beobachtete. Die Zuhörer in der Pnyx waren überaus lautstark, aber sie reagierten damit lediglich auf das vom Redner Gesagte und teilten sich nicht in Grüppchen auf, die über dessen Ausführungen diskutierten. Das ist einer der Gründe, weshalb antike Theaterautoren die Macht des Theaters über die Zuschauer fürchteten, da ein überzeugender Darsteller, eine dominierende Stimme die Urteilskraft der Menschen überwältigen und ihre Leidenschaften manipulieren konnte.

DIE ZWEI STIMMEN In den gleichzeitigen und wechselnden Aktivitäten der Agora gingen Worte leicht im Stimmengewirr unter, und die Masse der in Bewegung befindlichen Körper empfing nur Bruchstücke einer kohärenten Bedeutung. Auf der Agora geschahen viele Dinge zugleich, riefen nach gesonderter Aufmerksamkeit und schwächten so die Möglichkeiten jeder einzelnen Kraft, zur dominierenden zu werden. Es gab dort kein zusammenhängendes Erleben, während in der Pnyx die einzelne Stimme sich zu einem durchgängigen Ausdruck entfalten konnte. Ein rhetorisch geschickter politischer Darsteller konnte, da seine Opfer stundenlang dasaßen, immer weiter reden und das Gewicht seiner Worte schrittweise erhöhen, bis das Urteilsvermögen der Zuhörer darunter nachgab.[1]

Hier können wir eine weitere Verbindung zwischen Vergangenheit und Gegenwart herstellen. In der antiken Stadt waren die Trumps der damaligen Zeit besonders gefürchtet. Kleon zum Beispiel war ein reicher Grieche, der wie Trump heute als »Mann aus dem Volk« posierte, um sich während des Peloponnesischen Krieges von dem Aristokraten Perikles abzuheben. Aristoteles beobachtete, dass er sich sogar einfach kleidete und den Umhang um die Hüfte gürtete, wie Bauern es taten, um als Mann aus dem Volk zu gelten. Kleon habe versucht, so schreibt Aristoteles, Aufmerksamkeit zu erregen, indem er andere persönlich beleidigte. Die Personen, gegen die sich seine Angriffe richteten, wurden physisch bedroht und gelegentlich auch getötet.

Demagogen wie Kleon, so glaubte man, florierten in Ochlokratien, das heißt in Städten oder Staaten, in denen wankelmütige spontane Mobs auf den Straßen Amok liefen. Den Ausdruck »Ochlokratie« erfand Polybios im 2. Jahrhundert v. Chr., um diese von Menschenmengen ausgehende Gewalt von der einer Tyrannenherrschaft zu unterscheiden, in der ein Despot dem Volk seinen Willen aufzwingt und das Volk dies stumm und passiv duldet. Insgesamt jedoch lag die Macht der Stimme anderswo. Auf jeden Kleon kamen Hunderte andere, die nicht im Namen des Volkes, sondern von oben herab redeten – ein jeder sprach mit Autorität, Gewissheit und Überzeugung, gefolgt von anderen, die mit derselben Autorität, Gewissheit und Überzeugung andere Ansichten vertraten. Mit der Zeit waren die Zuhörer erschöpft oder gelangweilt; und in diesem ermatteten Zustand nahm man nun die Abstimmung vor.

Die Pnyx zeigt also bleibende Elemente des geschlossenen Theaters. Sie ist als Raum wie als Ort geschlossen. Im Raum wird die Fantasie der Zuschauer durch eine sorgfältig erdachte Inszenierung kontrolliert. Im Sinne des Ortes erweist der Darsteller sich gegenüber dem Zuschauer als der stärkere. Beide Elemente verbinden sich im geschlossenen Theater miteinander und bringen eine Ästhetik der Ungleichheit hervor.

Die verborgene Bühne

Die antike Höhle war wie die moderne Kirche ein Raum, der Menschen in Berührung mit kosmischen Kräften brachte. Ihre Riten und Rituale waren überlebensgroße Aufführungen. Dennoch kam es zu Entmystifizierungsbemühungen, durch die man zu verstehen versuchte, wie die Magie funktionierte.

Die bekannteste Bemühung um ein menschliches Verständnis der Höhlen war Platons »Höhlengleichnis« im 7. Buch seines Werkes *Der Staat*. Dort stellt er sich eine Höhle vor, in der Gefangene, an Händen und Füßen gefesselt, mit dem Gesicht zu einer der Höhlenwände sitzen. Hinter ihnen brennt ein Feuer. Zwischen den Gefangenen und dem Feuer befindet sich eine niedrige Mauer, auf der sich, von unsichtbaren Puppenspielern geführt, Statuen bewegen. Die Gefangenen sehen die Schatten der Figuren vor sich auf der Höhlenwand. Die dort zu erkennenden Bilder sind überlebensgroß, doch da die Gefangenen ihr Leben lang angekettet waren, kennen sie keine andere Realität als die, die sie auf der Höhlenwand sehen. Sie halten diese schattenhaften Formen und widerhallenden Stimmen für reale Lebewesen und rufen nach ihnen.[2]

Seit zweieinhalb Jahrtausenden hat diese Allegorie überdauert. Zum Teil ist dies auf die Projektionsvorrichtungen zurückzuführen, die Schatten werfen; Schatten, die für real gehalten werden, weil die Zuschauer die dahintersteckenden Vorrichtungen nicht verstehen. Und Plato verleiht dem Einsatz der Puppen eine neue, politische Bedeutung.

DIE PUPPE Um die Macht des Bildertheaters zu erforschen, musste Platon zunächst das normale Verständnis von Puppen verändern. Im Wesentlichen gab es zwei Arten von Puppen: Handpuppen, die von innen mit der Hand geführt werden wie der Drache Ollie meiner Tante, und Marionetten, die an Fäden hängen. Marionetten können unvermittelt durch die Luft fliegen, da die Bewegungen ihrer Beine, ihrer Arme und ihres Kopfes flexibler sind als beim Menschen, während Handpuppen in physischer Hinsicht stärker eingeschränkt sind. Das griechische Wort für Puppe, *nevrospastos*, bezieht sich eigentlich auf Marionetten. Die Puppen in Platons Höhlengleichnis sind jedoch von Hand gehaltene Statuen. Erst das flackernde Feuer hinter ihnen lässt die Schatten tanzen und wie Marionetten erscheinen.

Zu Platons Zeiten war das Puppentheater in China und Indien verbreitet. In Europa erlangte das Schattentheater erst sehr viel später Popularität, nämlich im 17. Jahrhundert, als man es im Zuge der kolonialen Expansion importierte. Platons Puppentheater, ein Gedankenexperiment, war eine vorausahnende Vorwegnahme dieser tatsächlichen Theaterformen. Das außerwestliche Puppentheater hatte allerdings ein ganz anderes Verhältnis zur Illusion als das von Platon erdachte.

Ein Unterschied besteht hier vor allem gegenüber der Verwendung von Puppen im japanischen Bunraku. Dort wird jede Puppe von drei schwarzgekleideten, für das Publikum jedoch vollkommen sichtbaren Puppenspielern geführt. Ein Sänger rezitiert die Parts sämtlicher Puppen, begleitet von einem Musiker, der die mit drei Saiten bespannte Shamisen spielt. Im Bunraku ist die Illusion durchsichtig. Die Mechanik der Illusion wird nicht verborgen. Wir sehen diese Mechanik und verfallen dennoch dem Zauber, während die Illusion in Platons Höhlentheater davon abhängt, dass sie unergründlich, hermetisch und unzugänglich bleibt. Dadurch entfaltet der Puppenzauber seine Überlebensgröße

Der über die Puppen geworfene Schleier resultiert aus einer Technologie, die als Vorläufer der Filmkamera und letztlich des Displays auf unseren Mobiltelefonen gelten kann.

DIE CAMERA OBSCURA Das lateinische Wort *camera* bezeichnet einen Raum mit einer Gewölbedecke, und das Adjektiv *obscura* weist sie als »dunkel« aus. Lässt man durch ein kreisrundes Loch mit sehr geringem Durchmesser Licht in diesen Raum fallen, erscheinen Objekte, die sich außerhalb des Raum im Lichtweg befinden, als Bilder auf der dem Nadelloch gegenüberliegenden Wand, und zwar auf dem Kopf stehend. Es gibt Hinweise, dass schon in der Neusteinzeit Menschen sich Gedanken über die Funktionsweise der Camera obscura machten. Platons chinesischer Zeitgenosse Mozi erkundete diese Funktionsweise ebenfalls und fragte sich, wie ein Bild durch ein so kleines Loch hindurchkommen und dann in Übergröße auf der gegenüberliegenden Wand erscheinen konnte. Platons Schüler Aristoteles wunderte sich, dass ein Bild, das durch eine runde Öffnung trat, auf der Wand als Quadrat erschien.

Es dauerte weitere zweitausend Jahre, bis im 17. Jahrhundert Huygens das Verständnis der optischen Vorgänge in einer Camera obscura voranbrachte. Er setzte eine Linse in die Öffnung ein, um das Phänomen der Lichtbrechung bei der Entstehung des Bildes genauer zu untersuchen. Eine mit einer Linse ausgestattete Camera obscura war der Vorläufer des Fotoapparats. Um die Mitte des 19. Jahrhunderts verstand man in der Optik bereits recht gut, dass der menschliche Augapfel wie eine Camera obscura funktioniert, wobei die Pupille die Öffnung und die Netzhaut die Wand bildet, auf der das Bild erscheint.

Das Schattentheater wurde vor einem Jahrhundert neu belebt. Die deutsche Künstlerin Lotte Reiniger spielte mit den überlebensgroßen Dimensionen der Camera obscura und mit abstrakten Formen, die wie Ungeheuer – bedrohlich, aber stumm auf einer weißen Leinwand erschienen, riesige Geistergestalten, die nur umso furchterregender wirkten, als es sich bei diesen stummen Schatten um überlebensgroße abstrakte Formen handelte, die sich dennoch wie menschliche Wesen bewegten. Der Künstler William Kentridge hat das Schattentheater in anderer Weise umgestaltet, wie kürzlich in einer Inszenierung der Oper *Wozzeck* von Alban Berg, in der die Sängerinnen und Sänger mit überlebensgroßen Projektionen von Gesichtern zu verschmelzen scheinen – als würden die Projektionen selbst singen. Beide Ausprägungen eines modernen Schattentheaters gehen insofern auf Platon zurück, als die Zuschauer nicht erkennen können, auf welche Weise die Illusion erzeugt wird.

Es gibt eine digitale Analogie zu Platons Höhle, die Sie tagtäglich in Ihren Händen halten.

DIE DIGITALE HÖHLE Der Flüssigkristallbildschirm (Liquid Crystal Display – LCD) ist die Technologie, die heute in den meisten Computern und Mobilgeräten eingesetzt wird. Die Kristalle sind in einer dünnen Schicht angeordnet, hinter der sich eine weitere Schicht befindet, ein Reflektor, der Pixel (Mikrobildpunkte) reflektiert, welche die Kristalle mittels einer Polarisierungsvorrichtung projizieren und verschmelzen. Was wir auf dem Bildschirm sehen, ist also eine digitale Version der Camera obscura, ein von hinten beleuchtetes Bild. Der OLED-Bildschirm, ein teurer Ersatz für den LCD-Bildschirm, verfügt über eine einzige Schicht lichtemittierender Dioden und einen passiven (statt aktiven) Reflektor dahinter. Wie in der Camera obscura wird hier also ein sehr kleines Bild wieder zusammengesetzt, sodass es groß erscheint.

Die digitale Höhle folgt Platons Gleichnis insofern, als diese handlichen, so hermetisch wirkenden Geräte eine hypnotische Kraft ausüben. In der U-Bahn stehen oder sitzen hundert Leute eng gedrängt beieinander, jeder in sein Smartphone versunken. Auch über der Erde, beim Gehen, beim Mittagessen oder bei Treffen mit anderen kleben die Menschen an den Geräten – wo sie gerade auch sein mögen, das magische kleine Display zieht ihre Aufmerksamkeit in seinen Bann.

Von den drei elementaren Architekturen für Darbietungen – die offene Bühne, die geschlossene Bühne, die verborgene Bühne – scheint die verborgene Bühne die hinterhältigste zu sein, weil es dort Aufführungen ohne greifbare Darstellende gibt, denen man die Verantwortung zuordnen könnte.

Zudem läuft die geschlossene Bühne heute der offenen den Rang ab. Die Hauptplätze der modernen Stadt sind schwächer als deren Vorläufer, da die modernen Agoras eher monofunktionale Orte sind – Universitätscampus, Büroturm, Einkaufszentrum. Eine gemischte Nutzung ist eine schmückende Beigabe zum öffentlichen Raum. Die Menschen suchen keinen sonderlichen Kontakt zu etwas anderem oder zu Fremden. Auch benutzen wir unseren Körper nicht zur öffentlichen Zurschaustellung unseres Seins als Bürger wie im reichhaltig kodierten Erleben des *orthos* – der aufrechten Körperhaltung, des aufrechten Gangs, des unverwandten Blickkontakts und sogar der Nacktheit, die es dem Bürger in der Antike ermöglichte, seine Präsenz als Darsteller im öffentlichen Raum zu demonstrieren. Der Kodex der geschlossenen Bühne – schau zu und füge dich – ist zum Leitprinzip der modernen Politik geworden.

Die geschlossene Bühne besitzt jedoch auch eine eigene Geschichte. Über die Jahre hat sie sich der verborgenen Bühne immer weiter angenähert, um als eine von der Straße getrennte Höhle der Kunst zu erscheinen. Diese Entwicklung erfolgte nicht in einer geraden Linie, sondern eher in Gestalt eines großen Bruchs, der sich über Jahrhunderte hinweg zog. Um zu verstehen, wie das geschehen konnte, werden wir – möglicherweise mit Bedauern – eine Zeitreise unternehmen: von dem sonnendurchfluteten Athen der Antike in das Vicenza der Renaissance, eine düstere und trostlose Kleinstadt in der Nähe von Venedig.

5 DER RÜCKZUG DER BÜHNE VON DER STRASSE

Architektur schließt die Fantasie ein

Das abgeschottete Theater

DAS TEATRO OLIMPICO In den späten fünfzehnhundertsiebziger Jahren entwarf Palladio das erste vollständig mit Wänden umgebene und überdachte Theater in Europa. Es wurde zum Vorbild für nahezu alle geschlossenen Bühnen – Vorführungsräume, die sich von der Straße zurückgezogen haben.

Palladios Teatro Olimpico in Vicenza steht heute noch und wurde wunderschön restauriert, sodass man erkennen kann, wie der Architekt arbeitete. Wie seine Kollegen glaubte Palladio, Theater gründeten auf antiken, klassischen Vorbildern. Beim Entwurf seines Theaters stützte er sich vor allem auf das Dionysos-Amphitheater, doch aus sehr praktischen Gründen führte er auch Neuerungen ein.

Ob offen oder geschlossen, Theater im Freien hatte seine Probleme. Unseren Vorfahren wurde sehr kalt, wenn sie im Winter auf Steinsitzen saßen; und unabhängig von der Jahreszeit wurden sie nass, wenn es regnete. Ein weiteres Problem brachte der Abend mit sich. Das Licht eines Lagerfeuers, an dem Geschichten erzählt wurden, war weit entfernt von dem Licht, das nötig war, um ein Amphitheater mit mehreren tausend Zuschauern zu beleuchten. Den gesamten Theaterraum in einem geschlossenen Gebäude unterzubringen, schien das Problem in Palladios Augen zu lösen, doch das Projekt erwies sich auf dem ihm zugewiesenen Bauplatz als eine Herausforderung.

Es handelte sich um einen alten, baufälligen, auf einem schmalen Grundstück errichteten Kerker. Wegen der geringen Größe des Bauplatzes war die Bühne sehr schmal, sodass die Schauspieler sich eher seitwärts als von hinten nach vorn oder zurück bewegen mussten. Auch für

Tanz war der Raum sehr beengt, und es gab keinen Platz für einen modernen Orchestergraben. Die Beschränkung erwies sich jedoch in einem Sinne auch als Segen, denn der verkürzte Zuschauerraum schuf eine intime Verbindung zwischen Publikum und Bühne.

Palladio nutzte die Innenschale des Gebäudes, um das Erlebnis einer hermetischen Abgeschlossenheit noch zu verstärken. Die Wände des Teatro Olimpico waren mit Stuck verziert, denn der Architekt wusste, dass Gips für eine gute Diffusion des Schalls sorgt. (Der Bühnenbildner John Ross, der eine Generation später die Akustikwolke ersann, fand heraus, dass eine von der Decke herabhängende Gipsplatte den Schall besser verteilt als eine auf Leinwand gemalte Deckenverkleidung.) Der Gipsputz an den Wänden des Teatro Olimpico war ungewöhnlich dick, da Masse die Schallreflexion begünstigt. Damit man das Theater auch am Abend benutzen konnte, ersann Palladio ein Beleuchtungssystem aus Fackeln, die an der hinteren Wand des Zuschauerraums und beiderseits der Bühne angebracht waren und den gesamten Innenraum hell und gleichmäßig erleuchteten.

Eine geschlossene Bühne also, deren Architektur jedoch nicht als bedrückend empfunden wird, teils wegen der Beleuchtung, teils aber auch wegen der schieren Höhe des Raums. Die mit Stuck überzogenen, nach oben strebenden Säulen ließen das Gefühl entstehen, die Decke schwebe davon.

Einen aufschlussreichen Gegensatz zu Palladios Bau bildete das andere große Theater dieser Zeit, Shakespeares Globe Theatre. Das 1599 errichtete und 1614 nach einem Brand wiederaufgebaute Globe war ein riesiger Rundbau, der Ähnlichkeit mit einem Bagel hatte. Die Schauspieler traten in dem »Loch« in der Mitte des Gebäudes auf. Das Globe konnte 3000 Zuschauer aufnehmen, das intimere Teatro Olimpico etwa 1300. Die etwas privilegierteren Zuschauer, die am äußeren Rand saßen, waren durch ein Dach geschützt, zur Mitte hin befand sich ein nach oben offener Ring, in dem ärmere Zuschauer standen, zuweilen auch im Regen. Die Bühne des Globe ragte auf einer Plattform zur Mitte hin vor, auf der Rückseite ein zweistöckiger *skene*-ähnlicher Bau. Diese »vorragende Bühne« erzeugte eine gewisse Intimität, insofern sie die Schauspieler hin zum Publikum vorschickte, während im Teatro Olimpico für eine derartige Bewegung der Darsteller nach vorn kein Platz war.

VOR DEM GEISTIGEN AUGE Diese unterschiedlichen Architekturen schufen auch unterschiedliche Illusionsräume. Im Globe setzte man Kulissen und Requisiten nur sparsam ein – ein Stuhl, ein Tisch und nur wenig mehr. Wie im antiken Theater mit seiner aus Tuch gefertigten *skene* mussten die Zuschauer sich die Szenerie selbst vorstellen.

In gleichem Maße, aber in anderer Weise auf die Vorstellungskraft angewiesen waren die nur für kurze Zeit in Schlössern aufgebauten Bühnen – auf denen privilegierte Zuschauer in der Renaissance gewöhnlich Theaterstücke anschauten. Die Hoftheater waren kastenähnliche Gebäude wie Inigo Jones' Banqueting Hall in London, die zwei Generationen nach Palladio erbaut wurde. Sollten Theaterstücke aufgeführt werden, räumten Bedienstete den mittleren Bereich frei, während Höflinge und Botschafter auf erhöhten Tribünen an den beiden Längsseiten saßen oder standen. In der Mitte einer der beiden kurzen Seiten saß der König auf einem Sessel oder Thron, umgeben von seinen – sitzenden oder stehenden – Vertrauten. Auf der gegenüberliegenden kurzen Seite saßen die Königin, die Königinwitwe oder Amtsträger von besonderem Rang.

Im Hoftheater wurden Kulissen wie etwa bemalte Platten von Dienern im Saal umhergefahren, desgleichen Vorrichtungen für besondere Bühneneffekte wie die Wellenmaschine, bei der Paddel in einem mit Wasser gefüllten Kasten das Geräusch von Wellen simulierten. Wie im japanischen Kabuki-Theater war die Illusion offenkundig. Das Geräusch des Wassers sollte die Zuschauer veranlassen, sich einen Sturm auf dem Meer vorzustellen – ein symbolisches Requisit. Der nasse Boden der Bühne, der eine Gefahr für die Schuhe der Zuschauer darstellte, war dagegen sehr real nass.

Im Teatro Olimpico versuchte man, eine andere Art von Illusion zu erzeugen, weder mit sparsamen Mitteln wie auf der Bühne des Globe noch mit symbolischen wie bei den Requisiten in der Banquetin Hall. Das Bühnenbild im Teatro Olimpico betonte den Rückzug von der Realität auf den Straßen.

Das war nicht Palladios eigenes Werk, der wenige Monate nach dem Abschluss der Planungsarbeit starb. Zunächst übernahm sein Sohn die Ausführung, 1582 dann Vincenzo Scamozzi. Er vervollständigte das Innere des Theaters durch die Errichtung einer festen Bühne aus Gips und Holz, die so bemalt ist, dass sie wie aus Marmor wirkt. In dieser Kulissenrückwand geben drei Portale zusammen sieben Ausblicke auf eine gemalte Stadt frei. Die imaginären Ausblicke sind unglaublich detaillierte Perspektiven von großer Tiefe, ein Meisterwerk des Trompe-l'œil, denn die Hinterbühne ist in Wirklichkeit nur wenige Meter tief.

Als Inigo Jones das fertiggestellte Theater besuchte und sich die sieben Ausblicke auf die Stadt ansah, staunte er darüber, »dass man immer einen dieser Prospekte sah, ganz gleich, wo man saß«. Dem Sehen stand nichts im Wege – doch die Bilder gaben einen klaren Ausblick auf eine Fantasie. Die wohlproportionierten Straßen hatten keinerlei Ähnlichkeit mit dem stinkenden, chaotischen Durcheinander, das sich in Wirklichkeit da draußen befand. Aus dem Inneren des Theaters öffnete sich der Blick auf einen ordentlichen, sauberen, in harmonischen Farben gehaltenen Ort. Nach dem inneren Auge der Kunst hatte man das Leben korrigiert.[1]

Diese Idealisierung unterschied sich deutlich von der Vorstellung eines früheren Architekten, Sebastiano Serlio (1475–1554), wie die Straße auf der Bühne dargestellt werden sollte. Er war der Ansicht, das Bühnenbild solle die Zuschauer veranlassen, genauer über das Leben nachzudenken.

In seinem 1545 veröffentlichten Buch *Von der Architectur* legt er in Teilen dar, wie gemalte Kulissen diese Aufgabe übernehmen könnten. Wäre Shakespeares *Wie es euch gefällt*, das im Wald von Arden spielt, ein halbes Jahrhundert früher geschrieben worden, hätte Serlio wohl eine pastorale Landschaft und entsprechende Requisiten eingesetzt: Die Bäume und Pflanzen auf der Bühne sollten im Winter »aus Seiden gemacht« sein, damit sie schimmern und glänzen. Außerdem könne man allerlei Gestalten auf die Bühne bringen wie »Nymphen/Meerweiber und mancherlei Wunder von frembden Thieren«.[2]

Für Komödien zeichnet Serlio ein Bühnenbild, das die Stadt im Hintergrund als ein Häusergewirr und im Vordergrund einen offenen städtischen Platz zeigt. Das Bühnenbild der Komödie »wird formiert wie gemeine Wohnungen und Bürgerliche Häuser mit Gängen gemachen und Fenstergestellen«, und umfasse auch ein Bordell, eine große Schenke und eine Kirche – so etwas wie eine Agora also. Nach den Gesetzen der Perspektive, mit denen man in der Renaissance gerade experimentierte, werden bei Serlio die Gebäude nach hinten immer kleiner, während der Platz vorn vergrößert ist. Ihm geht es vor allem darum, die Komödie möglichst nahe an das Publikum heranzubringen – ihre Geschäftigkeit und ihr Gedränge sollten nach seinen Vorstellungen wie die überfüllten Straßen draußen wirken.[3]

Beim Bühnenbild für Tragödien kehrt Serlio die Bildsprache um. Häuser für Tragödien »müssen nicht schlecht, sondern wie grosser Herrn/ Fürsten und mächtiger Potentaten Häuser und Palläst aufgerissen werden«. Tragödien der klassischen Art spielen nicht in einem Bordell. Serlios Kulisse führt den Blick entlang dieser herrschaftlichen Straßen zu einem Fluchtpunkt am Horizont, weit weg von dem Platz, dem Ort des Alltäglichen. Statt den Blick zu lenken, sorgt er im Bühnenbild der Tragödie für dessen Desorientierung, indem er verschiedene Fluchtpunkte setzt, die durch die beiden Obelisken in der Fern markiert sind. Das ist recht verwirrend. Der Blick wandert ständig zwischen den beiden Fluchtpunkten hin und her und vermag die Entfernung nicht zu bestimmen. Genau das wollte Serlio: Die visuelle Verunsicherung vermittelt den Gedanken der Tragödie als einer Erschütterung der Ordnung.[4]

Für einen Mann, der sich tief in die Probleme seiner Zeit versenkt hatte, wäre es vollkommen unsinnig gewesen – ich spreche hier gleichsam für Serlios Geist –, dass man im Teatro Olimpico Tragödien vor Kulissen mit einem Ausblick auf schöne Straßen inszenierte.

In praktischer Hinsicht funktionierte das Teatro Olimpico für die Aufführung von Tragödien sehr gut; es war stets trocken und gut beleuchtet. Scamozzis elegantes Bühnenbild trennte jedoch die Tragödie von der Straße. Hier geht es nicht um einen Mangel an »Realismus« wie wir die Verbindung von Bühne und Straße in Serlios »Bühnenbild für Komödien« nennen könnten: ein Bühnenhintergrund, der das reale Leben nahe ans Publikum holte. Durch Scamozzis Hintergrund für Tragödien wird die Handlung auf der Bühne ergreifender und realer als die schönen Illusionen draußen. Die Bühne spricht eine Wahrheit aus, die die Straße verschweigt.

Die Wege trennen sich

Nach Palladio verfolgte der geschlossene Theaterraum zwei gegensätzliche Wege. Auf dem einen füllte sich der Raum mit Aktivitäten des Publikums. Auf dem anderen lenkte das geschlossene Theater die Aufmerksamkeit des Publikums vor allem auf die Bühne statt auf die übrigen Zuschauer. Der Unterschied bestand zwischen dem Theater als einer inneren Agora, auf der die Menschen sich der anderen Menschen höchst bewusst sind, und einer äußeren Pnyx, deren Zuschauer sich willfähriger auf die Darbietenden konzentrieren.

DIE OFFENE BÜHNE: INNEN Im Jahr 1720 besucht ein fiktiver Perser die Comédie-Française. Montesquieu, Autor der *Persischen Briefe*, schuf die Figur eines gebildeten persischen Reisenden namens Rica, der sich über die Ungeschliffenheit der »Franzosen« genannten Eingeborenen wundert. Ihre gesellschaftlichen Vergnügungen sind ebenso verwirrend, wie ihr Gottesglaube ihm einfältig erscheint. Hier, an einem Ort, den die Franzosen als »Theater« bezeichnen, ist nun Rica recht verwirrt:

> Die Hauptbewegung findet auf einem erhöhten Platz statt … Zu beiden Seiten sieht man, wie Männer und Frauen in kleinen Räumen, die *Logen* genannt werden, stumme Szenen aufführen …

Vor allem verwirrt ihn, dass die eigentliche Handlung nicht auf der Bühne stattfindet, sondern in den Logen:

> Alle Leidenschaften erscheinen auf den Gesichtern und kommen ohne Worte um so sprechender und lebendiger zum Ausdruck. Dort sind die Schauspielerinnen nur halb zu sehen … Die meiste Mühe aber geben sich einige Leute, die, um die Anstrengung auszuhalten, nicht sehr alt sein dürfen; sie gelangen durch Örtlichkeiten, die nur ihnen selbst bekannt sind; sie steigen mit erstaunlicher Geschwindigkeit von Stockwerk zu Stockwerk; sie sind oben, unten, in allen »Logen«.

Die ärmeren Zuschauer stehen unterhalb der Logen:

> Unten steht eine Menge Leute, die sich über diejenigen oben auf dem »Theater« lustig machen, und diese lachen ihrerseits über die, die unten sind.

Das Geschehen auf der eigentlichen Bühne ist weit weniger interessant als die sexuellen Intrigen und verbalen Ausfälle zwischen Reichen und Armen im Publikum.[5]

Das von Montesquieu hier gezeichnete Bild war fast korrekt, aber nicht ganz richtig. Als die Comédie-Française 1683 gegründet wurde, ähnelte die gesellschaftliche Welt des Theaters dem von Shakespeares Globe zu Beginn des Jahrhunderts. Mitglieder aller gesellschaftlichen Stände waren dort anzutreffen. Zu Montesquieus Zeiten in den siebzehnhundertzwanziger Jahren war der Anteil der ärmeren Zuschauer gegenüber dem der reicheren zurückgegangen. Angehörige der oberen Stände verkehrten dort häufiger als in Hoftheatern, weil es in einer gemieteten Loge leichter war, sich unanständig zu verhalten. Dennoch gab es gewisse Ähnlichkeiten mit einer billigen Kaschemme. In der Comédie-Française stank es – mehr noch als im Globe – schon deshalb, weil es sich um einen geschlossenen, unbelüfteten Raum handelte. Überall im Theater kauften die Leute bei umherziehenden Händlern gebratene Hähnchenflügel oder Würstchen und urinierten in den zahlreichen an den Korridoren gelegenen Pissoires. Das Publikum war laut. Überall unterhielten die Leute sich mit ihren Nachbarn, wann immer sie Lust dazu hatten. Wenn die sexuellen Intrigen in den Logen einen gewissen Punkt erreichten, konnte man einen seitlich angebrachten Vorhang schließen. Obwohl die Comédie-Française die beleuchtungstechnischen und akustischen Innovationen des Teatro Olimpico übernahm, diente das französische Theater nun gleichermaßen als Restaurant und Bordell wie als Tempel der Kunst.

In einem Theater des 18. Jahrhunderts beherrschte das Publikum die Bühne. Da die Leute so oft ins Theater gingen, gruben sich manche Schlüsselsätze in ihr Gedächtnis ein, und die Zuschauer nutzen diese Kenntnisse. Wenn ein Schauspieler in einem Londoner Theater mit lauter Stimme »*To be or not to be?*« deklamierte, antwortete das Publikum ebenso laut: »*that is the question*«. Wenn ein Schauspieler einen Monolog besonders gut vortrug, rief das Publikum: »Point! Point!«, und verlangte eine Wiederholung. Bei Opernaufführungen erlebte man Ähnliches. So riefen französische Zuschauer »*Bis, bis!*«, schon bevor die Arie zu Ende war. Solche Bekundungen des Publikums waren Wohlfühlmomente im Theater. Zuweilen wurde die Sache auch unschön, etwa wenn die Menge die Königin der Nacht in Mozarts *Zauberflöte* drängte, das berühmte hohe F immer wieder zu singen. (Josepha Hofer, Mozarts erste Königin der Nacht, schaffte das und trieb das Publikum damit zu Begeisterungsstürmen.) Boten Schauspieler oder Sängerinnen die vertrauten Phrasen oder Melodien jedoch schlecht dar, begann das Publikum mitzusprechen oder mitzusingen, und piesackte die Darbietenden, indem es schneller oder langsamer sprach oder sang, dies alles, um den armen Kerl zum Abtreten zu zwingen. Das nannte man »*settling*«, im Sinne von »erledigen«. Das »*settling*« war ein Schlechtfühlmoment im Theater, bei dem das Publikum, wie es in einem Artikel des *Spectator* hieß, »nach Blut lechzt«. Solche Schlechtfühlmomente beschränkten sich allerdings auf öffentliche Theater. Im Hoftheater wie auch in aristokratischen Salons galt solch ein Verhalten als vulgär. Dort brachte man sein Missfallen zum Ausdruck, indem man der Darbietung keinerlei Aufmerksamkeit mehr schenkte.

DER RÄUMLICHE ÜBERGANG Zu der Zeit, als Rica die Comédie-Française besuchte, verwandelte sich die bauliche Hülle des Theaters bereits von einer Agora zu einer Pnyx. Dieser Wandel zeigte sich zum Beispiel in zwei großen Theatern, die in Deutschland erbaut wurden.

Das Schlosstheater in Celle wurde um 1670 erbaut und zu der Zeit, als Montesquieu die *Persischen Briefe* schrieb, ein wenig verändert. Der halbrunde, zwei Stockwerke hohe Saal des Schlosstheaters ist von zwei Reihen gleich großer Logen umgeben. Wie in der Comédie-Française zwei Generationen später, aber im Unterschied zum Globe mit seinen Stehplätzen für das einfache Volk war das Parkett mit Sitzreihen ausgestattet. Und wie in der Comédie-Française befanden sich die Logen der höchsten Adeligen und des Fürsten nahe der Bühne oder sogar darauf, mitten unter den Schauspielern wie später die Logen der Londoner Elite im Covent Garden, der 1732 hauptsächlich für die Aufführung der Opern und Oratorien von Händel erbaut wurde. Für das Publikum in Celle und London galt, wie von Rica für Paris beschrieben: Man zeigte sich, schwatzte miteinander, aß etwas, flirtete und äußerte lautstark seine Bewunderung oder sein Missfallen.

Im Unterschied zum Schlosstheater in Celle wies das 1751 von François de Cuvilliés erbaute Residenztheater in München auf eine Zeit voraus, in der das Publikum gesitteter und zurückhaltender sein sollte. Die über zwei Stockwerke reichende und mit allerlei Rokokoschnickschnack verzierte Kurfürstenlogen befand sich am hinteren Ende des Zuschauersaals, sodass der Fürst mit seinem Gefolge der Schaustellung auf der Bühne entzogen war. Der Rang der Loge richtete sich nach der Höhe innerhalb der vier Logenreihen: Parterre: gut; 1. Rang: sehr gut (weil auf derselben Höhe wie die Fürstenloge); 2. Rang: weniger gut; und darüber der Olymp (3. Rang) für jene, die sich eine der übrigen Logen oder einen Platz im Parkett nicht leisten konnten. Die Plätze im Parkett waren für die Bürger bestimmt und in festen Sitzreihen angeordnet, sodass das allgemeine Publikum den Fürsten und seine Entourage am hinteren Ende des Saals nicht zu sehen vermochte; und auch die an den Seiten sitzenden Adeligen konnten dies nur, wenn sie den Kopf zu ihm wendeten, und das galt als schlechtes Benehmen.

DAS DISZIPLINIERTE PUBLIKUM Ende des 18. Jahrhunderts verschwanden die Würstchenverkäufer langsam aus dem Inneren dieser nun ordentlicheren Art von Theater, die Pissoires wurden aus den Gängen in eigene Räume verlegt, aber vor allem begann das Publikum, den Mund zu halten. Die Rituale der Bekundung von Begeisterung oder Missfallen verkümmerten ebenso wie bei musikalischen Darbietungen das spontane Klatschen, etwa wenn ein Klavierspieler eine besonders anspruchsvolle Passage gemeistert hatte. Die Veränderung erfolgte nur nach und nach, doch schon bald erregte es Stirnrunzeln, wenn jemand während der Darbietung eines Schauspielers oder Musikers mit dem Sitznachbarn redete. Man sah zu, man hörte zu, man verhielt sich still. Die Herrschaft der Zuschauer über die Bühne schwand.

Bei der Berührung mit Kunst wird bürgerliche Selbstdisziplin oft der Plumpheit der ungebildeten unteren Klassen gegenübergestellt. E. M. Forster beschreibt diesen Gegensatz in seinem Roman *Wiedersehen in Howard's End*. Die Geschwister Schlegel deuten die Unbeholfenheit des Büroangestellten Leonard Bast als Zeichen seiner Nichtzugehörigkeit, obwohl er von der Musik tief bewegt ist. Das Bild der großmäuligen, lärmenden Arbeiterklasse im Unterschied zur selbstbeherrschten Bourgeoisie entsprach nicht dem tatsächlichen Verhalten der Arbeiterschicht. Sowohl im Yiddish-Theater-Viertel der New Yorker Lower East Side als auch in den Arbeitertheatern in Paris und London traten die Schauspieler vor einem allenfalls flüsternden Publikum auf, vor allem wenn Klassiker wie Shakespeare gespielt wurden. Das Pariser Théâtre des funambules etwa, das 1816 eröffnet wurde und anfangs Akrobatik zeigte, war schon in den achtzehnhundertvierziger Jahren zur Heimat des ersten künstlerischen Pantomimen Jean-Gaspard Deburau geworden. Der im Zweiten Weltkrieg von Marcel Carné gedrehte Spielfilm über das Théâtre des Funambulles *Kinder des Olymp* ist eine getreue Rekonstruktion der im Publikum herrschenden Stille, wenn Deburau auf der Bühne seine stummen Gebärden vollführte.

Die Geschwister Schlegel hätten sich vielleicht auch gewundert, wenn sie Konzerte in der Londoner Toynbee Hall besucht hätten, dem ersten *settlement house* in der Stadt, das versuchte, Reich und Arm innerhalb einer Gemeinde zusammenzubringen. Die in den Sälen der *settlement houses* gespielte Musik war fortgeschrittener und ausgefallener als das Repertoire der meisten »vornehmen« Konzerthäuser.

Die Geschichte der Claqueure vermittelt uns weitere Erkenntnisse über das disziplinierte Publikum. Eine Claque ist eine Gruppe von Menschen, die entschlossen sind, eine Aufführung zu einem Erfolg oder Misserfolg zu machen, indem sie ihre Reaktionen auf das Bühnengeschehen demonstrativ zur Schau stellen und auf diese Weise andere Menschen im Publikum beeinflussen. In der Renaissance zielte die Claque bei Vorstellungen, die von einem Aristokraten oder Fürsten besucht wurden, darauf ab, einen einzelnen oder einige wenige Leute in der Menge zu beeinflussen. Zu der Zeit, als Montesquieu seinen Perser in die Comédie-Française schickte und das Publikum damit begann, Darbietende zu unterstützen, versuchte die Claque dagegen, Zuschauer in großer Zahl zu beeinflussen.

Im 19. Jahrhundert machte die Claque den Einfluss der Claqueure zu einem einträglichen, gutorganisierten Geschäft. Die Mitglieder einer Claque unterstanden einem *chef de claque*, der Zahlungen bei Theaterdirektoren, Stardarstellern oder Komponisten herausholte. Man platzierte Mitglieder der Claque nicht als Gruppe, sondern einzeln im gesamten Zuschauerraum, damit sie als gewöhnliche Zuschauer angesehen wurden. Manche Claqueure und Claqueusen spielten spezielle Rollen. So gab es Frauen, die Expertinnen im Weinen, und Männer die Experten in dröhnendem Lachen waren.

Als das Publikum disziplinierter wurde, fiel es der Claque schwerer, ein Publikum zum Zischen statt zum Applaudieren zu bewegen. Natürlich konnten die Leute manchmal kein Ende finden, wenn sie erst einmal begonnen hatten. Die Pariser Claque, die den Auftrag erhalten hatte, Verdis *Don Carlo*, eine sehr lange und anspruchsvolle Oper, zu ruinieren, musste im 1. Akt hart arbeiten, doch bei der Eröffnung des letzten Aktes buhte das Publikum schon, bevor es überhaupt einen Ton gehört hatte. Durch bezahlte Zischer über die Barrieren des Anstands gehoben, hatten die Zuschauer alle Hemmungen verloren, wie Le Bon es in seiner *Psychologie der Massen* beschrieb. Doch sie fanden sie rasch wieder. Die Brüder Goncourt, große Chronisten des öffentlichen Lebens in Paris, beobachteten, dass die Menschen beim Verlassen der Vorstellung wieder eine Miene »biederen, missmutigen Anstands« angenommen hatten. Das heißt, das Publikum konnte dank der Claqueure einen kurzen Augenblick der Enthemmung genießen – eine kurze, ungefährliche Katharsis.

DIE STRASSE WIRD ZU EINEM ZUSCHAUERRAUM Zur selben Zeit, als das Theater zu einem befriedeten Raum wurde, begann Passivität auch das Theater auf den Straßen zu beherrschen. Das Spektakel wurde nun auf kommerzieller Grundlage geschaffen.

Im Paris des frühen 19. Jahrhunderts fand man, wenn man einen Topf zum Kochen von Nudeln suchte, in den Auslagen kleiner Läden wie auch der größeren *magasins de nouveautés* eine große Vielfalt von Töpfen unterschiedlicher Größe und Form, und wenn man hineinging, feilschte man um den Preis. Um 1852 führten die Kaufhäuser ihr Geschäft ganz anders. Der Preis jeder Ware war festgesetzt und ein Feilschen ausgeschlossen. Kaufen Sie es, oder lassen Sie es bleiben. Amazon folgt einer ähnlichen Regel. Der Preis ist online nicht verhandelbar. Auch hier gilt: Kaufen Sie es, oder lassen Sie es bleiben. Der Konsument hat keine Unabhängigkeit mehr.

Feilschen ist die klassische Form des Wirtschaftstheaters. Käufer: »Das ist zu teuer, das werde ich nicht zahlen.« Teppichhändler: »Sie ruinieren mich, das ist mein unterster Preis.« Käufer: »Dann gehe ich.« Händler: »Gut, kommen wir uns auf der Hälfte des Unterschieds entgegen.« Käufer: »Abgemacht.« Im Kaufhaus wird Theater anders eingesetzt.

Das klassische Großkaufhaus entstand 1838 in Paris mit der Gründung des Kaufhauses Le Bon Marché, eines riesigen Warenhauses, dessen Angebot alles umfasste, von Kleidern über Lebensmittel bis hin zu Haushaltswaren. Eine der genialen Ideen Aristide Boucicauts, des Gründers dieses Kaufhauses, war der Einbau großer, in Metallrahmen gefasster Schaufenster, in denen er seine Waren für die Straße ausstellen konnte – die erste Nutzung dieses Grundelements modernen Bauens: ein Spektakel hinter Glas. In diesen Schaufenstern stellte Le Bon Marché einen prosaischen Kochtopf neben billigen Modeschmuck und einen Ständer mit Krawatten, das Ganze vor einer sinnlichen Stoffdraperie aus einer der neuen französischen Kolonien. Diese Zusammenstellung sorgte für eine zeitweilige Aufhebung des Gefühls für die gewohnte Realität und verlieh den Gegenständen per Assoziation eine Art Glamour, der die Fantasie der Käufer anregen sollte. »Fantasie verkauft«, erklärte Boucicaut, »Nützlichkeit nicht.« Genau das meinte Marx mit seinem Begriff des Warenfetischismus. Das Schaufenster des Kaufhauses wendet diese Rezepte an; es funktioniert wie ein Bühnenbild im Theater.[6]

Es gab eine unheimliche Parallele zwischen dem Einkaufen als Spektakel und der *flânerie* des 19. Jahrhunderts, bei der Menschen durch die Straßen flanierten, auf der Suche nach faszinierenden Szenen des gewöhnlichen Lebens, die sie beobachteten, statt an ihnen teilzunehmen. Sie waren Flaneure, Zuschauer im Schauspiel der Stadt. »Die Modernität ist das Vergängliche, das Flüchtige, das Zufällige«, schrieb der Dichter Charles Baudelaire. Die Straße mit ihrem Kommen und Gehen, ihren verirrten Geräuschen, ihren zufälligen Begegnungen verkörpert das Wesen dieser Modernität. Baudelaires *flâneur*, ein Wanderer in der Stadt, sucht nach solchen Reizen. In seinen *Pariser Bildern* geht der *flâneur* Mitte des 19. Jahrhunderts durch die Straßen von Paris, oft des Nachts, und verschlingt diese Bilder und deren Figuren, bei denen es sich meist um notleidende Außenseiter handelt. Er wagt sich hinaus, schaut und geht dann wieder nach Hause.

> Nur im Geiste seh ich noch dieses ganze Barackenlager vor mir, diese Haufen grobbehauener Kapitelle und Säulenschäfte, das Unkraut und die großen Blöcke, die vom Wasser der Pfützen grüne Flecken hatten, und, hinter Scheiben blitzend, des Werkzeugs wüster Stapel.[7]

Die Straße als Zuschauerraum passte bestens zur Vorstellung des Schauspiels innerhalb des geschlossenen Theaters.

GESCHLOSSENE ÄSTHETIK »Das Konzert bin ich«, schrieb Franz Liszt 1841. Seine langen, fließenden Locken, seine langen, seelenvollen Blicke in die Seitenbühne, die wilde Bewegung seiner Hände, all das war nicht nur gekonntes Showbiz auf der Bühne, sondern veranlasste das

Publikum, zu verstummen und gespannt zu lauschen, um auch ja keinen Ton zu verpassen. Chopin beherrschte keine dieser Bühnentricks und besaß dennoch dieselbe Macht, ein Publikum zu andächtigem Schweigen zu bewegen. Viele Berichte über seine Darbietungen betonen seine scheinbare Abwesenheit, wenn er auf dem Podium am Flügel saß, als wäre er irgendwo anders in einem ganz eigenen Raum. Er nahm kaum Notiz von der Anwesenheit des Publikums, verbeugte sich nur kurz und verschwand, sobald das Konzert zu Ende war.

In der Instrumentalmusik gab es einen bestimmten Grund für das Eintreten solcher Stille, sofern sie denn eintrat. Im 18. Jahrhundert waren viele geübte Amateure erstaunlicherweise in der Lage, einen Großteil der von Berufsmusikern aufgeführten Musik zu spielen, nicht meisterlich vielleicht, aber doch so gut, dass sie vor anderen damit auftreten konnten. Vor allem für Cellisten besaßen Mozarts drei »Preußische Quartette« technisch anspruchsvolle und herausragende Celloparts, die Mozarts Förderer, Friedrich Wilhelm II. von Preußen, selbst herunterspielen konnte.[8]

Diese Fähigkeiten der Amateure kamen nicht von ungefähr. Bis zum Ersten Weltkrieg beherrschten viele Hörer anspruchsvoller Musik auch selbst ein Instrument. Allerdings entwickelte sich zugleich auch eine Instrumentalmusik, die nur Berufsmusiker einigermaßen zufriedenstellend spielen konnten. Die Kluft im technischen Bereich führte auch zu einer emotionalen Ungleichheit. Die Kunst löst Gefühle in dir aus, die du selbst nicht zum Ausdruck zu bringen vermagst. Der Preis für diese Offenbarung: Du darfst keinen Ton verpassen, musst dich selbst disziplinieren und still sein, um alles in dich aufzunehmen. Das Unvermögen auf technischem Gebiet brachte die Stille in der Kunst hervor.

Der Komponist, der den größten Vorteil aus dieser Stille zog, war Richard Wagner, der dieser Stille in der Kunst auch ein architektonisches Fundament gab. Sein Festspielhaus in Bayreuth perfektionierte die geschlossene Ästhetik, die ihren Anfang im Teatro Olimpico genommen hatte.

Wagner ließ 1876 ein Opernhaus bauen, das allein für die Aufführung seiner eigenen Opern und Musikdramen bestimmt war. Die Idee dazu stammte zwar von ihm, doch der Entwurf stützte sich auf ein Projekt, das der Architekt Gottfried Semper in München nicht hatte realisieren können. Der Bau wurde gerade rechtzeitig für die Premiere des vierteiligen Opernzyklus *Der Ring des Nibelungen* fertig. Nach modernen Maßstäben handelt es sich um ein mittelgroßes Theater, das etwas weniger als 2000 Zuschauer fasst. Die im selben Jahr fertiggestellte Opéra Garnier in Paris war eine riesige Praline aus lauter Gold und Marmor, in der die Leute einander in den schummrigen Nischen der endlosen Logenreihen befummelten. Das Festspielhaus ist dagegen außen größtenteils in roten Ziegeln gehalten, und auch das Innere ist vergleichsweise streng. Der Saal fasst die Zuschauer in einem relativ stark ansteigenden Keil, an dessen oberem Ende sich drei Reihen Logen befinden. Wie in Palladios Theater haben alle dieselbe weite Sicht auf die Bühne.

Verfechter des Bühnenrealismus wie Denis Diderot im 18. Jahrhundert vertraten eine Vorstellung von der Gestaltung der Bühne, die in Bayreuth abgelehnt wurde. In Diderots Augen sollte die Vorderseite der Bühne als die »vierte Wand« eines Zimmers behandelt werden, die entfernt worden ist, damit die Zuschauer hineinsehen und die Menschen wie auch die Entfaltung der Handlung beobachten können, gleichsam als Spione des realen Lebens. In Diderots Theaterstücken wie *Der natürliche Sohn* von 1757 gilt das Spionieren Szenen des alltäglichen Lebens, wodurch die Zuschauer in die Handlung auf der Bühne hineingezogen werden sollen. Um das zu erreichen, müsse der Regisseur Handlungen vermeiden, die außerhalb der Bühne stattfinden, und die beiden Seitenbühnen sollten wie Türen benutzt werden, die in das Zimmer führen. Das Proszenium solle baulich rundum so gestaltet sein, dass es wie ein Bilderrahmen wirke. Rahmenlose, unbestimmte oder schlecht abgegrenzte Räume waren in Diderots Augen Feinde des Realismus. Bayreuth verwarf diese Architektur des Realismus in zweierlei Weise.

Zunächst einmal ganz direkt durch ein doppeltes Proszenium, wobei der innere Rahmen größer ist als der äußere, sodass der Eindruck entsteht, man blicke tief in einen Raum hinein auf ein Geschehen, das in der Kategorie des Raums ebenso weit entfernt ist wie in der mythischen Zeit. Und zweitens durch ein kompliziertes Mittel zur Schaffung von Distanz, mit dem Wagner den Eindruck zu erwecken versuchte, die Musik käme nicht von einem Ort her, den wir sehen könnten. Sein Mystifizierungstrick beruht auf einer gewölbten Sichtblende aus Leder, die den Orchestergraben gegen den Zuschauerraum abschirmt. Dadurch sind die meisten Musiker für das Publikum unsichtbar; außerdem streut die Sichtblende den Klang so, dass er von überall her im Raum zu kommen scheint. Nach Wagners Aussage erschafft diese Abdeckung einen »mystischen Abgrund«.

Selbst für mich, der Wagner nicht sonderlich mag, verwandeln der verborgene Klang und die Gestaltung der Bühne eine Musik, die in meinen Ohren eher langweilig klingt, in ein magisches Erlebnis. Natürlich vermag die Architektur diese verwandelnde Kraft nicht vollständig zu erklären. Falls Sie Wagner lieben, mag *Siegfried* Sie selbst dann ergreifen, wenn die Oper in einem Konzert dargeboten wird, bei dem die Sänger und Sängerinnen laut schmetternd vor einem Orchester stehen. Die Architektur vermag jedoch einiges von der fesselnden Wirkung eines Innenraums auf die Fantasie zu erklären.

In seinem berühmten »Gesamtkunstwerk« versuchte Wagner, Musik, Arrangement, Beleuchtung und Kostüme miteinander zu verbinden. Die geschlossene Bühne ermöglicht das Gesamtkunstwerk. Dessen Kohärenz ist mit der Idee der Straße unvereinbar – den vielen Aktivitäten auf einer Straße, der oft unsinnigen Unordnung, den Ablenkungen an jeder Straßenecke. Dieser verworrene Reiz war genau das, wonach Baudelaires *flâneur* sich sehnte. Das Publikum in Bayreuth, schweigend, Stunde um Stunde auf unbequemen Sitzen hockend, die denen auf der Tribüne eines Sportstadions ähneln, schaut gebannt auf ein Wunderwerk, das zwar vielschichtig, aber kohärent ist. Die Zuschauer sollen in ein höheres Reich versetzt werden. Beide, der *flâneur* und der Anbetende an Wagners Altar, sind letztlich dasselbe. Sie sind Zuschauer – des Lebens, der Kunst.

Sportstadion und Oper

Vergleichen Sie einmal den Aufführungsraum, in dem Sie Wagner hören können, mit einem x-beliebigen Sportstadion. Das Stadion ist die aktuelle Version eines die Zuschauer ermächtigenden Raums. Ein wenig übertrieben formuliert, sind Sportstadien die Nachfahren der alten Comédie-Française. In der Größe lässt Bayreuth sich natürlich nicht mit Fußballstadien wie dem Emirates Stadium in London vergleichen, das Zehntausende von Zuschauern fasst. Hat das Spiel erst einmal begonnen, sind die Zuschauer dort jedoch ebenso vom Spiel gefangen wie die Wagnerverehrer. Versetzte man die Fans in Gedanken nach Bayreuth, würden sie dort »Los, Wotan!« rufen, wenn der Gott Alberich in *Das Rheingold* den heiligen Ring stiehlt. Oder falls sie zum FC Alberich-Rächer gehören, könnten sie von ihren Sitzen aufspringen und Alberich mit dem Ruf »Pass auf!« warnen. Auch auf den Zuschauerrängen des Emirates geschieht weit mehr, als dass die Leute nur zuschauten. Sie essen und trinken wie in der alten Comédie-Française. Und obwohl das Emirates in einem trostlosen Stadtteil liegt, ist in den umliegenden Pubs und Läden immer etwas los, wie ja auch die Comédie-Française niemals zu schließen schien.

In architektonischer Hinsicht ist das Emirates Stadium ein Amphitheater mit ansteigenden Sitzreihen, ganz wie Bayreuth und – lange davor – die Pnyx in Athen es waren. In der Pnyx glaubte man, die sitzende Haltung könne bei den Zuschauern eine Befriedung bewirken, sodass sie aufnahmebereit wurden und sich auf das dort zu Sehende konzentrierten. Die Männer und Frauen, die in die Comédie-Française gingen, waren allzu sehr mit sich selbst beschäftigt, als dass sie der Bühne sonderliche Beachtung geschenkt hätten, doch falls sie dem Geschehen dort einmal Aufmerksamkeit schenkten, waren sie äußerst aktiv, um nicht zu sagen lautstark, wenn sie den Sängerinnen oder Schauspielern Beifall spendeten oder ihr Missfallen bekundeten. Auf den Zuschauerrängen des Emirates erreicht die Beteiligung physische Ausmaße, wenn die Zuschauer aufspringen, sobald eine Aktion auf dem Spielfeld sie erregt.

Zwischen den Zuschauern im Opernhaus und denen im Sportstadion gibt es einen psychologischen Unterschied, und vielleicht ist dieser Unterschied der fundamentalste. Zuschauer können sich in zweierlei Weise mit den Darbietenden identifizieren. Ich wette, in Bayreuth dürften sich nur wenige Zuschauer ganz direkt mit Wotan identifizieren: »Ich bin ein Gott.« Im Emirates dagegen ist es so, als spielten die Fans selbst mit. Wagner tat alles, um eine spürbare Distanz zwischen Darbietenden und Zuschauern herzustellen – die doppelte Einrahmung der Bühne, der durch die Abschirmung des Orchestergrabens geschaffene »mythische Abgrund«. Eine Identifizierung mit der Bühne erforderte daher einen Fantasiesprung, eine verwickelte Interpretation, während die physische Identifikation im Emirates »Ich fühle den Schuss« oder »Ich renne« für eine größere Unmittelbarkeit sorgt.

Diese gegenläufigen Kräfte prägten auch in einem weiteren Sinne die lange Geschichte von Bühne und Straße. Auf einem der beiden Wege versuchte das Theater, sich in die Stadt zu integrieren, indem es eine Verbindung zwischen Schauspielern und Zuschauern herstellte. Auf dem anderen bemühte sich die Kunst, sich von der Straße zurückzuziehen, und dazu bedarf es einer Trennung zwischen Darbietenden und Zuschauern. Der erste Weg führt zu einer offenen Kunst, der zweite zu einer geschlossenen.

In dieser allzu säuberlichen Zusammenfassung fehlen allerdings die Gefühle der Darbietenden. Sie leiden möglicherweise unter genau dieser Trennung zwischen Offenheit und Geschlossenheit. Um das nachzuvollziehen, müssen wir noch einmal auf die Renaissance zurückkommen.

Buch III

DER WENDEPUNKT

6 SEINEN LEBENSUNTERHALT AUF DER BÜHNE VERDIENEN

Die Darbietenden wurden frei und verwundbar

Der Ausdruck »Renaissance« bedeutet »Wiedergeburt«. Um 1450 begann eine gebildete Elite auf die Kultur der Antike zurückzublicken und dort nach Vorbildern für ihr eigenes Leben zu suchen. Tiefgreifende Veränderungen in Wissenschaft, Wirtschaft und Kriegführung machten es indessen unmöglich, tatsächlich zur antiken Vergangenheit zurückzukehren. Die Gelehrten wussten das sehr wohl. »Renaissance« verwies vielmehr auf ihre leidenschaftliche Überzeugung, dass Menschen in ihrem Leben anderen Vorbildern als den aus der unmittelbaren Vergangenheit überkommenen folgen konnten. Die Idealisierung einer fernen Vergangenheit zum Zweck eines neuen Lebens in der Zukunft ist ein Teil der von dem Shakespeare-Forscher Stephen Greenblatt so genannten »Selbstinszenierung« der Renaissance.[1]

Kann Darstellung solch eine Selbstinszenierung ermöglichen? Gewiss nicht durch einen Rückblick auf die Antike. Tanz, Flötenspiel oder Schauspiel waren Künste, die hauptsächlich von Sklaven ausgeübt wurden. Musiker und Tänzer wurden oft als effeminiert beschimpft. Und für Frauen galten Darbietungen in der Öffentlichkeit grundsätzlich als unschicklich. In der Renaissance bemühten Berufsschauspieler sich um Selbstinszenierung mit dem Ziel, mehr Würde und Freiheit zu erlangen. Ihre Kämpfe verweisen auf modernere und allgemeinere Probleme mit der Identität.

Selbstinszenierung durch Kunst

JACQUES' GROSSES NEIN ZUM NEUEN Jacques' berühmter Monolog in *Wie es euch gefällt*, in dem es heißt: »Die ganze Welt ist Bühne«, mag den Eindruck erwecken, er erhöhe hier den Status der Schauspielerei.* In Wirklichkeit handelt es sich jedoch um eine entschiedene Ablehnung der bloßen Idee einer Selbstinszenierung. Nichts im Leben ist neu. Wie Schauspieler Abend für Abend ihren Text deklamieren, so spielen Menschen Generation für Generation Rollen, deren Skript nicht von ihnen selbst stammt. Ein verliebter junger Mann etwa:

> Der wie ein Ofen seufzt, mit Jammerlied
> Auf seiner Liebsten Braun

Das junge Paar glaubt, niemand könne sein Glück ermessen, niemand habe jemals solche Leidenschaft erlebt – man denke an Romeo und Julia. Doch für Jacques sind solche Seufzer und suchenden Blicke Standardelemente schauspielerischer Darstellung. Du meinst, deine Liebe ist etwas Besonderes? Vergiss es, dein Leben wird die Gussform nicht zerbrechen.

Jacques' Überzeugung, das Leben sei immer dasselbe, hat biblische Wurzeln. »Was geschehen ist, ebendas wird hernach sein. Was man getan hat, ebendas tut man hernach wieder, und es geschieht nichts Neues unter der Sonne«, heißt es in Prediger 1.9. In der hellenischen Welt übertrug man diese Überzeugung auf die Künste. Aristoteles behauptete ganz pauschal (er behauptete immer sehr pauschal), »alle außergewöhnlichen Männer in Philosophie oder Politik oder Dichtung oder in den Künsten« erwiesen sich »als Melancholiker«, weil ihre Schöpfungen sich so oft als sinnlos erwiesen, denn alles sei schon einmal da gewesen. Auch das wurde bei einigen Renaissanceschriftstellern zu einem Gemeinplatz. Timothy Bright und Robert Burton führten das melancholische Temperament

* Siehe den gesamten Monolog auf S. 142.

der Künstler auf die Tatsache zurück, dass jegliches menschliche Werk »vergebliches Streben« sei, wie Bright es ausdrückte.[2]

In einem weiteren kulturellen Rahmen könnte man Jacques' Monolog mit der Kritik eines Zen-Buddhisten am Leben als Bühne vergleichen, die etwa aus derselben Zeit stammt wie Shakespeares Stück. Der Rinza-Zen-Meister Bankei lehnte es gleichfalls ab, das »Neue« in der Kunst zu dramatisieren, und hegte »große Zweifel« an Darstellern, die auf Kosten der Tradition die Aufmerksamkeit auf sich selbst lenkten. Doch Bankei reagierte darauf mit einem Achselzucken. So oder so, beides sei egal. Er lehrte seine Schüler, dem Neuen gegenüber gleichgültig zu werden, um einen klaren Blick auf das Leben zu erlangen. Bei Jacques sind solche Zen-Gedanken nicht zu finden. Die Emotionalität seines großen Monologs rührt aus dem Zorn über den Gedanken, die Menschen glaubten, anders sein zu können als die Menschen vor ihnen. »Neu« sei nur Trug. Anders als Bankei beherrscht er nicht die Kunst der Gleichgültigkeit.

Auch die religiösen Mächte des europäischen Mittelalters verstanden nichts vom Zen. Vor allem das Theater erregte ihren Zorn. Der Theologe Johannes von Salisbury, ein Apostel christlicher Bescheidenheit und Demut, behauptete im 12. Jahrhundert in seinem *Policraticus*, die Heiligen verachteten »das Theater von der Höhe ihrer Tugend herab«, und zwar wegen dessen verführerischer, das Ich entflammender Kräfte. Auch dieser Abscheu ging auf die westliche Antike zurück. Der Stoiker Zenon von Kition lehnte theatralischen Ausdruck als erniedrigend ab. Frühchristen fürchteten die Vorstellung: »Die ganze Welt ist Bühne«. Der heilige Augustinus sitzt im Zirkus und fühlt sich stark von dem Schauspiel aus Blut und Lust da unten angezogen. Dann greift sein Glaube ein, und langsam wendet er den Blick ab.

Johannes von Salisbury, wenn ich das so sagen darf, redete hier Unsinn, denn in seiner Zeit erlangte das Theater immer größere Bedeutung für seine Religion. Innerhalb der Kirche bildete das Studium der Gestik und der Rhetorik einen integralen Bestandteil der Ausübung des Priesterberufs. Die räumliche Domäne des Johannes von Salisbury war nicht zu vergleichen mit dem schlichten, schmucklosen Gottesdienst der Frühchristen, der meist in Häusern zur Essenszeit stattfand. Die ausgefeilte

Gestaltung der farbigen Kirchenfenster, die kunstvoll durchdachten und luxuriösen Gewänder, die Verwendung von Weihrauch, all das erhöhte das Theaterhafte des Kirchenerlebens. Auch wenn »Die ganze Welt ist Bühne« in theologischer Hinsicht Sündhaftigkeit bedeutete, hatte die Kirche zu Shakespeares Zeiten das Theater doch längst in den Dienst des Glaubens gestellt.

Jacques' Klage besitzt ein erstaunliches Merkmal, das mit den christlichen Moralisten bricht. Weder Gott noch der Teufel, weder Laster noch Tugend kommen in seinem Monolog vor: »Die ganze Welt ist Bühne« handelt vom Körper, von den sieben Altern im Kreislauf des menschlichen Lebens. Jeder denkt, er sei der Star der Show, und stirbt dann. Eine neue Person übernimmt seine Rolle als Star, spielt genau dieselben Rollen und stirbt. Das Leben geht weiter wie zuvor.

Ein ungewöhnlicher Monolog für 1603, das Jahr, in dem *Wie es euch gefällt* wahrscheinlich erstmals aufgeführt wurde. Es war auch das Jahr, in dem Königin Elisabeth I. starb. Sie war eine Meisterin der Selbstinszenierung gewesen, eine Monarchin, die mit Althergebrachtem brach, sich weigerte zu heiraten, unabhängig lebte und aktiv herrschte, um dem Glauben zu trotzen, nur Männer hätten den dazu nötigen Willen und Verstand. Ihr Zeitalter war auch eine Wiedergeburt für das Land gewesen. Die Tudor-Schreckensherrschaft zu Zeiten Heinrichs VIII. endete mit ihrer Krönung. Nun, im Jahr 1603, musste das Regime wieder neu erfunden werden, da sie kinderlos gestorben war. Doch Jacques' Monolog bestreitet, dass große Veränderungen wie diese sonderlich bedeutsam dafür wären, wie die Menschen tatsächlich ihr Leben führen.

PICO SAGT JA ZUM JETZT Der Griesgram Jacques verkörpert einen Strang in den Vorstellungen der Renaissance von einem neuen Leben. Ein komplexerer Strang der Selbstinszenierung ging von dem Renaissancephilosophen Pico della Mirandola aus, der 1486 in seiner Abhandlung *Über die Würde des Menschen* erklärte, Gott habe den Menschen so geschaffen, wie er es tat, »damit du wie dein eigener, in Ehre frei entscheidender, schöpferischer Bildhauer dich selbst zu der Gestalt ausformst, die du bevorzugst.« Du machst dich selbst.[3]

Dabei dachte er an Verwandlungen des Ich, die anders waren als die von Ovid in seinen *Metamorphosen* beschriebenen. In Ovids Geschichten verwandeln Götter Menschen oder sich gegenseitig, etwa wenn Daphne in einen Lorbeerbaum verzaubert wird, um sie vor der Vergewaltigung durch Apoll zu schützen. Shakespeare griff auf Ovid zurück, als er *Romeo und Julia* schrieb. Die unter einem schlechten Stern stehende Liebe der beiden erinnert an Pyramus und Thisbe in der altrömischen Geschichte, in der das Blut der beiden Liebenden sich auf magische Weise in die dunkelrote Frucht des Maulbeerbaums verwandelte.[4]

Picos Idee der Selbstverwandlung meint eine Veränderung, die nicht auf magische Weise von den Göttern, sondern vom Menschen selbst durch sein eigenes Handeln herbeigeführt wird. Die Idee schien sich vor allem bei schöpferischer Arbeit zu bestätigen, etwa bei dem Goldschmied Benvenuto Cellini, der Picos Version der selbst herbeigeführten Metamorphose verkörperte. In seiner Autobiographie erzählt Cellini uns, dass er als einfacher Goldschmiedelehrling begann und seine Ambitionen ganz traditionell von diesem Handwerk geprägt wurden: vom Lehrling zum Gesellen und zum Meister. Als junger Mann gab er seinem Leben jedoch eine neue Wendung, und seine Selbstformung nahm ihren Anfang, als er von der Schmuckherstellung zur Bildhauerei wechselte. Er war Handwerker und wurde nun Künstler.

Der Historiker Jacob Burckhardt versuchte im 19. Jahrhundert erstmals, Verallgemeinerungen aus Geschichten wie der von Cellini zu ziehen. Burckhardt sah in der Renaissance einen Augenblick tiefgreifenden Wandels in der Kultur, in dem die Idee des Individuums aufkam, des Individuums, das sich selbst erschafft. Im Mittelalter, so schrieb er,

> lagen die beiden Seiten des Bewußtseins – nach der Welt hin und nach dem Innern des Menschen – wie unter einem gemeinsamen Schleier träumend oder halbwach. Der Schleier war gewoben aus Glauben, Kindesbefangenheit und Wahn [...]. In Italien zuerst verweht dieser Schleier in die Lüfte [...]; der Mensch wird geistiges Individuum und erkennt sich als solches.[5]

Auch wenn Burckhardt die Menschen des Mittelalters zu Unrecht mit leichtgläubigen Kindern verglich, ließ er die Gefahren außer Acht, die auf dem Weg zum selbstgeleiteten, sich seiner selbst bewussten Individuum drohen – Gefahren, die Cellini nur zu gut kannte.

Cellini litt unter dem Drang zu einem selbstbestimmten Leben. Von den Traditionen und schützenden Banden der Zunft befreit und auf sich allein gestellt, verfiel er oft ohne erkennbaren Grund in Angstzustände. Seine Kunst, so glaubte er, gebe ihm das Recht auf Anerkennung und genug Anlass, an sich selbst zu glauben, doch seine Träume waren von Angst erfüllt, denn er befürchtete, alles könne wie ein Kartenhaus in sich zusammenfallen.

Diesen Zustand mangelnder Verankerung bezeichnete der Soziologe Émile Durkheim später als »Anomie« und meinte damit das Gefühl der inneren Leere bei Menschen, die sich von der Stellung und vom Glauben der Eltern gelöst haben und ihr Leben selbst bestimmen. Auch für Pico war die Selbstformung keine reibungslose Entwicklung mit vorhersehbarem Ausgang. Es war eher so, als spähte man ins Dunkle. Und darin traf er sich mit Shakespeare – jenseits von *Wie es euch gefällt*.

In seinem *King Lear* zeichnet Shakespeare solche Selbstbehauptung als Einladung zur Katastrophe, etwa wenn Edmund im 1. Akt erklärt:

> Das ist die ausbündige Narrheit dieser Welt, daß, wenn wir an Glück krank sind – oft durch die Übersättigung unsres Wesens –, wir die Schuld unsrer Unfälle auf Sonne, Mond und Sterne schieben […]. Eine herrliche Ausflucht für den Lüderlichen, seine hitzige Natur den Sternen zur Last zu legen![6]

Auch Pico fürchtete dieses Übermaß an Ichbezogenheit, denn er war ein frommer Christ, für den der Mensch ohne die Führung Gottes das sittlich Richtige nicht zu erkennen vermochte. Dennoch glaubte er an den »Menschen als seinen eigenen Schöpfer« in dem Sinne, dass er die Verantwortung für sein Leben übernehmen und intensiv darüber nachdenken solle, wer er ist, statt sich blind auf Glaube oder Tradition zu verlassen. Er solle so handeln, als wäre er frei, selbst eine Wahl zu treffen – ein Stück

Zen-Weisheit, das Pico gut verstanden hätte. Es sollte zum Ethos des modernen Existenzialismus werden. Versuche, selbst über dein Leben zu bestimmen, als wärst du frei, auch wenn dich das wie bei Cellini deprimiert oder beängstigende Umstände dir im Wege stehen. Versuch es!

Auf einer weniger metaphorischen Ebene gibt es auch einen Unterschied zwischen Jacques' »nichts ändert sich jemals« und Picos »der Mensch erschafft sich selbst«. Jacques spricht letztlich von Ritualen – denselben Rollen, die Generation für Generation immer wieder gespielt werden. Bei Pico geht es eher um die sich verändernden Lebensweisen in den Städten.

SELBSTINSZENIERUNG AUF DEN STRASSEN Shakespeares London war voller Fremder und Zuwanderer, die im Verlauf der vergangenen dreihundert Jahre die Bevölkerung der Stadt beträchtlich hatten anwachsen lassen. Wie im damaligen Venedig oder im modernen New York war das interne Bevölkerungswachstum geringer als der Zustrom von außen. Und wie stets bei solchen Migrationsbewegungen versuchten die Zugewanderten, ihr Leben neu zu gestalten. Im London der Renaissance war die Selbstinszenierung gelegentlich Betrug. Migranten stahlen die Identität alteingesessener Einwohner und gaben sich als Mitglieder von Zünften aus, denen sie gar nicht angehörten.

Anfang des 15. Jahrhunderts hatten Zünfte in London begonnen, unterschiedliche Kleidung zu tragen, an der ihre Mitglieder auf der Straße erkannt werden konnten – eine Schärpe, ein Halstuch oder ein Abzeichen zeigten an, dass man Zimmermann, Bäcker oder Goldschmied war. Diese Kleidung brachte eine gewisse Ordnung in das öffentliche Leben. Die anderen mochten zwar nicht wissen, wer man war, aber immerhin wussten sie, welcher Tätigkeit man nachging. Im Verlauf der nächsten drei Jahrhunderte wurden viele dieser Kleidungsstücke oder Abzeichen auch von Menschen übernommen, die kein Recht hatten, sie zu tragen. Auf dem Flohmarkt konnte ein Zugewanderter die Abzeichen eines verstorbenen Zunftmitglieds kaufen, und in entlegenen Gassen der Stadt fand sich mit Sicherheit ein zwielichtiger Schneider, bei dem er die Schärpe einer Zunft anfertigen lassen konnte. Solche Fälschungen ermöglichten es den Zugewanderten, in Geschäften anschreiben zu lassen, in der Kirchengemeinde Anerkennung zu finden und dem Nachtwächter zu antworten, wenn der rief: »Wer da?« Um zu überleben, mussten junge Zuwanderer mehr als eine Rolle spielen. Wenn er eines Tages als falscher Schneider entlarvt wurde, erschien er am nächsten Tag als Angehöriger der Hüttenarbeiterzunft.

Betrüger konnten zum Teil deshalb auch mit vielfältigen Betrügereien durchkommen, weil London so stark gewachsen war, dass die Leute in den Zünften nicht mehr jedes Mitglied persönlich kannten. Dennoch erforderten solche Betrügereien ein gewisses Geschick. Wenn er gefragt wurde, und sei es auch nur in einem lockeren Gespräch, musste der Straßenschauspieler glaubhafte Referenzen für sein Handwerk anführen können, ohne allzu genau zu sagen, was er tat. Es war wie beim Schauspielunterricht – der Schauspieler lernt, eine Rolle zu spielen. In London gaben Zuwanderer sich am besten als Goldschmiede oder dergleichen aus, da deren Gilden wegen der Expansion der Metallbearbeitung ständig zahlreiche neue Mitglieder aufnahmen. Welche Handwerke zur Goldschmiedekunst gehörten, war nicht genau festgelegt und kodifiziert. Bei den älteren Gilden war eine derartige Verkleidung nicht so leicht möglich, da deren Tätigkeiten recht gut bekannt waren, sodass sich unschwer erkennen ließ, ob Leute, die sich in die Tracht eines Handwerks kleideten, diese Tätigkeiten auch tatsächlich auszuüben verstanden.

Bei diesem Straßentheater ging es um sehr viel. War der Betrug erfolgreich, konnte er einem die rechtliche Freiheit bringen. Auf dem Lande hielten die Feudalherren ihre Leibeigenen ein Leben lang in ihrem Besitz. Gelang es jemandem, ein Jahr und einen Tag lang in der Stadt zu bleiben, konnte der Herr keinen Besitzanspruch mehr auf ihn geltend machen. Diese Regel verlieh der mittelalterlichen Redewendung »Stadtluft macht frei« ihr Gewicht. Die Behörden innerhalb der Stadt waren den Zuwanderern allerdings nicht wohlgesinnt. Man musste schon möglichst unauffällig bleiben. Die Kleidungsstücke und Abzeichen, die signalisierten, dass man einer Zunft angehörte und einer einträglichen Arbeit nachging, halfen den Zugewanderten bei der Abschirmung gegenüber den Behörden, die ständig nach auffälligen Leuten Ausschau hielten.

Solcher Straßenschwindel ist keine Besonderheit der Renaissance. Balzac zum Beispiel hätte ihn sogleich durchschaut. Seine im zweiten und dritten Jahrzehnt des 19. Jahrhunderts in Paris angesiedelten Romane sind voller Figuren, die sich einen falschen Anschein geben. Ein mittelloser junger Mann aus der Provinz, der sich wie ein junger Börsenmogul gibt, oder ein Krimineller aus den Armenvierteln, der sich an die Macht prügelt: Balzac ersinnt zahlreiche Figuren dieser Art, die sich in dieser Weise selbst erfinden. Vautrin, der Kriminelle, der sich in einen Polizeibeamten verwandelt; Lucien de Rubempré, der ungehobelte Klotz aus der Provinz, der sich als eleganter Städter geriert. Jeder seiner Romane arbeitet mit Figuren, die sich in der Stadt Masken ihrer selbst zulegen. Ein aus Fremden bestehendes Publikum kann nicht wissen, ob diese Rollen wirklich darstellen, wer der Betreffende ist; es kann sein Urteil lediglich auf die Darbietung selbst stützen.

Die jungen Schwindler in Shakespeares London besitzen allerdings eine Eigenschaft, die sie in einem besseren Licht erscheinen lassen als Balzacs geld- und machtgierige Selbstdarsteller. In London war die Identitätsmaske mehr als bloßer Schwindel. Die Selbstdarsteller entwickelten mit der Zeit eine ganz spezielle Bindung an ihre Rolle. Sie trugen die Schärpen, Halstücher und Abzeichen auch nach Ablauf des Jahres weiter, als die Gefahr vorüber war. Ihre Schauspielerei gab ihnen eine Identität, die sie schätzten, obwohl sie falsch war. Wie Judas auf Caravaggios Gemälde identifizierten sie sich mit ihrer Rolle.

Ein Leben auf der Bühne

Menschen, die beruflich in den darstellenden Künsten arbeiten, können ihren Lebensunterhalt auf zweierlei Weise verdienen. Ihre berufliche Laufbahn bringt ihr inneres Potential langsam zur Entfaltung, oder ihre Kunst entwickelt sich in unregelmäßigen Schüben.

SCHRITTWEISE ENTFALTUNG Als Jakob I. 1603 nach dem Tod Elisabeths König von England wurde, markierte ein bestimmter Tanz den Herrschaftswechsel. Maskenspiele waren traditionelle Darbietungen, die Tanz, Gesang, Rede und Kostümierung miteinander verbanden, um das Erreichen der Mündigkeit eines jungen Menschen in einer wohlhabenden Familie oder den Wechsel der Herrschaft eines Gutshofes zu feiern. Diese Darbietungen wurzelten in einem alten Ritual, bei dem Maskierte einer Familie anlässlich einer Geburt oder Hochzeit einen Besuch abstatteten, Lebensmittelgeschenke überreichten und Aufführungen darboten. Das Feiern, das die ganze Nacht andauern konnte, fand erst dann ein Ende, wenn die Feiernden beschlossen, die Masken abzulegen. Die neue Herrschaft im Königshaus veranlasste einen Wandel in der Kunst, und die Maskenspiele wurden zu einer Domäne professioneller Darsteller. Ihre gründliche Vorbereitung und Inszenierung erforderten äußerst fähige Tänzer, Kostümbildner, Dekorateure und Bühnenbildner.

Zu denen, die diese beruflichen Chancen ergriffen, gehörte der junge Inigo Jones. Er hatte keinerlei handwerkliche Ausbildung erfahren; sein Vater war Textilarbeiter und Tuchhändler gewesen. Die Anfertigung von Kostümen für die Bühne war in der Rangskala der Berufe sogar noch tiefer angesiedelt, weil es keine Gilden gab, die den dort Tätigen Schutz geboten hätten. Möglicherweise hatte Jones einen Abstieg in dieses Berufsfeld hinter sich. Als er jedoch erst einmal in der Kostümbildnerei arbeitete, verwandelte er sie und erhob sie in den Rang einer Veranstaltung von Maskenfesten. Er entwarf extrem extravagante, an David Bowie erinnernde Kostüme, mit langen Straußenfedern auf den Helmen der Männer und zahllosen Perlenketten über dem Busen der Frauen. Mit Hüten und Helmen, Umhängen und Gewändern, Sandalen und Stiefeln schuf er eine regelrechte Architektur des Körpers.

Seine erste Reise nach Italien unternahm der junge Jones 1603, um die dort bereits aufgekeimten Schöpfungen und Ideen in sich aufzunehmen. In der Nähe von Venedig konnte er Palladios Werk studieren und Kontakt zu Giulio Parigi aufnehmen, der in Florenz als Architekt und Bühnenbildner wirkte. Diese Erfahrungen brachte Jones mit nach Hause und entwickelte sie Schritt für Schritt weiter.

Den größten Schritt unternahm er, als er beim Bau der Banqueting Hall 1619–1620 das Theater zur Leitlinie der Architektur nahm – ein Gebäude, das für Maskenspiele und Bankette genutzt wurde und in dem er die Darbietenden ganz im Stil seiner Bowie-Fantasien kostümierte. Danach ging er vom Bau einzelner Gebäude zur Stadtplanung über, insbesondere mit Covent Garden, dem ersten regelrecht gestalteten Platz in England, einem offenen Marktplatz, auf drei Seiten von diversen Gebäuden, auf der vierten von einer Kirche begrenzt. Jones entwarf Covent Garden auf der Grundlage seiner Erfahrungen mit Theatern in Italien. Daher hatte das Ensemble Ähnlichkeit mit einem großen Bühnenbild. Er hatte sich inzwischen jedoch schon weit über Parigi hinausentwickelt und gestaltete Covent Garden nicht nach Art der engen, geschlossenen öffentlichen Räume des Italieners, sondern offen und durchlässig.

Es gibt keinerlei Hinweise, dass Jones von Picos *Rede über die Würde des Menschen* gehört oder sie gar gelesen hätte. Sein Leben war jedoch ein Paradebeispiel für den sich selbst erschaffenden Menschen. Die Geschichte seines Lebens war die einer ständigen Fortentwicklung, wobei er unablässig seine Horizonte und Schöpfungen erweiterte. Dass ein Künstler sich im Laufe seines Lebens wie eine sich öffnende Blüte entwickelt, war in der Renaissance etwas Neues. In den traditionellen Zünften entwickelten Wissen und Fertigkeiten sich eher über Generationen als im Verlauf eines einzelnen Lebens. So dauerte es gut achtzig Jahre, bis die Schneider lernten, wie man Kleidung schräg zuschneidet. Nun beschleunigte sich die Entwicklung. Innerhalb der Lebenszeit eines einzelnen Menschen, eines einzelnen Künstlers konnte sich ein kompletter Wandel vollziehen, wie bei den von Jones entworfenen Kostümen für Maskenspiele. Darin ähnelt der Lebensweg von Jones dem von Cellini wie auch dem von Stradivari, dem meisterhaften Instrumentenbauer, der sich bis ins hohe Alter hinein weiterentwickelte.

SCHUBWEISE ENTWICKLUNG Die Entfaltung seiner selbst bedarf eines nährenden Rahmens, der ein Gedeihen der inneren Fähigkeiten ermöglicht. Die Zünfte waren traditionell den Männern vorbehalten. Dasselbe galt für das Theater. Auch dieser Raum gehörte den Männern.

Wenn Frauen dort ihren Lebensunterhalt verdienen wollten, mussten sie sich ihren Platz stärker erkämpfen, und der Weg zum Erfolg war weitaus steiniger. Dennoch bot die Bühne den Frauen in der Renaissance eine Chance, sich zu Darstellerinnen zu entwickeln.

Bis zur Mitte des 16. Jahrhunderts wurden weibliche Rollen von »bartlosen Jünglingen und scharf rasierten Männern« gespielt, wie Goldoni es später ausdrückte. Die katholische Kirche war überzeugt, dass Schauspielerinnen, so erklärte die Inquisition, sich entweder wie Huren verhielten oder tatsächlich Huren waren. Dieses Vorurteil hielt sich länger auch in der protestantischen Welt, von Shakespeares Zeiten bis hin zu Congreves Theater im 18. Jahrhundert, weshalb weibliche Rollen weiterhin oft *en travesti* gespielt wurden.[7]

Auch die musikalischen Darbietungen wurden von Männern beherrscht. Wie Paulus erklärt hatte, »sollen die Frauen in den Versammlungen schweigen« (1. Korinther 14.34). Deshalb wurden die Sopranstimmen in der Kirchenmusik sowie in Madrigalen und Motetten von Knaben vor Eintritt des Stimmbruchs gesungen. Bei den Erwachsenen übernahmen Countertenöre die hohen Stimmlagen, doch sie verfügen über eine andere Farbpalette als Knaben, die Altstimmen singen. Kastraten brachten eine weitere Schattierung hoher Stimmen ein. Doch keine dieser Stimmen konnte mit der einer Frau verwechselt werden.

Offen für Frauen waren im Instrumentalbereich das Virginal und die Laute. Das Virginal ist ein kastenförmiges, oft wunderschön bemaltes Instrument, dessen Klaviatur parallel zu den meist in der Mitte gezupften Saiten verläuft. Vermeers um 1670 entstandenes Gemälde *Junge Frau, an einem Virginal sitzend*, zeigt eine Frau, die in einem Zimmer an diesem Instrument sitzt (tatsächlich handelt es sich um ein Virginal, das eher wie eine Flöte klingt und als Muselar bezeichnet wird). Das recht leise Instrument war nur in solch einer Umgebung hörbar, und dieser geschützte Raum entsprach nach Ansicht der Zeit der weiblichen »Bescheidenheit«.

Eine neue Kunstform mischte diese Geschlechtertrennung auf. Die Commedia dell'arte nahm ihren Anfang in Verballhornungen und satirischen Darbietungen, die von Spielern aus höheren Kreisen organisiert wurden. In Venedig heuerten Vereine junger Adeliger – wegen der engen

Hosen ihrer Mitglieder »Strumpfhosen-Gesellschaften« genannt – ab 1487 Gaukler, Tänzer, Musiker und Schauspieler beiderlei Geschlechts für Stegreifaufführungen sowohl in ihren Palazzi als auch auf öffentlichen Plätzen an. Die Bezeichnung »Commedia dell'arte« prägte später, wahrscheinlich 1707, Carlo Goldoni zur Kennzeichnung der inzwischen mehr als zwanzig Komödiantengruppen, die Tanz, Musik und Parodien miteinander verbanden.

Zur Infragestellung der Geschlechterrollen gesellte sich der Drang zu Spott und Hohn. Die burlesken Tragödien machten sich über Politiker lustig, waren gespickt mit Furzwitzen und anzüglichen Bemerkungen über die Größe von Schwänzen und Brüsten. Mit wachsender Erfahrung verbesserten sie ihre schauspielerischen Fähigkeiten und verfeinerten den Spott zu einer hohen Kunst. Eine Schauspielertruppe mit Namen »Jungfürsten« lebte davon, jene Elite zu parodieren, der sie ihre Förderung verdankte.[8]

Ein Aspekt der Commedia dell'arte berührte die Selbstdarstellung der Frauen in der Stadt. Da es sich um eine Volkskunst handelte, die gelegentlich an Straßenecken improvisiert wurde (die Renaissance-Version der Pop-up-Art), hatten Kirche und Behörden weder die Macht noch auch wirklich ein Interesse, solche zeitweiligen Ausbrüche zu verhindern. Das Pop-up-Theater eröffnete den Frauen gewisse Möglichkeiten. Ab der Mitte des 16. Jahrhunderts begannen Ehefrauen, für ihre erkrankten Ehemänner einzuspringen, oder wurden eingesetzt, um die schiere Zahl der Leute auf der Bühne zu erhöhen. In den fünfzehnhundertsiebziger Jahren war die Revolution der Frauen, die Frauen spielten, voll im Gange.

Dieser Wandel fand seine besondere Verkörperung in der Person der Isabella Andreini. Sie heiratete 1578 in eine Gruppe von Schauspielern der Commedia dell'arte ein, die unter dem Namen Compagnia dei Gelosi berühmt wurde. In den folgenden Jahrzehnten wurde sie zu einer ausgezeichneten Schauspielerin für tragische Rollen und verwandelte sich dann in eine Bühnenautorin. Ein Zeitgenosse, Giuseppe Pavoni, staunte über ihre Fähigkeit, andere Schauspieler nachzuahmen und ihr Spiel mit sexuellen Anspielungen aller Art zu würzen. Sie improvisierte auch im kruden Bühnengeschäft, etwa in einem Sketch, der das Dröhnen des antiken Gottes Saturn durch Fürze darstellte. Diese Freiheit zum Vulgären war ein Kennzeichen der Gleichheit zwischen den Geschlechtern. Anzügliche Bemerkungen und Witze hatten auch schon vorher zu Frauenrollen in der Commedia dell'arte gehört, doch bislang waren diese Rollen von Männern gespielt worden. Es war verblüffend, dass eine Frau, die auf der Bühne ein Fischweib spielte, dort auch wie eine reale Fischhändlerin auf dem Fischmarkt fluchte. Die Schauspielerin stellte sich selbst als Frau dar.

Andreini wollte auf der Bühne jedoch mehr sein als das. Sie kämpfte für die Möglichkeit, auch in Tragödien aufzutreten, und später dafür, dass ihre eigenen Stücke auf die Bühne gebracht wurden. Obwohl sie forsch und angriffslustig war, fühlte sie sich doch oft von der Welt überwältigt. Sie war häufig deprimiert und hatte das Gefühl, nicht verstanden zu werden. Ihr Weg unterschied sich deutlich von dem eines Inigo Jones, der sich – zumindest soweit wir das aus seinen Werken erschließen können – reibungslos in linearer Weise entwickeln konnte.

Andreini traf auf ein tiefverwurzeltes Vorurteil, von dem auch manche männlichen Schauspieler betroffen waren. In der antiken westlichen Welt konnten einzig Künste, die in der Sprache gründeten, eine privilegierte elitäre Stellung beanspruchen – insbesondere die Dichtung. In Athen lernte jedes Kind der Oberschicht, Passagen aus Homer auswendig aufzusagen. Ein ähnliches Ansehen genossen bestimmte Texte für das Theater. So wurde Sophokles mehrfach mit hohen Ämtern in der Finanz- und Militärverwaltung der Stadt geehrt. Tänzer und Musiker waren dagegen Dienstleute oder Sklaven; ihre Kunst wurde genossen, doch ihre Person zählte nicht viel. In der Renaissance waren sie sichtbarer, doch solche Sichtbarkeit konnte auch eine Gefahr sein.

Überleben

Die Akteure der Commedia dell'arte überschritten Grenzen. Sie machten sich über politisch Mächtige lustig. Um der Peitsche des Herrn zu entgehen, mussten sie bei ihrem Spott allerdings indirekt vorgehen und auf Anspielungen statt auf direkte Konfrontation setzen. Die Anspielungen mussten so formuliert werden, dass der Schauspieler sich notfalls herausreden konnte. In Amerika sprachen afrikanische Sklaven einen Pidgindialekt, den ihre Herren nur teilweise verstanden, sodass er den Sklaven die Möglichkeit bot, Konflikten aus dem Weg zu gehen. Die Schauspieler der Commedia dell'arte stützten sich bei ihren Grenzüberschreitungen oft auf nonverbale Gebärden, Kostüme und die Positionierung auf der Bühne. Solche Anspielungen verstanden die Mächtigen allerdings nur allzu leicht.

Die Gelosi waren von aristokratischen Förderern abhängig, die selbst so angesehene Schauspielerinnen wie Andreini demütigen konnten. So hatte der an einer Wirbelsäulenverkrümmung leidende Herzog von Mantua 1582 drei Schauspieler der Truppe zum Tode verurteilt, weil sie sich über ihn lustig gemacht hatten; sie sollten in gebückter Haltung gehängt werden, damit sie so klein wirkten wie er. Zum Glück rissen bei der Hinrichtung die Stricke. Der Herzog vergaß schließlich die Delinquenten, nicht aber die Macht der Bühne, ihn zu beleidigen. Nach einer Pantomime, die er als allzu »zugespitzt« empfand, entließ er Andreini aus seinen Diensten. Sie hatte sich den Schoß massiert, während sie sich tief vor seinen Höflingen verbeugte. Diesmal verzichtete er auf die Todesstrafe, doch sie musste vor ihm kriechen, als flehte sie ihn um ihr Leben an.[9]

Die Geschichte der Demütigung hochrangiger Musiker durch ihre Förderer reicht von Bach bis Mozart und bis in unsere Zeit hinein. In der späteren Renaissance führte die Macht der Förderer unter anderem dazu, dass die eher volkstümliche Kunst auf den Straßen nach Sicherheit suchte und Darbietende sich für die Alternative entschieden, vor einem größeren Publikum zu spielen, das für die einzelne Vorstellung zahlte. In der

Theorie hätte das ein großer Fortschritt sein können, da die Künstler sich Freiheit schufen, indem sie ihre Kunst auf dem offenen Markt verkauften. In der Theorie.

Isabella Andreini starb 1603. Ihre Theatertruppe bestand nur so lange, wie sie lebte. Einer ihrer Söhne, Giambattista, gründete Anfang 1604 eine neue Truppe, die Fideli, die fast ein halbes Jahrhundert Bestand hatte. Wie andere Theatertruppen gingen die Fideli auf die Straße, um den Gefahren eines einzelnen Schirmherrn aus der Oberschicht zu entgehen, und reisten von Stadt zu Stadt. Zuweilen fanden sie ein leerstehendes Theater, ansonsten improvisierten sie auf freien Plätzen. Fahrende Schauspieler wurden in Italien, Frankreich und England als »Herrenlose« eingestuft. Diese Bezeichnung mag den Eindruck erwecken, sie wären in einem positiven Sinne freie Menschen gewesen, doch in Wirklichkeit wurden die »Herrenlosen« als gesetzlose Vagabunden behandelt. Genau deshalb legten sich junge Männer, die in die Stadt zogen, Kleidung oder Abzeichen von Zünften zu, um damit zu zeigen, dass sie keine »Herrenlosen« waren, sondern einer Institution angehörten. Keine Stadt war sonderlich erpicht darauf, »herrenlosen« Künstlern einen Platz für ihre Vorstellung anzubieten, weshalb Theatertruppen in der ersten Hälfte des 16. Jahrhunderts meist Orte wählten, die sie rasch auch wieder verlassen konnten.

Das Reisen schadete ihrer Kunst. Das Publikum der Commedia dell'arte verlangte gut eingespielte Routinen, und fahrende Schauspieler konnten es sich nicht leisten, ihre Zuschauer durch die Aufführung sonderbarer, anspruchsvoller oder unerquicklicher Stücke zu vergraulen. Andreinis Nachfolger wiederholten genau dieselben Furzwitze, die sie einmal spontan von sich gegeben hatte, denn damit konnten sie das Publikum todsicher zum Lachen bringen. Neuerungen in Kostüm und Maske verkümmerten. Im frühen 16. Jahrhundert gab es die Maske des Dottore, einer Figur der Commedia dell'arte, in zahlreichen Abwandlungen. Ende des Jahrhunderts war diese Maske standardisiert. Vor allem aber mussten die Darsteller sehr darauf achten, nicht das Missfallen der Behörden zu erregen, die keine Fremden in der Stadt haben wollten. Deshalb unterließen sie politische Sticheleien und allzu deutliche Anspielungen, wie Andreini sie geschätzt hatte. Die Qualität ihrer schauspielerischen Leistung bot keinen Schutz. Wenn überhaupt, galt: je origineller und kraftvoller ihr Spiel, desto größer die Bedrohung, die sie empfanden. Von der Schirmherrschaft der Aristokraten oder Fürsten »befreit«, drängte der Markt sie zu Konformismus. Ihr Dasein als freie Künstler wurde zu einer Gefahr für ihre Kunst.

KOLLEKTIVER SCHUTZ »Heute hier, morgen dort«, schrieb 1623 Domenico Bruni, ein Mitglied der Fideli; »ständig nur in Wirtshäusern leben … Ich wollte, mein Vater hätte mich einen anderen Beruf erlernen lassen.« Der zweite Kommentar ist hier am aufschlussreichsten. Theatertruppen hielten zusammen, um sich gegen die mit ihrer Freiheit verbundenen Demütigungen zu wappnen, und bildeten dabei gleichsam eine Familie. Zwar wechselten Schauspieler gelegentlich von einer Truppe zur anderen, doch die Familienbande bildeten die berufliche Kerneinheit der Schauspieler. Die Familie allein reichte jedoch nicht aus, um sie vor dem Markt zu schützen.

In London und Venedig, den beiden Theaterhauptstädten der Renaissance, bemühten die Schauspieler sich auf unterschiedlichen Wegen um einen gewissen Schutz.

In London schufen sie eine institutionelle Mischform, die aus Förderern, den Familien und nichtverwandten Schauspielern bestand. Der erste Baron Hudson und sein Sohn bauten Mitte des 16. Jahrhunderts schrittweise eine Theatergesellschaft namens Lord Chamberlain's Men auf, die Schutz vor den Demütigungen eines einzelnen Förderers bot, da es sich um eine Aktiengesellschaft handelte, in die jeder – einschließlich der Schauspieler dieser Truppe – investieren konnte. James Burbage gründete 1576 die erste eigens für Theateraufführungen gedachte Spielstätte in London, schlicht The Theatre genannt, die er teilweise selbst besaß und an seinen Sohn vererbte, die jedoch auch anderen Investoren offenstand. Shakespeares 1599 erbautes Globe befand sich weitgehend im Besitz der Schauspieler, die teilweise auch in Lord Chamberlain's Men investierten.

Diese Mischformen begrenzten das finanzielle Risiko, trugen jedoch kaum zur Stabilisierung des Theaters bei. Das Globe, das überlebte, bis die Puritaner es 1642 schlossen, war die Ausnahme, die als Bestätigung der Regel dienen kann. Da man vom Verkauf der Eintrittskarten an ein wankelmütiges Publikum abhängig war, schwankte das Schicksal der meisten Spielstätten ebenso wie das der reisenden Schauspielertruppen.[10]

Die andere Form des Schutzes entstand eine Generation nach Shakespeare in Venedig und war stärker. Hier sorgte der Staat für eine Institutionalisierung des Marktes. Die Stadt betrieb Theater, die jedem offenstanden, der sich eine Eintrittskarte leisten konnte, und in diesem Sinne waren auch die städtischen Theater auf den Markt angewiesen. In Venedig wurde die erste dieser Spielstätten 1637 eröffnet. Die staatlichen Theater konnten den Schauspielern immerhin schriftliche Verträge bieten und ab 1682 sogar Festanstellungen, die unabhängig vom Verkauf der Eintrittskarten waren. Dasselbe galt für die 1680 in Paris eröffnete Comédie-Française. Auch staatlich geförderte Kunst konnte gelegentlich offen für schöpferische Innovation sein. Monteverdis großartige und innovative *L'incoronazione di Poppea* wurde in solch einem neuen, vom Staat betriebenen Theater uraufgeführt – die Bürokraten nahmen die absehbaren Verluste offenbar aus Prestigegründen in Kauf. Die persönlichen Demütigungen durch Aristokraten verschoben sich in Richtung eher unpersönlicher Diktate von Bürokraten mit ihren endlosen Ausschusssitzungen, ihren Eifersüchteleien und ihrem Gezänk, die sich hinter einem Schleier rationaler Verwaltung verbargen.

Die Selbstinszenierung der Renaissance sah also ganz anders aus als die von Burckhardt gefeierte befreite Individualität. Im Bereich der schauspielerischen Darstellung war das »Ich« eine verdrehte Angelegenheit. Die Melancholie, die Jacques für das Wesen der Selbstdarstellung hielt, war Betrug. »Die ganze Welt ist Bühne« bedeutete in seinen Augen, dass alle Menschen Generation für Generation Schauspieler in einer Tragikomödie waren, die sie nicht selbst ersonnen hatten. Picos Behauptung, dass der Mensch sein eigener Schöpfer sei, implizierte, dass er für sein Leben selbst verantwortlich war, und darin erkannte er selbst eine Last für die Menschen, die von den meisten nicht getragen werden könne. Die Stadt des Spätmittelalters und der Renaissance gewährte dem Individuum zwar Freiheit: »Stadtluft macht frei.« Durch Betrügereien vermochten die jungen Leute, die in der späteren Renaissance nach London zogen, diese Freiheit zwar nach einem Jahr und einem Tag zu erlangen, doch dadurch banden sie sich an Rollen, die sie als Mitglieder einer Körperschaft, der Zunft, auswiesen, statt dass sie als »Herrenlose« gegolten hätten.

Auf dem Gebiet der Darstellung entfaltete sich die Entwicklung des eigenen Selbst nach Art einer Blüte wie bei Inigo Jones, der Weg konnte jedoch auch schwieriger und voller Umwege sein wie bei Andreini und ihren Nachfolgern. Diesen Weg gingen damals wie heute die meisten Künstler. Ihre Selfmade-Karrieren bewahrten die Reisenden nicht vor Demütigungen und der Herabwürdigung ihrer Kunst. Vielmehr reisten sie von einem Herrschaftsbereich in den anderen, von Spielstätten, an denen ein Autokrat herrschte, zu solchen, die vom kapitalistischen Markt regiert wurden. Beides konnte ihre Kunst herabwürdigen. Der kollektive Widerstand durch die Gründung von Aktiengesellschaften brachte keine Stabilität in ihr Leben. Staatliche Bürokratien taten dies, aber sie hatten ihren Preis: Die Fantasie geriet unter die Kontrolle von Ausschüssen.

DIE GANZE WELT IST BÜHNE

(gesprochen von dem Melancholiker Jacques)

Die ganze Welt ist Bühne
Und alle Fraun und Männer bloße Spieler.
Sie treten auf und gehen wieder ab,
Sein Leben lang spielt einer manche Rollen
Durch sieben Akte hin. Zuerst das Kind,
Das in der Wärtrin Armen greint und sprudelt;
Der weinerliche Bube, der mit Bündel
Und glattem Morgenantlitz wie die Schnecke
Ungern zur Schule kriecht; dann der Verliebte,
Der wie ein Ofen seufzt, mit Jammerlied
Auf seiner Liebsten Braun; dann der Soldat,
Voll toller Flüch und wie ein Pardel bärtig,
Auf Ehre eifersüchtig, schnell zu Händeln,
Bis in die Mündung der Kanone suchend
Die Seifenblase Ruhm. Und dann der Richter
Im runden Bauche, mit Kapaun gestopft,
Mit strengem Blick und regelrechtem Bart,
Voll weiser Sprüch und Allerweltssentenzen
Spielt seine Rolle so. Das sechste Alter
Macht den besockten, hagern Pantalon,
Brill auf der Nase, Beutel an der Seite;
Die jugendliche Hose, wohl geschont,
'ne Welt zu weit für die verschrumpften Lenden;
Die tiefe Männerstimme, umgewandelt
Zum kindischen Diskante, pfeift und quäkt
In seinem Ton. Der letzte Akt, mit dem
Die seltsam wechselnde Geschichte schließt,
Ist zweite Kindheit, gänzliches Vergessen,
Ohn Augen, ohne Zahn, Geschmack und alles.

Wie es Euch gefällt – II. Akt, 7. Szene

7 EIN KLEIDERWECHSEL

Selbstinszenierung führt zu Neuerungen in der äußeren Erscheinung

Tragische Kleidung

Hätte Sebastiano Serlio in den frühen Jahren der Renaissance in Venedig gelebt, wäre er Zeuge einer tragischen Szene geworden, die sich auf den Straßen abspielte, und zwar in der Art, wie die Menschen sich kleideten. Ihr Aufzug war nicht mehr zu trennen von der großen Tragödie in ihrem Leben: der Ankunft der Pest. Die Commedia dell'arte machte sich über die von Kummer und Leid geprägte Kleidung lustig, wie sie sich auch über die Macht lustig machte.

DIE PEST Im 15. Jahrhundert war Venedig die größte Weltstadt Europas. Hauptsächlich aufgrund ihrer Lage am Meer verband sie Europa mit dem Fernen Osten, aus dem man Gewürze und Tuche importierte. Die Stadt finanzierte den Sklavenhandel in Afrika und sorgte dafür, dass Lebensmittel, Handwerkstechniken und geschickte Handwerker aus dem Mittelmeerraum nach Nordeuropa gelangten. Im Rahmen der Globalisierung des Geldes kamen Menschen in die Stadt, um dort Handel zu treiben, und 1507 war Venedig die einzige Stadt Europas, in der mehr Fremde als Einheimische lebten. Damit importierte sie jedoch auch Krankheiten aus aller Welt – vor allem die Pest, eine städtische Krankheit, die überall dort auftrat, wo Menschen eng gedrängt zusammenleben. Dabei wurde die Lage in Venedig noch durch das faulige Wasser in den Kanälen und eine entsprechend riesige Rattenpopulation verschlimmert.[1]

Damals wusste man nicht, dass Ratten Überträger der Seuche sein konnten, sondern glaubte an eine Übertragung durch die Atemluft. Wie man in der modernen Covid-Pandemie vor allem auf Isolation setzte, so flohen damals Menschen aus der Stadt, sobald erste Anzeichen der Pest auftauchten. Die Ärzte durften die Stadt indessen nicht verlassen, und sie kamen in direkten Kontakt mit Patienten, bei denen sie sich aus bislang unbekannten Gründen anstecken konnten.

MASKE UND GEWAND DER ÄRZTE Die Ärzte schützten sich damals wie das medizinische Personal heute weitgehend durch Masken und Ganzkörperverhüllungen, doch diese Masken waren gänzlich anderer Art als die heutigen. Ihre Masken bedeckten das ganze Gesicht und besaßen als Nase einen langen vogelähnlichen Schnabel, durch dessen Nasenlöcher die Ärzte atmeten. Sie bestanden aus zwei Arten von Material: aus Leder, wenn sie gewöhnliche Patienten zu behandeln hatten, aus Pappmaschee beim Umgang mit ansteckenden Krankheiten. Die Pappmascheemasken konnten nach einmaligem Gebrauch weggeworfen werden. Sie gingen zurück auf den persischen Arzt Ibn Sina, im Westen meist Avicenna genannt, der durch die Luft übertragene Ansteckungskrankheiten erforscht hatte. Ibn Sina glaubte, der Atem eines Pestkranken trete in eine Wechselwirkung mit fauligen Dünsten im Körper des Arztes. Er meinte, die Schnabelmaske verringere die Gefahr, dass infizierte Luft in die Lungen geriet.

Die Robe der Ärzte sollte einen gewissen Schutz bieten. Sie verhüllte seinen Körper bis hinunter zum Boden – ja schleifte in Falten sogar über den Boden, damit keine Dünste an seinen Körper gelangen konnten. Sie bestand aus einem dicken, dichten, möglichst undurchlässigen Stoff, man schwitzte darunter also sehr. Obwohl die Roben sehr oft gewaschen wurden, stanken die Ärzte.

Diese Berufskleidung war an sich simpel, dafür aber auch weitgehend nutzlos. Komplizierter wurde es, wenn jüdische Ärzte zu Maske und Schutzkleidung griffen. Die 1492 aus Spanien vertriebenen Juden und Muslime strömten nach Venedig, wobei die Juden in größerer Zahl kamen und größere Ängste auslösten. Die Behörden beschränkten den Wohnort der Juden 1516 auf eine kleine Insel innerhalb der Stadt, die zuvor Gießereien beherbergt hatte. Die Juden wurden nachts in dem Ghetto eingeschlossen, und aus den Fenstern durfte kein Licht dringen.

Es war, als verschwände die jüdische Gemeinschaft buchstäblich im Dunkeln. Am Tag jedoch brauchte die Stadt die Juden, vor allem wenn sie Ärzte waren.

Sie brachten die Naturwissenschaften des Islam aus Spanien mit nach Venedig. Vor ihrer Vertreibung 1492 hatten jüdische und muslimische Ärzte enge Kontakte gepflegt. So erlernten etwa jüdische Ärzte von ihren muslimischen Kollegen die genaue Untersuchung des Augapfels. Ibn Sina hatte die elementaren Strukturen des grauen Stars entdeckt und eine erste chirurgische Behandlungsmethode entwickelt, während westliche Ärzte diese Erkrankung noch mit kalten Kompressen auf der Stirn behandelten. Wer seine Augenprobleme wirklich kurieren wollte, ging besser zu einem jüdischen Arzt.

Das brachte jedoch engen körperlichen Kontakt zu einem Juden mit sich – etwa wenn ein jüdischer Arzt den Augapfel eines Christen untersuchte. Im Christentum galt der Körper eines Juden als abstoßend, sein Blut als unrein, sein Atem als angefüllt mit fauligen Dünsten. Aus diesem Vorurteil ergibt sich eine andere Deutung der von Ärzten getragenen Maske. Die Schnabelmaske schützte nicht so sehr den Arzt vor der Infektion als vielmehr den Patienten vor der Verunreinigung, die angeblich von dem fremden Atem ausging. Die Pappmascheemaske mussten jüdische Ärzte in Anwesenheit eines Christen entsorgen, damit sicher war, dass sie die Maske wirklich weggeworfen hatten, statt sie wiederzuverwenden, um Geld zu sparen. In der gewöhnlichen medizinischen Praxis diente die Maske demselben prophylaktischen Zweck. Bei den meisten kulturellen Praktiken muss man Unreinheit und Reinheit zusammendenken, damit sie einen Sinn ergeben. In Venedig vermittelten die von jüdischen Ärzten getragenen Masken zwischen rein und unrein.[2]

Die Bekleidung des Arztes erlangte ihre Bedeutung in der schwersten Stunde des Lebens, den letzten Augenblicken vor dem Tod. Damals war der Tod ein öffentliches Ereignis, ein »choreografiertes Ritual«, wie der Historiker Philippe Ariès schreibt. Familienmitglieder, Freunde und Bedienstete füllten das Zimmer, und jeder wusste, wo er zu stehen, was er zu sagen, wann er zu weinen und wann er nicht zu weinen hatte.

Man hat einen Priester gerufen, der die Sterbesakramente spendet und neben dem Bett einer sterbenden Frau kniet, sie jedoch nicht berührt; genauso wenig, wie Familienmitglieder ihren Körper wenden oder waschen. Diese physischen Erleichterungen sind Aufgabe von Dienstmägden.[3]

Hinter dem knienden Priester steht bedrohlich ein Vogelmann, der Lederhandschuhe trägt. Er fühlt ihren Puls, öffnet ihren Mund, prüft den Geruch ihres Urins. Der fremdartige Vogelmann kümmert sich beim eigentlichen Übergang vom Leben zum Tod um den Körper der Frau. Die trauernden Familienmitglieder, die Freunde und der Priester verstehen nicht, was er da tut, denn es ist eine fremde, eine nichtchristliche Wissenschaft. Sobald die Frau jedoch verschieden ist, weist man den Arzt aus dem Zimmer, damit die Familie unter Anleitung des Priesters trauern kann.

Eine kurze, aber wichtige Anmerkung zu Masken

Wie Spielzeug, so ist auch die Maske des Arztes ein wirkmächtiges Objekt. Das griechische Wort für Maske, *prosopon*, dient zugleich der Bezeichnung des Gesichts. Machiavellis Unterscheidung zwischen Maske und Gesicht steht am Beginn unserer in mancher Hinsicht mehrdeutigen, in anderer Hinsicht eindeutigen Kultur. Im antiken Theater unterschied die Maske den Schauspieler vom Zuschauer. Die Zuschauer waren niemals maskiert. Sie waren ganz unmittelbar der Macht der Maskenträger ausgesetzt, ob nun in der Höhle oder auf der Bühne. Um die Blendung des Königs in *König Ödipus* hervorzuheben, trug der Schauspieler eine Maske mit vergrößerten Augenöffnungen. Trat der Schauspieler mit dieser Blindenmaske auf, gerieten die Zuschauer angeblich schon in Angst und Schrecken, bevor er auch nur ein einziges Wort gesprochen hatte, da man der Maske die fürchterliche Macht zuschrieb, all jene zu blenden, die sie anschauten.

Antike Masken wurden aus gesteiftem Leinen, Leder und Kork hergestellt und wiesen nur eine kleine Mundöffnung auf. Man glaubte, dank dieser kleinen Mundöffnung wirke die Maske wie ein Megaphon. Nach neueren Forschungen tendieren solche Masken jedoch eher zu einer Verstärkung der »Kopfstimme« (der Töne, die Schauspieler oder Sänger im oberen Teil der Luftröhre erzeugen), wodurch die Intensität, nicht aber die Lautstärke des Tones erhöht wird.

Ursprünglich gab es im griechischen Theater nur zwei Masken, eine für die Komödie, die andere für die Tragödie. Bei der Maske für die Komödie war der Mund satyrhaft lüstern und freudig nach oben geschwungen, bei der Maske für die Tragödie in Trauer nach unten gezogen. Alle Mitglieder des griechischen Chors trugen Masken, um sie vom Publikum abzusetzen, doch ihre im Ausdruck neutraleren Masken waren gleichartig, um den kollektiven Charakter des Chors als Kommentator hervorzuheben. Zu Zeiten des Aischylos zeigten die Masken ein vielfältigeres, den jeweiligen Rollen angepasstes Bild. Zwei oder drei Schauspieler konnten auf der Bühne zahlreiche Charaktere darstellen, indem sie verschiedene Masken aufsetzten. Und da im griechischen Theater nur Männer auftreten durften, verwandelten Masken dort Männer in Frauen. Die Maske besaß eine geschlechtsverändernde Macht.

Das lässt sich auch auf den außereuropäischen Bereich ausweiten. Bei den Senufo an der Elfenbeinküste werden aus Holz geschnitzte Masken mit halb tierischem, halb menschlichem Gesicht sowohl bei der Initiation als auch beim Tod von Männern eingesetzt. Werden sie beim Tod eingesetzt, signalisieren sie, dass ihr Träger einerseits selbst verwest und andererseits ein Heiler ist. Die etwas abstrakter bemalten, aus Holz und Faser hergestellten und bei Begräbnissen verwendeten Masken der Dogon in Mali besitzen selbst die Macht, zu heilen oder zu töten – ähnlich der Macht altgriechischer Masken. Im japanischen Nō-Theater – ein Jahrtausend jünger als das griechische Theater – brachten Fächer, die geöffnet oder geschlossen oder vor die Brust gehalten wurden oder mit denen man auf etwas zeigte, die Gefühle der jeweiligen Figur zum Ausdruck, während die Masken summarisch für bestimmte Figuren standen: Dämonen, junge Mädchen, Knaben, alte Männer. Der Fächer besaß im Nō-Theater dieselbe emotionale Kraft wie die griechische Maske – was

Menschen aus dem Westen vielleicht nur schwer nachvollziehen können, wenn sie heute eine Nō-Vorstellung besuchen. Das leiseste Zucken des Fächers kann derart beleidigend sein, dass eine andere Figur an Mord denkt.

Der Anthropologe David Napier findet die gewaltige Macht der Masken »seltsam«, denn hinter ihrem »unveränderlichen Gesicht« verändere eine Figur sich doch im Laufe eines Abends und wechsle von Wut zu Sorge oder Angst und wieder zu Mut. Auf einem nackten Gesicht seien solche Veränderung graphisch ablesbar, nicht aber auf einer statischen Maske. Allenfalls signalisiere eine Maske, welche Art von Figur man vor sich hat, sie vermittle jedoch nicht deren spezifische Entwicklung im Verlaufe der Handlung.[4]

Doch gerade das ist bei manchen Masken der springende Punkt, obwohl sie zum Beispiel keine bestimmten Angstgefühle auslösen wie bei der antiken Maske des blinden Ödipus. Sie können in anderer Weise aufregend sein. Wer steckt hinter der Maske? Wer ist die »reale« Person, die sich dahinter verbirgt? Ganz wie bei George Balanchines Ballettaufführungen, deren leerer farbiger Bühnenhintergrund die Fantasie der Zuschauer stimuliert. Napier verweist jedoch auf eine in der Renaissance erfolgte Veränderung in der Wirkmacht der Masken, aber auch der Kostüm- und Maskenbildnerei. Das Ethos des sich selbst erschaffenden Menschen veränderte die Bedeutung der körperlichen Escheinung auf der Bühne.

Die Kleidung in der Komödie

DIE MASKE DES DOTTORE Die Maske der jüdischen Ärzte verwandelte sich in der Commedia dell'arte in den späten fünfzehnhundertdreißiger und fünfzehnhundertvierziger Jahren in ein Bühnenrequisit und veränderte damit auch den Charakter seines Trägers von einer furchterregenden Figur zu einer skurrilen lustigen Gestalt.

Die Figur des Dottore in der Commedia dell'arte stammte eher aus Bologna als aus Venedig und war kein Arzt, sondern ein akademischer

Doktor, denn Bologna war damals das Zentrum der Gelehrsamkeit in Italien. Dennoch hatte die Kleidung des Dottore, schwarz und bodenlang, dieselbe Farbe und Länge wie die der jüdischen Ärzte. Manchmal trug der Dottore auch Handschuhe. Die jüdischen Ärzte trugen eine gelbe Rosette. In Venedig waren alle Juden auf den ersten Blick erkennbar, weil sie etwas Gelbes an ihrer Kleidung tragen mussten. Auf einigen Darstellungen ist der Dottore mit allerlei Schärpen, Bändern und Medaillen behangen, doch die waren knallbunt und wirkten daher wie ein weiterer Spott über seine aufgeblasene Wichtigtuerei.

Der Dottore trug eine Schnabelmaske wie die jüdischen Ärzte, nur war der Schnabel nun so lang wie die gesamte Höhe der restlichen Maske. Pantalone, die Figur, die auf der Bühne stets gemeinsam mit dem Dottore auftrat, hatte gleichfalls eine lange Nase. Seine Maske besaß einen Spitzbart, der gelegentlich ebenso lang war wie seine Nase, und einen riesigen Schnurrbart, den man anfertigte, indem man Haare auf ein Lederband klebte. Die beiden Figuren waren nicht identisch, denn Pantalone war typischerweise in Rot und Schwarz gekleidet, während der Dottore einen langen dunklen Umhang trug. Die den beiden Figuren gemeinsame Nase unterschied sich indessen von den Nasen der Zanni, verrückter Dienstleute, insofern sie nicht gerade, sondern krumm war – die krumme Nase galt schon damals als typisch jüdisches Merkmal.

Die Bühnenmaske nahm noch weitere Veränderungen an den jüdischen Ärzten vor. Während Pantalones Maske das ganze Gesicht bedeckte, war die des Dottore eine Halbmaske, die Wangen und Lippen frei ließ. Die Wangen sind rot geschminkt, um deutlich zu machen, dass der Dottore viel trinkt. So erklärt die Maske, warum er unverständlich redet. Das Wissen des Dottore ist wie das der jüdischen Ärzte abstrus. Er bringt es lautstark in fremden Sprachen zum Ausdruck, die von den anderen Figuren auf der Bühne nicht verstanden werden. In der Commedia dell'arte wird dieses Wissen jedoch eher verspottet als gefürchtet. In einigen Textbüchern der Commedia dell'arte unternimmt der Dottore magische Heilpraktiken an Kranken, doch selbst hier ist der Tod etwas, über das sich das Stück meist lustig macht.

So brach also der Dottore, soweit es seine Maske betraf, mit den Szenen des »realen Lebens«, in denen der jüdische Arzt – mit Handschuhen, Maske, Umhang wie ein Vogelmann hinter dem knienden Priester stehend – als Sendbote des Sensenmanns erschien. Die Schauspieler der Commedia dell'arte improvisierten und griffen dabei auf das Repertoire des Dottore und Pantalone zurück. Unter ihren Masken waren sie keineswegs in ihrer Symbolik gefangen, wie das für den jüdischen Arzt galt. Die Bühnenfigur hatte sich von der ritualisierten Figur gelöst, die tragische Szene sich in eine komische Szene verwandelt – und möglich wurde das zum Teil durch die Kleidung.

EINE CHRISTLICHE PARALLELE Diese Verwandlung ist keine bloß jüdische Geschichte. Wären wir in Gedanken eine Generation weiter zurückgereist, hätten wir dasselbe auch im Londoner Theater beobachten können.

Wenn Sie sich 1491 eine Vorstellung des Mysterienspiels *The Play of the Sacrament* von John Croxton angeschaut hätten, aufgeführt von einer Schauspieltruppe, die kreuz und quer durch ganz England fuhr, wären Sie wahrscheinlich schockiert gewesen. Das Stück handelt von jüdischen Schurken, die aus einer Kirche geweihte Hostien stehlen; das Brot wird dann von einem Bischof gerettet. So weit keine sonderliche Überraschung. Schockierend ist hier, dass ein heiliges Objekt, nämlich die bei der Kommunion aufzunehmende Hostie, zu einem Theaterrequisit geworden ist.

Bis zum 6. Jahrhundert wurden Brot und Wein im gemeinschaftlichen Mahl der Eucharistie zur Erinnerung an die Gemeinschaft der ersten Christen miteinander geteilt. Dabei scheint es sich um eher informelle Zusammenkünfte gehandelt zu haben, in deren Verlauf man spontan Gebete sprach und Segenswünsche ausbrachte. Im 6. Jahrhundert begann der formale Ritus der lateinischen Messe an die Stelle dieses heiligen Abendmahls zu treten. Bei vormittelalterlichen Messfeiern stammten Brot und Wein aus Opfergaben, die Gläubige mit in die Kirche gebracht hatten. Vierhundert Jahre später, im 10. Jahrhundert, mit wachsender Zahl und Bedeutung der Klöster, wurden diese Opfergaben durch ein besonderes, von priesterlicher Hand dargereichtes Brot ersetzt. Das Brot des Volkes hatte aus Roggen und Dinkel bestanden, das Brot der Priester, das in Gestalt ungesäuerter weißer Scheibchen daherkam, wurde aus reinem Weizenmehl gebacken. Nur dieses ganz spezielle Brot, die »Oblate«, konnte während der Messe in den Leib Christi verwandelt werden.

Ähnlich beim Wein. In vormittelalterlicher Zeit wanderte der Kelch mit dem Wein unter den Gläubigen von Lippen zu Lippen. Im 10. Jahrhundert wurde er mit einem Strohhalm aufgenommen. Im 12. Jahrhundert trank oft nur noch der Priester von dem Wein – stellvertretend für die Gläubigen.

Dieser christianisierte Ritus erweiterte die Bedeutung des Brotes in einer Weise, die sich von der Verwendung der Mazze im jüdischen Ritual unterscheidet. Das ungesäuerte Brot, das beim jährlichen Passafest gegessen wird, erinnert daran, dass die Juden bei ihrer Flucht vor der Verfolgung in Ägypten weder die Zeit noch die erforderlichen Backöfen hatten, um gesäuertes Brot zu backen. Die Mazze ist eine Gedächtnisstütze, die an dieses Geschehen erinnert, aber sie besitzt keinerlei magische Eigenschaften, während die christliche Hostie eine »Realpräsenz« in der Messe darstellte – Brot und Wein der Eucharistie sind wirklich Fleisch und Blut Christi. Die in der Messe erfolgte Verzauberung verwandelt die Aufnahme dieser Nahrungsmittel in die lebendige Erfahrung des göttlichen Leibes. So die Doktrin der »Transsubstantiation«, die von der katholischen Kirche 1215 kodifiziert wurde.

Als die Kluft zwischen dem Volk und den religiösen Darstellern sich vertiefte, gewann der Ritus immer mehr den Charakter eines Schauspiels. In der Kirche verwendete der Priester besondere Gebärden und Stimmlagen, um die letzten Tage Christi aufzuführen. Die Erhöhung der Hostie erfolgte mit erhobenen Armen, damit auch jene das Geschehen mitbekamen, die die Worte des Priesters nicht hörten oder verstanden.

Man könnte daher sagen, die Verwendung einer Oblate als Bühnenrequisit stellte durchaus keinen Bruch dar, sondern trieb lediglich das religiöse Schauspiel ins Extrem. Dennoch gibt es hier einen Unterschied, denn das Bühnenrequisit löste anders als die Hostie keine religiösen Gefühle aus. Wie der Historiker Andrew Sofer anmerkt, »soll die Hostie als Bühnenrequisit in erster Linie die handelnden Figuren charakterisieren – die Barbarei der Juden, die Klugheit des Bischofs. Im Unterschied zu mittelalterlichen Mysterienspielen veranlasste *The Play of the Sacrament* die Zuschauer nicht zum Beten.«[5]

Für historischen Wandel dieser Art, bei der aus Brot und Wein bloße Bühnenrequisiten werden oder Masken dem Totenbett keine Bedeutung mehr verleihen, prägte Max Weber den Begriff einer »Entzauberung der Welt«. Für traditionale Gesellschaften sei die Welt aufgrund eines magischen und mythischen Denkens, das seine Verkörperung in den magischen Kräften von Objekten wie Masken finde, ein »Zaubergarten«. In seinen Augen bewirkte die Moderne – wie schon für Coleridge – mit ihrer wissenschaftlichen Rationalität und ihrem kaltherzigen Materialismus eine Entzauberung.[6]

Für Dante wäre es ganz neu gewesen, dass er angeblich in einem »Zaubergarten« lebte, doch Webers Erkenntnisse stützten sich auf einen bestimmten Zweig des Protestantismus. Kirchenreformatoren wie Wycliffe bezweifelten die magischen Kräfte eines Stücks Brot. Calvins Anhänger bemühten sich, aus dem Ritual des gemeinsamen Abendmahls jeden Hauch eines Glaubens an die physische Gegenwart Gottes bei Tisch zu eliminieren. Innerhalb des Protestantismus lässt sich eine Verbindungslinie ziehen zwischen dieser Abkehr von der physischen Präsenz Gottes und der Ablehnung des Rituales schlechthin bei den Quäkern. Man braucht nicht an einem Glas Wein zu nippen, der das Blut Gottes repräsentiert, um an Gott zu glauben.

Die Venezianer verzichteten nicht auf die Hilfe jüdischer Ärzte, weil sie über den Dottore auf der Bühne gelacht hatten. Und die Christen in London verzichteten nicht auf die Kommunion. Kultur funktioniert nicht wie ein Nullsummenspiel, bei dem Vermehrung auf der einen Seite eine entsprechende Verringerung auf der anderen bedeutet: mehr Komödie und daher weniger Tragödie; mehr Wissenschaft und daher weniger Religion. Kultur erweitert vielmehr ihr Ausdrucksrepertoire, indem sie die »Zauberobjekte« in Bühnenrequisiten verwandelt.

Eine Folge dieses erweiterten Repertoires war politischer Natur. Zu Beginn der modernen Gesellschaft wurde die Manipulation der körperlichen Erscheinung zu einem Machtinstrument.

8 DIE KUNST DES CHARISMAS

Aufführung von Herrschaft

Die folgenden Seiten mögen sonderbar erscheinen, sie gehören der Geschichte von einem König, der tanzte, um zu herrschen. Ludwig XIV. tanzte bemerkenswert gut, und sein Talent half ihm bei der Legitimation seiner Aura als charismatische Gestalt. Aus seinem Tanzen resultierten neue Arten der Kostümierung, der Haartracht und des Schminkens, die sämtlich dazu bestimmt waren, das »majestätische« Erscheinungsbild zu stärken. Die Geschichte ist in Wirklichkeit gar nicht so ungewöhnlich. Das Charisma des neuzeitlichen Herrschers stützt sich auch auf die Herstellung einer gebieterischen persönlichen Erscheinung. Ludwig XIV. ist ein Beispiel dafür, wie Präsenz in der politischen Darstellung sich ins Extrem treiben ließ.

Ein König tanzt

DAS *BALLET DE LA NUIT* Im Spätwinter 1653 organisierte Kardinal Mazarin, regierender Minister Frankreichs, für den Hof ein dreizehnstündiges Ballett. Das *Ballet de la nuit* begann bei Einbruch der Nacht und endete in der Morgendämmerung. Der Startänzer war der fünfzehnjährige König Ludwig XIV. Die Handlung ist von einem ständigen Wechsel geprägt. Im größten Teil der Nacht dramatisieren die Tänze Chaos, Albträume und Unordnung. Dann, bei Anbruch der Dämmerung, erscheint plötzlich Ludwig, im Schmuck von Rubinen, Perlen und Diamanten – ein glanzvoller junger König vertreibt Dunkelheit und Missregierung.

Dem regierenden Minister ging es nicht um Unterhaltung. Er wollte eine Botschaft an sein aristokratisches Publikum senden. Während der Fronde, einer Zeit des Aufruhrs in Frankreich, hatte der Knabe Ludwig, der darauf wartete, König zu werden, Paris verlassen müssen, als Aristokraten gegen den immer eiserneren Griff des Zentralstaates aufbegehrten. Ebendiese adeligen Rebellen saßen nun – 1653 – Stunde um Stunde in einem großen, verräucherten, von Kerzen nur spärlich erleuchteten Raum und sahen sich an, wie Dämonen und Furien ihre kurze Zeit der Revolte darstellten. Als endlich wieder Sonnenlicht durch die Fenster des Raumes brach, kehrte die Ordnung symbolisch in Gestalt des tanzenden Königs zurück. Ludwig war als Apoll gekleidet, der Wächter des Lichts. Mazarin nutzte den alten Gott, um einer neuen Machtkonstellation symbolischen Ausdruck zu verleihen – ein Sonnenkönig, umkreist von den Planeten der Aristokratie.

Das *Ballet de la nuit* wurde acht Mal innerhalb eines Monats aufgeführt. Daran teilzunehmen, war buchstäblich ein Muss. Die Türen des Saals wurden zu Beginn der Vorstellung geschlossen, die Gästelisten genauestens überprüft. Bei der achten Vorstellung kamen die Zuschauer indessen freiwillig. Das exklusive Publikum war erschöpft von einem Jahrzehnt an Bürgerkrieg grenzender Wirren. Müde von den gewalttätigen Konflikten, wünschten die Aristokraten sich eine Rückkehr zur Ordnung. Die Nacht für Nacht wiederholte königliche Zurschaustellung physischen Talents hatte etwas Beruhigendes.

Damit diese Darbietung Wirkung zeigte, musste Ludwig ungewöhnlich, ja extrem gut tanzen, schließlich hatte der junge König die Bühne mehr als eine Stunde lang als Solist zu beherrschen. Wäre der Knabe gestolpert oder ermüdet, wäre die Botschaft verpufft und die Aufmerksamkeit der Aristokraten abgeschweift. Wie sein Vorgänger Ludwig XIII. hatte Ludwig XIV. in seiner Kindheit und Jugend mehr Zeit mit Tanzen als mit Lesen verbracht, und nach den Ergebnissen zu urteilen, verstand er dieses Metier ganz ausgezeichnet.

Seit der frühen Renaissance stützten Choreografen sich meist auf die antike Mythologie, wenn sie Geschichten für ihre Tänze erfanden. Unsere Vorfahren litten in dieser Hinsicht allerdings an einer gewissen Ermüdung. Die Taten der Götter und Göttinnen waren im 17. Jahrhundert solche Gemeinplätze, dass sie niemanden mehr provozierten. Nun musste der Körper der Darbietenden diese Aufgabe übernehmen.

Vor einem Publikum tanzte Ludwig von 1653 bis zu den frühen sechzehnhundertsiebziger Jahren. In dieser Zeit, so schreibt der Historiker Philippe Beaussant, wechseln die abendlichen Tanzdarbietungen »vom Herrscher, der sich unter seine Untertanen mischt, zum Herrscher als Regisseur einer Choreografie, in deren Mittelpunkt er selbst steht«. Oder um es mit Ludwigs berühmten eigenen Worten zu sagen: Die Kunst versinnbildlichte sein prahlerisches »*L'état, c'est moi*« (»Der Staat bin ich«).[1]

Diese Art der Selbstdarstellung auf der Bühne mag wenig mit Künstlern und Künstlerinnen wie Isabella Andreini zu tun haben, die ums Überleben kämpften. Doch auf dem Gipfel der Macht musste der Darsteller auf ein ähnliches Repertoire nonverbalen Ausdrucks zurückgreifen.

KÖRPERLICHES CHARISMA Der Ausdruck »Charisma« bedeutet wörtlich »Gnadengabe«, und im religiösen Bereich kommt diese Gabe von Gott, der die charismatische Gestalt mit etwas von seiner heiligen Macht ausstattet. Bei Ludwig dagegen war das Charisma eine durch Kunst geschaffene physische Präsenz.

Im Mittelalter unterschied man zwischen den zwei Körpern des Königs: dem fleischlichen Körper, der dem Kreislauf aus Leben und Tod unterworfen war, und dem Körper des Blutes, der von Generation zu Generation weitergegeben wurde. Der zweite, auf der Abstammung basierende Körper verlieh der Geschlechterfolge der Könige ihre Legitimation. Zu Ludwigs Zeiten begann man indessen längst, die auf dem Blut basierenden Herrschaftsansprüche in Frage zu stellen, etwa in der Fronde. Das Regime war nicht so naiv zu glauben, das verbale Versprechen eines »Friedens für unsere Zeit« wäre schon deshalb überzeugend, weil der König es abgab. Der König musste sein Recht auf Herrschaft körperlich spürbar machen.

Bis zu Ludwigs Zeiten und auch noch während seiner Regierung wurde körperliches Charisma durch Handlungen wie die »Berührung durch den König« demonstriert, die angebliche Macht des Königs, Skrofeln oder Lepra durch Handauflegen zu heilen. (Die Magie der körperlichen Berührung eines Stars findet sich heute im Crowdsurfing während eines Rockkonzerts, bei dem der Darbietende auf den erhobenen Händen der

Zuschauermenge getragen wird.) Ludwig setzte die Tradition des Handauflegens bei Audienzen mit Kranken fort, doch sein Tanz führte einen anderen Berührungscode ein. Er hatte keine Tanzpartner und ergriff zum Beispiel nicht die Hände von Tänzerinnen, die sich in seinem räumlichen Umfeld bewegten. Sein Solotanz hob ihn aus den anderen gerade deshalb hervor, weil er niemand anderen berührte.

CHARISMATISCHER RAUM Ludwig übernahm die Herrschaft über den Bühnenraum, indem er das Zentrum für sich beanspruchte und Figuren geringerer Bedeutung nach hinten oder an die Seiten verdrängte. Heute erscheint uns die räumliche Konfiguration selbstverständlich, die eine dominierende Darstellerfigur nach vorn und in die Mitte stellt. Ob auf der Bühne oder der Leinwand, der wichtigste Raum ist die Mitte. Die visuelle Organisation der Macht war jedoch nicht immer so geartet. Die heutige Organisation ist das Ergebnis eines geschichtlichen Wandels in der Renaissance.

Im 16. Jahrhundert war die Bühne streng in imaginäre Quadrate und Diagonalen, Vorder- und Hintergründe unterteilt, in denen die neuplatonischen Vorstellungen der Renaissance über die Gesetze der Geometrie und der Perspektive zum Ausdruck kamen. Die Geometrie disziplinierte Tänzer und Tänzerinnen, weil sie lernen mussten, ihre Füße präzise zu setzen, um geraden Linien und Kreisumfängen zu folgen. Der Vorgänger des *Ballet de la nuit* in dieser Hinsicht war das *Ballet comique de la Reine*, ein Spektakel aus Anlass der Hochzeit der Königin 1581, dessen Choreografie in den Händen von Beaujoyeulx lag. Er leitete aus der Renaissancegeometrie auf dem Bühnenboden einen Weg der »höchsten Macht« ab – der dem Star der Darbietung bei dessen Auf- und Abtritten vorbehalten war. Dem Tanz auf diesem Weg entsprach eine bestimmte Gestik. Im *entrée grave* etwa betonte ein Mann seine Präsenz, indem er schrittweise die Arme ausbreitete und mit entschiedenen Schritten Richtung Zentrum ging, begleitet von getragener Musik.

Das *Ballet de la Reine* mischte dennoch Startanz mit gewöhnlichem Gesellschaftstanz sowie akrobatischen Darbietungen und Possen. Bei Ludwigs Debüt siebzig Jahre später gab es keine Possenreißer mehr und auch keine Volkstänze. Die aristokratischen Tänzer drängten sich an den Rändern, während das Zentrum für den Tanz des Königs frei blieb. Niemand sollte diesen Raum besetzen und dadurch vom Erscheinen des Königs ablenken.

CHARISMATISCHE LANDSCHAFT Derselbe Grundsatz einer Säuberung des Raumes, damit der König besser zur Geltung kam, prägte auch die Architektur der königlichen Schlösser, unter anderen in Versailles. So veranstaltete Ludwig dort 1674 eine Lustbarkeit, bei der er den großen Kanal nutzte, um die Eroberung der Franche-Comté zu feiern; 20 000 Kerzen erleuchteten das leicht gekräuselte Wasser, auf dem Ludwig in einer Gondel erschien, um dort seinen Tanz zu vollführen.

Die Ikonographie des »Staatsschiffs« war ebenso offenkundig und abgestanden wie der Mythos des Sonnenkönigs. So sorgten die Schöpfer dieses Tanzes bei der Gestaltung der Szene dafür, dass die Aufmerksamkeit sich allein auf den König richtete. Die an der langen Wasserstraße aufgestellten, sorgsam abgeschirmten Kerzen waren ein Spiegelbild der von Ludwig getragenen Juwelen. Die tiefe Dunkelheit, in die das Publikum gehüllt war, kontrastierte mit diesem Sonnenkönig, der plötzlich aus der Nacht auftauchte, in einer Gondel, die mit verborgenen Seilen gezogen wurde, damit der König den Platz auf dem Boot mit keinem Gondoliere teilen musste.

DARSTELLUNG DER HIERARCHIE Ludwig XIV. war groß, und diese naturgegebene Tatsache verwandelte sich auf der Bühne in ein hierarchisches Emblem. Die Kostümbildner betonten seine Große, um deutlich zu machen, dass er buchstäblich über den anderen stand. In sein Haar steckten sie die längsten Straßenfedern, die sie auftreiben konnten, sodass der alle anderen Tänzer überragende König, wenn er sich zu einem von ihnen hinüberbeugte, seinen Tanzpartner mit den Federn wie zum Segen bedeckte.

Seine Kostümierung verstärkte noch die Geste der *révérence*, mit der er andere Tänzer grüßte, zugleich aber auch die Besonderung und Distanz des Stars beibehielt. Sie war mit kleineren oder größeren Verbeugungen verbunden, je nachdem, ob die gegrüßte Gestalt eine andere wichtige Figur darstellte oder nur Teil der Masse der Tänzer war. Die *révérence* verband Anerkennung mit Ungleichheit. Andere in dieser Zeit erstmals entwickelte Gebärden bemühten sich um dieselbe Kombination, etwa das Ausstrecken der Arme im Sinne einer Bitte – deutlich weiter bei Figuren geringerer Bedeutung als bei der Hauptfigur, bei der die kleinste Bewegung ausreichte, um die Aufmerksamkeit der anderen auf sich zu ziehen.

Gebärden wie die *révérence* erzeugten dieselben Hierarchien auch außerhalb der Bühne. So berichtete der Herzog von Saint-Simon über Ludwig: »Vor Damen zog er den Hut vollständig ab, aus größerer oder geringerer Entfernung. Vor großen und hohen Herren nahm er ihn halb ab und hielt ihn so ein paar Augenblicke über dem Haupte. Herren geringeren Ranges begrüßte er mit der Hand am Hut. Prinzen von Geblüt wurden wie Damen gegrüßt.«[2] Der König verbeugte sich vor seinen Untertanen, er nahm Kenntnis von ihnen und grüßte sie – aber von oben herab. Er war es, der solche Höflichkeit gewährte, von den Gegrüßten erwartete er dagegen unterwürfige Ehrerbietung. Ob alt oder verkrüppelt, sie hatten sich so tief zu verbeugen, wie es nur möglich war.

Fast alle Tänze früherer Zeiten konnten von jedem aufgeführt werden, der sich nur genügend Mühe gab. Gewiss gab es bessere und schlechtere Tänzer, doch die Qualität der Darbietung hing nicht von der Schicht ab, aus der jemand stammte. Ganz gleich, wer man war, jeder konnte lernen, eine passable Gigue zu tanzen. Zu Zeiten Ludwigs XIV. waren anmutige körperliche Bewegungen nicht mehr mit solcher Gleichheit kodiert.

Nehmen wir zum Beispiel das Ausdrehen der Beine. Von einer »edlen« Ausdrehung sprechen moderne Tanzlehrbücher bei einer Ausdrehung um 45 Grad (während man in der modernen Ballettausbildung eine stärkere Ausdrehung um 80 bis 90 Grad anstrebt). Die Tanzlehrer verglichen die »edle« Ausdrehung mit den gewöhnlichen Volkstänzen, in denen nur selten eine Ausdrehung erfolgt, weshalb man Figuren aus dem einfachen Volk wie Bauern oder Hirten auf der Bühne oft mit ungeschickt nach innen gedrehten Beinen darstellte.

In Ludwigs mittleren Jahren arbeitete der Choreograf Beauchamp die Unterscheidung zwischen edlem und volkstümlichem Tanz heraus. Er fasste die »edlen« Tanzschritte zu den fünf Grundpositionen des modernen Balletts zusammen und entwickelte eine Notation (die Beauchamp-Feuillet-Notation), die es möglich machte, Choreografien von Generation zu Generation weiterzugeben. Die edle Ausdrehung war keine normale Körperhaltung, und sie zu beherrschen, bedurfte – und bedarf – erheblicher Arbeit vor dem Spiegel und sorgfältiger Kritik durch den Lehrer.

Wir wissen, dass Ludwig im Rahmen des strengen Tanzunterrichts, den er im Alter zwischen zwölf und fünfzehn Jahren nahm, vor dem Spiegel übte. Er war zu harter Selbstkritik fähig, nahm Kritik ernster als Lob und war stolz auf seine tänzerischen Leistungen. Das wahre Zeichen großer Klasse war allerdings die Fähigkeit, diese mühevolle Arbeit nicht erkennen, sondern als mühelose Meisterschaft erscheinen zu lassen.

In Großbritannien ist solch mühelose Meisterschaft als das sogenannte Eaton-Ideal unverzichtbarer Bestandteil des Klassensystems. Man bringt den Jungen bei, so zu tun, als schafften sie die Prüfungen mit links, ganz ohne Schweiß und Mühen. Eaton hat seine Wurzeln in der Renaissance. Der Renaissanceschriftsteller Castiglione hatte mühelose Meisterschaft in seinem *Buch vom Hofmann* als *sprezzatura* definiert: eine selbstsichere Leichtigkeit in Haltung und Verhalten, die den Aristokraten vom Kaufmann unterscheidet, dessen Bewegungen nach Castiglione wegen der rüden Umstände des Profitstrebens auf plumpe Art herausfordernd seien. Castiglione idealisierte *sprezzatura* zu einer ganzen Lebensweise. Im Ballsaal wie auf dem Schlachtfeld zeige der Aristokrat auch unter Feuer »Anmut«.

Natürlich kamen nur wenige Aristokraten an Castigliones idealen Hofmann heran, und die meisten Eton-Boys besitzen als einzige Begabungen ihre Privilegien. Ludwig war dagegen echt und insofern außergewöhnlich. Gewiss konnten oder wollten nur wenige andere Herrscher seinem Beispiel folgen und den Versuch machen, sich an die Macht zu tanzen. Viele begriffen jedoch die Notwendigkeit, eine charismatische Aura nonverbaler Art für sich zu schaffen – wobei es darum geht, wie sie sich bewegen, welchen Ton sie in ihre Stimme legen, wie sie sich kleiden und wie gut sie für die Kameras zurechtgemacht werden. Mit einer sorgfältig durchdachten, kohärenten Politik werden sie keine Aura zustande bringen.

In einer berühmten Szene aus Dostojewskis *Die Brüder Karamasow* wendet der Großinquisitor sich an Christus, den er in den Kerker hat werfen lassen, und sagt ihm, es gebe für den Menschen »keine hartnäckigere und qualvollere Sorge als die, möglichst schnell jemanden zu finden, den er anbeten kann«. Es ist ganz egal, was der Führer tut. Solange er es mit Überzeugung tut, werden die Menschen ihm folgen. Dieser Gedanke lässt sich zurückverfolgen bis ins 16. Jahrhundert zu Étienne de La Boéties *Über die freiwillige Knechtschaft des Mensche*n, der ersten Abhandlung über die Massengesellschaft, in der die Ansicht geäußert wird, der Wunsch, zu glauben und sich unterzuordnen, beherrsche die »Leidenschaften«. Wer sich der klassischen Lehre der freiwilligen Knechtschaft verschreibt, der glaubt, die Unterwerfung sei wichtiger als irgendein einzelnes Merkmal einer charismatischen Gestalt. Das Hauptbedürfnis ist es, zu glauben und Regeln zu befolgen.

Ludwigs Charisma spricht für die gegenteilige Auffassung – dass die persönliche Erscheinung des Herrschers durchaus zählt und dass sie sowohl physisch als auch künstlerisch gestaltet werden kann. Das Ergebnis war – um es mit den Worten der modernen Tanzhistorikerin Jennifer Homans zu sagen – eine »Verehrung des Leibs des Königs; Kunst schärfte die Autokratie«.[3]

Eine weitere kurze, aber wichtige Anmerkung über Puppen

Wir sind noch nicht ganz fertig mit der mühelosen Anmut. Jeder Herrscher muss auf der Bühne Selbstvertrauen und Selbstsicherheit ausstrahlen. »Es fällt mir wirklich schwer« oder »Ich weiß nicht« sind Worte, die für einen Politiker tödlich sein könnten. Sie sind jedoch typische Äußerungen für einen Menschen aus Fleisch und Blut, ein denkendes und fühlendes menschliches Wesen. Es gibt jedoch Geschöpfe, die mühelose Anmut auszustrahlen vermögen und deren Bewegungen absolut zuverlässig gesteuert werden können, nämlich Puppen.

Die Leser werden sich daran erinnern, dass die Gefängniswärter in Platons Höhle für ihre Gefangenen ein Puppenspiel aufführten. Auch in Diskussionen über Charisma spielen Puppen eine Rolle. Heinrich von Kleist beschreibt ihre Bewegungen in seinem berühmten Aufsatz »Über das Marionettentheater« von 1801 als »sehr graziös«. Es handelt sich allerdings um Puppen einer besonderen Art. Handpuppen wie die Kukla meiner Tante finden ihre Grenzen in der Stärke der Hand und in der Ermüdung des Puppenspielers. Die Marionette kennt solche Grenzen nicht. Wie wir gesehen haben, vermag sie unversehens durch die Luft zu fliegen, und ihre Bewegungen sind flexibler als die des menschlichen Körpers. Diese Puppen, schreibt Kleist, haben »den Vorteil, daß sie *antigrav* sind«.[4]

Kleist glaubte, dass jede mechanische Vorrichtung, die wie eine Puppe funktioniere, einem Menschen nicht unterlegen, sondern überlegen sei. Das Puppentheater seiner Zeit war längst über das Kasperletheater hinausgewachsen, das Kindern auf den Jahrmärkten geboten wurde. Die Puppe des 18. Jahrhunderts war technisch weit fortgeschrittener. So baute Jacques de Vaucanson mechanische Puppen, die mit ihren Händen und Füßen feinste Bewegungen vollführen konnten – etwa der Flötenspieler, der die Flöte tatsächlich mit seinen Fingern zu spielen schien und ausdrucksvolle Opernmelodien zustande brachte. In Wirklichkeit steuerte ein Uhrwerk das Flötenspiel, und ein kleinwüchsiger Puppenspieler zog die Fäden zu den mechanischen Fingern. Das Publikum wollte jedoch dem Schein glauben, es wollte der Täuschung erliegen und in die Höhle eintreten.

Diderot – wir erinnern uns – war der Ansicht, Berufsschauspieler dürften nicht allzu viel Gefühle in eine Rolle einbringen, wenn sie in der Lage sein wollten, sie immer wieder zu spielen. Kleist geht noch weiter als Diderot. In seinen Augen ist eine Puppe ein zuverlässigerer Schauspieler als ein Mensch aus Fleisch und Blut. Kleist erklärt diese menschliche Schwäche durch ein allzu großes Bewusstsein seiner selbst. Er erzählt von einem schönen jungen Tänzer, der immer mehr an Anmut verliert, je konzentrierter er sich bei seinen Übungen im Spiegel beobachtet. Ihm ist allzu sehr bewusst, was er tut, und »als ein Jahr verflossen war, war keine Spur mehr von der Lieblichkeit in ihm zu entdecken, die die Augen der Menschen sonst, die ihn umringten, ergötzt hatten«. Mechanische Vorrichtungen wie Marionetten leiden dagegen nicht unter Lampenfieber und zeigen keine Nerven. Da sie kein Bewusstsein haben, befällt sie auch kein »Zittern«.

Die Macht bringt Kleist durch die Einführung eines Bären ins Spiel. Da gibt es allerdings ein kleines Haar in der schriftstellerischen Suppe, denn dieses fiktive Geschöpf ist sehr wohl aus Fleisch und Blut. Doch es teilt mit der Marionette das Fehlen eines Bewusstseins seiner selbst. Der Bär, dem man das Fechten beigebracht hat, gerät gleichfalls nicht ins »Zittern«, wenn er einem menschlichen Gegner gegenübersteht, und lässt sich weder von Stößen noch Finten täuschen. Unbeeindruckt von den Aktionen seines Gegners wehrt er all dessen Angriffe ab. Er gleicht der Puppe darin, dass er kein unabhängiges Sein besitzt, keine »Seele«, wie Kleist sagt. Da er nicht »zittert«, verkörpert er das Eaton-Ideal der mühelosen Leichtigkeit. Und da weder die Puppe noch der Bär unter einem Bewusstsein ihrer selbst leiden, sind sie voll »Grazie«, wie Kleist sie versteht: als Reinheit der Gestik oder des Ausdrucks, sodass sie »in demjenigen menschlichen Körperbau am reinsten erscheint, der entweder gar keins, oder ein unendliches Bewußtsein hat, d. h. in dem Gliedermann, oder in dem Gott«.[5]

So wäre es denn möglich, Kleists Überlegungen als Parabel über die Mechanisierung des Charismas zu verstehen. Flötenspieler, fliegende Marionetten, Bären vermögen durch ihre Präsenz stärker zu fesseln als Menschen. Dieser Schluss scheint mir jedoch am Begriff des Charismas vorbeizugehen.

Das Paradoxon der Präsenz

DER LICHTHOF DER UNGEWISSHEIT Bühnenpräsenz ist möglicherweise der Aspekt des Theaters, der sich am schwersten beschreiben lässt. Dennoch ist sie höchst real. Wenn ein Schauspieler die Bühne betritt, spüren wir seine Präsenz sehr lebhaft und hängen bei jedem Wort an seinen Lippen, selbst wenn wir den Text bereits kennen. »Sein oder Nichtsein …« klingt so, als dächte der Schauspieler zum ersten Mal darüber nach. Und verblüffend an Charles' Darbietung von »Die ganze Welt ist Bühne« war die Tatsache, dass wir davon gebannt waren und uns fragten, was er wohl als Nächstes sagen würde. Seine kurzen Pausen wirkten so, als suchte er nach einem Gedanken (obwohl ich ihn diese Pausen Dutzende Male hatte proben hören, als er das Stück am Washington Square aufführte). Bei einer musikalischen Darbietung hat »Präsenz« genau denselben Charakter. Selbst bei meisterhaften Technikern wie dem Pianisten Vladimir Horowitz fragt man sich nach jeder sicheren, perfekten Note: Was kommt als Nächstes?

Kleists Bär ist ein meisterhafter Techniker, besitzt jedoch keine Bühnenpräsenz dieser Art. Die mechanisch perfekten Abwehrbewegungen wiederholen sich immer wieder ohne jede Veränderung. Schon nach der Abwehr weniger Finten staunt man nicht mehr über die vollkommene Fechtkunst des Bären. Dasselbe bei Vaucansons mechanischem Flötenspieler. Die Menschen beobachten ihn beim Abspielen der Melodie zunächst verblüfft, dann gelangweilt. Nebenbei sei angemerkt, dass genau dies nicht stimmt an der für Eaton typischen »mühelosen Meisterschaft« oder an der *sprezzatura* der Renaissance. Die Darbietungen beeindrucken nur ein oder zwei Mal. Danach wirken sie ziemlich leer – sich selbst genügende Schaustellungen.

In der Musik kann man durchaus erklären, wie dieses lebhafte Gefühl des »Was kommt als Nächstes?« sich erzeugen lässt. Es ist kein Gottesgeschenk. Wir können zum Beispiel mit Luftpausen arbeiten, sodass der Musiker lernt, die metronomhafte Regelmäßigkeit zu durchbrechen und die Phrasen mit kleinen pulsartigen Unregelmäßigkeiten gleichsam »atmen« zu lassen. Oder wir verändern die Dynamik einer Phrase bei jeder ihrer Wiederholungen. So sollten Wagners Leitmotive niemals ganz gleich klingen – eine recht anspruchsvolle Aufgabe in Opern, in denen die Leitmotive möglicherweise Dutzende Male auftauchen. Der Choreograf Frederick Ashton sagte einmal zu seinen Tänzern: »Ihr habt diese Drehung bis zum Erbrechen geübt, aber auf der Bühne werdet ihr sie vortragen, als wärt ihr überrascht, sie auszuführen.«[6]

Genau dieser Lichthof der Ungewissheit umgab auch die Tänze Ludwigs XIV. Die Sprünge, Battements und Drehungen schienen hervorragend ausgeführt – aber konnte er diese Leistung auch immer wieder bringen? Diese Frage schwebte im Hintergrund, als die acht Aufführungen des *Ballet de la nuit* ihren Fortgang nahmen. Hier handelt es sich um eine andere Ungewissheit als jene, die der Fürst nach Machiavelli kultivieren sollte, damit sich die Menschen beständig fragen, was er vorhat und ob er auf Rache sinnt oder in freundlicher Stimmung ist. Hier geht es eher um Stimmungen als um Meisterschaft.

Die Lebendigkeit einer Darbietung hat ihren Ursprung im Lichthof der Ungewissheit. Außerdem ist der Lichthof der Ungewissheit einer der Gründe, weshalb Liveauftritte für Zuschauer attraktiv sind. Wird der Song, die Musik, der Monolog frisch klingen? Der Augenblick der Wahrheit ist bei Liveauftritten von dieser Ungewissheit umgeben.

DAS UNVERMEIDLICHE WELKEN DES CHARISMAS In seinen Schriften über das Charisma behauptete Max Weber, in Politik und Religion seien die meisten charismatischen Gestalten Persönlichkeiten, die eine zerstörerische Wirkung auf den Staat oder eine etablierte Religion ausübten. Auch sie sind von einem Hof aus Ungewissheit umgeben, denn niemand weiß, was sie als Nächstes tun oder sagen werden. Das Wesen der charismatischen Gestalt ist deren Unvorhersagbarkeit. Natürlich galt das nicht für Ludwig XIV., der mit seinen charismatischen Darbietungen ja gerade die Ordnung im Staat wiederherstellen wollte. Einig dagegen sind sich der Soziologe und der König hinsichtlich der Beständigkeit des Charismas. Der Lichthof verliert an Stärke. Nach Webers Darstellung wird die charismatische Gestalt schrittweise domestiziert, und ihre Botschaft verflacht zu Regeln und Verfahren – ein Vorgang, den Weber als »Routinisierung des Charismas« bezeichnet. Als großes Beispiel dient Weber dabei Jesus, ein göttlicher Herausforderer und Zerstörer, dessen Botschaft im Dienste einer etablierten Kirche kodifiziert wurde. Die Kirchenfürsten verwandeln die Geschichte von Christus in Doktrinen. Jesus ist keine disruptive persönliche Präsenz mehr.

Das Charisma Ludwigs XIV. verwelkte aus einem anderen Grund. Im Alter von vierzig Jahren musste er andere bitten, seine alten Parts zu tanzen. Choreografie und Kostüme, Bühnenbild und mythische Erzählungen waren 1680 immer noch dieselben wie 1653, doch nun übernahmen Ersatztänzer seine Rollen, sodass die Macht der Bühne nicht länger seine eigene Person vergrößerte. In den sechzehnhundertsechziger Jahren war Ludwig ein konsternierter König, der nicht verstand, dass die Kunst, die seiner Majestät so lange gedient hatte, keine Verführungskraft mehr besaß. Seine Höflinge begannen wieder, sich an ihm zu reiben, doch traten emotionale Loslösung, Desinteresse und Langeweile an die Stelle der Revolte. Um 1700 flohen sie, sooft es nur ging, aus Versailles nach Paris.

DAS VERMÄCHTNIS Insgesamt sind drei Elemente der Darstellung in der Renaissance auf uns überkommen. Erstens schienen Tradition und Ritual den Menschen kein Gefühl ihrer selbst mehr zu vermitteln. Sie mussten sich ein eigenes Narrativ für ihr Leben erschaffen. Das war und ist eine schwierige, wenn nicht sogar unmögliche Aufgabe.

Zweitens mussten zwar alle Menschen auf irgendeine Weise ihr Auskommen sichern, doch bei denen, die ihren Lebensunterhalt auf der Bühne verdienten, nahm diese Aufgabe eine spezielle Form an. In der Antike genossen Angehörige der darstellenden Berufe nur einen geringen gesellschaftlichen Status, und selbst noch während der Renaissance wurden professionelle Schauspieler, Tänzer, Sänger und Musiker oft als Dienstleute behandelt, deren Lebenszweck in der Unterhaltung der Elite bestand. Allerdings begannen diese Berufsgruppen nun, dagegen aufzubegehren. Sie wollten deshalb mit Würde behandelt werden, weil sie Künstler waren. *Darstellender* Künstler zu sein, barg allerdings ein Problem. Schauspieler verkörperten andere Menschen; Musiker spielten

Musikstücke, die nicht von ihnen selbst stammten, und diese Musikstücke wurden immer detailreicher; Tänzer folgten den Anweisungen eines Choreografen, und auch diese Anweisungen wurden immer komplexer. Wie sollte man sich selbst erschaffen und formen, wenn man eine Kunst darbot, die man nicht selbst geschaffen hatte? Die darstellenden Künstler dienten einem neuen Herrn: dem Schöpfer.

Und schließlich trugen auch Veränderungen in der äußeren Erscheinung zu diesem persönlichen Dilemma bei. Auf den Straßen Londons entsprach das Erscheinungsbild der Menschen nicht den Tatsachen, wie wir an der Kleidung mancher jungen Leute gesehen haben, auch wenn sie mit der Zeit an dieser Verkleidung ihres Selbst hingen. Im professionellen Theater wurde diese Kluft zwischen Schein und Sein noch tiefer. Im Venedig der Renaissance erzählte die Maske der jüdischen Ärzte eine düstere Geschichte über das Verhältnis zwischen Juden und Christen im Augenblick des Todes. Diese Maske verwandelte sich später in ein Requisit komödiantischer Darbietungen, wobei ihr symbolisches Gewicht abnahm. Welche äußere Erscheinung brachte damals das »wahre Ich« zum Ausdruck. Und welche tut dies heute?

Die Unterordnung unter einen Schöpfer und der dem Erscheinungsbild beigemessene Wert mögen abgekoppelt vom Bereich der Macht erscheinen, wie dies für Machiavelli während seiner Amtszeit galt. Das Tanzen Ludwigs XIV. erzählt eine andere Geschichte. Auf dem Gebiet der Macht gewann die Erscheinung immer größere Bedeutung, das Erscheinungsbild wurde kunstvoll entworfen und sorgsam gepflegt. Der Inhalt der Macht – die Politik – verlor gegenüber der charismatischen Persönlichkeit an Bedeutung. Dieses Vermächtnis der Renaissance erlangte über die Jahrhunderte immer größeres Gewicht.

Wir wollen uns nun ansehen, wie dieses politische Erbe genutzt wurde.

Buch IV

BÖSWILLIGE DARBIETUNGEN

9 EIN THEATER DER BESIEGTEN

Der gescheiterte Darsteller wird zum Zuschauer

Stellen Sie sich ein Stück vor, das den Titel *Defeat, Niederlage* trägt. Die Schauspieler sind einfache Arbeiter, und das Textbuch beschreibt ihre vergeblichen Bemühungen, Arbeit zu finden. Sie werden zornig, und das zu Recht, denn schuld an ihrem Scheitern sind Umstände, die jenseits ihres Einflussbereichs liegen. Irgendwann erscheint ein demagogischer Politiker und spielt mit ihrer Not. Zu etwas Besonderem wird *Defeat* aber durch die Tatsache, dass danach nichts geschieht. Der Demagoge geht nach links von der Bühne ab, und die Arbeiter kehren zurück zu ihren Beschäftigungen, bezahlen Rechnungen, so gut sie können, oder nehmen Kurzzeitjobs an, um überhaupt etwas zu tun. Der Vorhang fällt ohne eine Katharsis.

Defeat ist keine Fantasie. Es ist eine boshafte Geschichte, die ich mir als junger Mann – verständnislos – ansah und nun zu rekonstruieren versuche, um das Scheitern der Arbeiter als Darsteller im realen Leben zu verstehen.

Defeat wird in New York aufgeführt

DIE BÜHNE Nur eine blinkende Leuchtschrift mit dem Wort »Bar« markierte den Eingang zur Dirty Dick's Fo'c'sle Bar in der Nähe des West-Side-Highways in Greenwich Village – ein ehemaliges Lagerhaus, das nach dem Zweiten Weltkrieg umgebaut worden war und im Erdgeschoss eine Bar, darüber kleine Apartments beherbergte. Ich wohnte einen Stock über der Bar, als ich am Judson Dance Theater arbeitete, und ich fühlte mich wohl in meinem Zimmer. Es hatte Nachmittagssonne und einen wunderschönen Blick über den Hudson River gleich jenseits des West-Side-Highways. Von der Straße her hätten Sie sich unmöglich vorstellen können, wie es in der Bar aussah, die Wände kahl und düster. Sie können es sich jedoch in einem Film ansehen, den der Videograph Cassim Shepard vor ein paar Jahren drehte, kurz bevor das Gebäude abgerissen wurde, um Platz zu machen für teure Wohnungen mit Blick auf den Fluss.[1]

Abends bestand die verrufene Kundschaft der Bar aus Künstlern, die in West Village lebten, und farbigen Homosexuellen aus der ganzen Stadt. In den neunzehnhundertsechziger Jahren war Harlem ein gefährlicher, intoleranter Ort für schwarze Homosexuelle, weshalb sie downtown kamen. Die Dirty Dick's Bar war einfach eine Bar, die bis Mitternacht auch Essen servierte – das war noch vor der Diskozeit. Für diese innerstädtischen Flüchtlinge war sie daher eher ein Restaurant, auch wenn dort irische Gerichte statt Soul Food auf der Speisekarte standen. Schwarze schwule Männer kamen eher zum Entspannen dorthin als zum Cruisen.

Draußen herrschte auch am Morgen geselliges Treiben. Straßenfeger nahmen sich der Bierflaschen an, die von den Feiernden während der Nacht dort geleert worden waren. Etwa um dieselbe Zeit versammelten sich vor dem Lokal diverse Leute – Mütter, die ihre Kinder zur Schule gebracht hatten, und Väter, die von der Nachtschicht kamen – und tranken dort Kaffee aus einer neben der Bar gelegenen Bodega. Gegen 8.30 Uhr gingen die Leute aus der Nachbarschaft ihrer verschiedenen Wege, und die Stimmung veränderte sich erneut, wenn arbeitslose Hafenarbeiter eintrafen, um sich in das Hinterzimmer der Bar zu setzen.

Der Name der Bar war durchaus treffend. Das alte Wort »fo'c'sle« bezeichnet die Back, das Unterdeck im Vorschiff, in dem vielfach die Mannschaftsquartiere untergebracht sind. Das Hinterzimmer war ein großer ehemaliger Lagerraum, mit Plastikstühlen und Neonröhren als Beleuchtung, der intensiv nach Schweiß, Kochdünsten, Schnaps und billigen Zigarren roch. Viele der Männer, die dort den Tag über herumhingen, willens und fähig zu arbeiten, aber ohne Job, tranken in diesem höhlenartigen Innenraum, bis sie in Stumpfsinn versanken. Man tauschte Informationen über Möglichkeiten aus, die sich vielleicht plötzlich ergaben, oder klagte über die korrupten Praktiken in den Docks, doch am späten Nachmittag ging ihnen der Gesprächsstoff aus, und jeder zog sich in sich selbst zurück.

DEFEAT Die neunzehnhundertsechziger Jahre waren eine schlechte Zeit für Schauerleute. Der Hafen von Manhattan litt an Auszehrung, da das Schiffsgeschäft zunehmend über den Fluss hinüber nach New Jersey verlegt wurde. Von weit drüben an der Westküste dekretierte der Gewerkschaftsboss der New Yorker Hafenarbeiter Harry Bridges, Kommunist und Mafioso, dass die restliche Arbeit in den New Yorker Docks in jedem Fall an ältere Arbeiter gehen sollte. Die Gewerkschaft der Schauerleute gab damit dem Dienstalter den Vorrang und sagte den übrigen gewissermaßen: Weil du jünger bist, musst du selbst sehen, wo du bleibst.

Der Kapitalismus hat von jeher das Problem, dass es oft mehr Arbeiter als Arbeit gibt. Nationale Regierungen befassen sich mit diesem Dilemma seit der Weltwirtschaftskrise. In der Region New York kümmerte sich auch das organisierte Verbrechen um dieses Überangebot und reservierte die Arbeit für Mitglieder der von ihm beherrschten Gewerkschaften. *On the Waterfront*, der großartige Film über das Leben in den Docks, beschreibt die Abhängigkeit der Schauerleute von der Mafia. Doch in den neunzehnhundertsechziger Jahren begann die Erinnerung an die Weltwirtschaftskrise zu verblassen, und die mit dem organisierten Verbrechen verbundenen Gewerkschaften verloren langsam an Bedeutung. Angesichts geringerer institutioneller Unterstützung mussten die Arbeiter sich selbst mit dem Problem auseinandersetzen, dass es mehr Arbeiter als Arbeit gab.

Wenn der Vorhang für das Theaterstück *Defeat* sich hebt, sehen die Zuschauer eine Schlange von Menschen. Jeden Morgen um 6.30 Uhr stellten Schauerleute sich in einer Schlange entlang dem an den Docks vorbeiführenden West-Side-Highway auf. Sie bildeten eine einzige Reihe, an der nun der Vorarbeiter vorbeiging und eine erste Auswahl deren vornahm, die an diesem Morgen Arbeit haben sollten: »Du zu Pier 6« oder »Du zu Pier 8«. Um elf Uhr stellten die Arbeiter, die am Morgen kein

Glück gehabt hatten, sich erneut in einer Schlange auf, und der Vorarbeiter wählte einige Leute für zusätzlich angefallene Arbeit am Nachmittag aus. Die Arbeiter kamen in der Hoffnung, der Vorarbeiter werde sie aus der Masse der übrigen herauspicken, doch in den neunzehnhundertsechziger Jahren gab es nur einen Halbtagsjob für je drei gewerkschaftlich organisierte Arbeiter.

Das Demütigende an dieser Prozedur lag in der nie zu beantwortenden Frage: Warum wurde er ausgewählt? Warum nicht ich? Eine ähnliche Situation erleben alle jungen Akademiker. Zweihundert Leute sind für dieselbe Stelle qualifiziert; 199 von ihnen erhalten einen Brief, der mit dem Satz beginnt: »Leider mussten wir unter den vielen ausgezeichneten Kandidaten eine schwierige Auswahl treffen …«, und es folgt eine Reihe von Klischees. Eine Erklärung, die keine ist. Der Vorarbeiter tat wenigstens nicht so, als böte er eine Erklärung an.

Inzwischen findet sich das Problem der Hafenarbeiter auf dem gesamten Arbeitsmarkt, soweit es Menschen mit zeitlich befristeten Arbeitsverträgen betrifft. Man erwartet von ihnen, dass sie Leistung bringen, das heißt, dass sie mehr tun, als nur ihre Aufgabe zu erledigen. Sie müssen zeigen, dass sie etwas Besonderes leisten und wert sind, ausgewählt zu werden. Die von ihnen erwartete Selbstdarstellung ist emotional belastend, weil es zu viele Bewerber für solche prekären Arbeitsverhältnisse gibt. Doch wie bei dem Vorarbeiter, der jede Erklärung für seine Auswahlentscheidung schuldig blieb, gibt es in dieser Selbstdarstellung kaum Gegenseitigkeit: Warum sollte der Chef sich um eine Interaktion scheren? Die Last liegt allein bei den Arbeitenden. Falls es Ihnen nicht gefällt – es gibt genug, die gerne an Ihre Stelle treten.

Etwa um die Zeit, als die Schauerleute sich in Schlange aufstellten, ohne besonders auffallen zu können, vollendete Herbert Marcuse sein Buch *Der eindimensionale Mensch*. Darin verwies er auf das »Leistungsprinzip« als Erklärung für die Erfahrung, ausgewählt oder nicht ausgewählt zu werden. Ihm verdanken wir das Konzept des Arbeitsmarkts als Form von Theater. In gewisser Hinsicht ist der Gedanke vollkommen schnörkellos: Wie in der morgendlichen Schlange versucht jeder Arbeitssuchende zu zeigen, dass er es wert ist, die Arbeitsstelle zu erhalten, und verhält sich in einer Weise, die ihn aus der Masse heraushebt. Diese Darbietung ist zum Scheitern verurteilt – wie es im Ablehnungsschreiben des Dekans heißt, gibt es nun einmal so viele qualifizierte Bewerber.

Das Theater der Arbeitswelt war für Marcuse nicht bloß eine Metapher. Ähnlich seinem Kollegen C. Wright Mills war er verblüfft, in welchem Ausmaß Großunternehmen und Bürokratien auf die Messung von Leistung setzten – das heißt auf eine Quantifizierung der Arbeitsqualität ihrer Beschäftigten. Die Batterie der Eignungs- und Persönlichkeitstests im Bereich der Angestelltentätigkeiten, die endlosen Beurteilungen, das Psychogeschwätz von der »persönlichen Entwicklung«, all das verdeckt nur den an alle gerichteten Anspruch auf immer höhere Produktivität, auch wenn nur wenige den Lohn dafür erhalten werden. Das meinte Marcuse, wenn er von »zusätzlicher Unterdrückung« sprach: Der moderne Kapitalismus sei geprägt von der Darbietung unentgeltlicher Leistungen. Daraus erwachse ein doppeltes Bewusstsein. Auf der einen Seite Zynismus hinsichtlich eines Systems, das sich gegen dich verschworen hat; auf der anderen die verletzende Erkenntnis, dass diese Veranstaltung ein Urteil über *dich* ganz persönlich ist.

DIE PERSONALISIERUNG DER NIEDERLAGE Zur Personalisierung der Niederlage kommt es, weil Marcuses Beschäftigte die Rollen der hart Arbeitenden internalisieren. Seine Arbeitenden glauben wirklich, dass es gut sei, produktiv, effizient, hingebungsvoll, loyal und bereit zu sein, bei Bedarf Überstunden zu machen. Es sei ihr Charakter, der sie würdig mache, eine Anstellung zu erhalten. Doch der Charakter spielt in diesem Auswahlprozess kaum eine Rolle. Hätte Marcuse *Defeat* inszeniert, dann hätte er diese Zweischneidigkeit herausgearbeitet: Der Charakter hat nichts mit dem ökonomischen Wert zu tun, doch eine gute Arbeitseinstellung ist alles, was Ungelernte besitzen. In einem Büro mag die Darstellung Ihres persönlichen Werts darin bestehen, in Meetings zu demonstrieren, wie gut Sie in Teamarbeit oder der Lösung von Problemen sind. In der morgendlichen Schlange kommen Augenblicke, in denen Sie Ihre Fähigkeiten zeigen könnten, gar nicht vor. Dort sind Sie einfach nur ein Hilfsarbeiter.[2]

Auch wenn Marcuses Ideen sich ganz allgemein auf den Kapitalismus bezogen, nahm er doch an, dass die US-Amerikaner stärker in der Personalisierung der Niederlage gefangen seien, weil in den Vereinigten Staaten vom Individuum verlangt wird, dass es sein Leben selbst in die Hand nimmt. Die Angst, sich in der Masse zu verlieren und unsichtbar zu sein, war in der Nachkriegszeit eine amerikanische Obsession. David Riesman schrieb über diese Sorge in *Die einsame Masse*, einem Buch, in dem er untersuchte, wie der Einzelne aus der Masse hervorsticht oder darin untergeht. Derselben Angst ging C. Wright Mills in seinem Buch *Menschen im Büro* nach. Und kein besonderer Mensch zu sein, aber dennoch auf seinem Wunsch nach Anerkennung zu bestehen, bildete das Thema des Romans *Hasenherz* von John Updike.

Die brutalen Lebensbedingungen der Hafenarbeiter hätten eigentlich den Gedanken nahegelegt, sie sollten zumindest emotional davonlaufen und sich durch Rollendistanz schützen. In seinem *Paradox über den Schauspieler* hatte Diderot bemerkt, dass es kontraproduktiv sein konnte, Gefühle in eine Rolle zu investieren. Auf der Bühne hat eine allzu starke Identifizierung mit der Rolle zur Folge, dass man eine schlechte schauspielerische Leistung abliefert. Diese Beobachtung besitzt eine erkennbare Parallele im Theater der Arbeitswelt. Wenn Menschen sich in Einstellungsgesprächen allzu ängstlich oder nervös verhalten, senden sie damit negative Signale aus. Arbeitgeber dürften positiver auf Arbeitssuchende reagieren, die verbergen können, wie verzweifelt sie einen Job suchen.

Es kam zu einem fundamentalen Wendepunkt in unserer Kultur, als die Menschen zu glauben begannen, sie sollten versuchen, ihr Leben selbst zu gestalten. Die Schlange der Arbeitssuchenden vor den New Yorker Docks zeigte wie in einem Mikrokosmos die negative Aktualität dieses in der Renaissance wurzelnden Glaubens. Hier wird das Scheitern personalisiert: Du kommst nicht voran, weil du so bist, wie du bist.

AUS DEM GESCHEITERTEN SCHAUSPIELER WIRD EIN ZUSCHAUER Die Hafenarbeiter, die als Schauspieler im täglichen Theater der Schlange von Arbeitssuchenden gescheitert waren und dieses Scheitern als persönlichen Mangel empfanden, zogen sich ins Hinterzimmer der Dirty Dick's Bar zurück, um ihre Wunden zu lecken. Sie waren nun Zuschauer der Arbeit.

Nur zuschauen zu können, wie andere ihr Leben anpacken, ist eine Angst, die sich durch die US-amerikanische Literatur zieht, wie in *Die Gesandten* von Henry James. Der vorwurfsvolle Gedanke, sein Leben nicht selbst zu gestalten, kommt dem Protagonisten Lewis Lambert Strether in Paris, wo er versucht, einen jungen Mann namens Chad Newsome zu »retten«, der in den Freuden der Stadt gefangen zu sein scheint. Doch in Paris erkennt Strether, dass er selbst eigentlich der Rettung bedarf, da er selbst nicht gelebt hat: »Das habe ich vorher nicht genügend getan – und nun bin ich zu alt; zu alt jedenfalls für meine Einsicht.« So rät er denn einem anderen jungen Amerikaner: »Leben Sie, so intensiv Sie können.« Strether selbst tat das nicht.[3]

Im Alltagsleben mag die Stellung des bloßen Zuschauers als jene Situation erscheinen, die der Soziologe als »sozialen Tod« bezeichnet. Der Ausdruck bezog sich ursprünglich auf Sklaven, denen man die Mündigkeit verwehrte, da ihre Bedürfnisse nicht denen ihrer Besitzer entsprachen, deren einziges Interesse darin bestand, die Sklaven physisch am Leben zu halten, damit sie für sie arbeiteten. »Sozialer Tod« ist mit der Idee des »nackten Lebens« verwandt, die sich in den Schriften Giorgio Agambens findet, wobei den Maßstab hier die Lebensbedingungen in einem Konzentrationslager bilden, wo die Menschen jegliche bürgerliche oder rechtliche Stellung verloren hatten. Die Hafenarbeiter befanden sich nicht in dieser extremen Lage. Ihre Misere ähnelte eher einer weißen Version der Charakterisierung freigelassener Afroamerikaner durch Ralph Ellison als »unsichtbare Menschen«, die zwar anwesend sind, aber nicht gesehen werden, als wären sie Teil des Mobiliars. Bloße Gleichgültigkeit ist keine tödliche Bedrohung, aber sie untergräbt das Selbstwertgefühl.

Irgendjemand muss schuld sein

In Dirty Dick's Bar wurde der Fernseher stets lauter gestellt, wenn George Wallace auf dem Bildschirm erschien. Wallace, Gouverneur von Alabama und bekennender Rassist, gründete 1967 eine landesweite politische Bewegung, die schwarzenfeindliche Vorurteile mit den in der weißen Arbeiterklasse verbreiteten Ressentiments verband. Im Dirty Dick's waren die Hafenarbeiter plötzlich hellwach, wenn Wallace erklärte: »Ich sage Rassentrennung heute, Rassentrennung morgen, Rassentrennung für immer!!« Er behauptete, schwarze Arbeiter nähmen den Weißen die Jobs weg, unterstützt von reichen weißen Wohltätern, die auf arme Weiße herabschauten. Die Hafenarbeiter riefen ihre Kommentare in Richtung Fernseher, als wäre Wallace selbst im Raum.

»›Sie‹ nehmen euch die Jobs weg« ist eine Standardredewendung zur Frage, wer schuld ist, und sie klang wahr, weil Wallace wie Donald Trump ein sehr guter Schauspieler war. Seine Stimme war rau wie Sandpapier, vor Kameras ging er in die geduckte Stellung eines Boxers, und er wirkte so wütend, als verlöre er gleich jegliche Beherrschung. Die Wut beschränkte sich allerdings auf die Bühne. Jenseits der Fernsehkameras erwies Wallace sich als ein kühler Rechner. Von dem Milliardär Trump, der im Namen des Volkes über die Elite herzieht, unterschied Wallace sich insofern, als er tatsächlich aus einer bitterarmen Familie stammte. Er verachtete die Sitten der verblassten Aristokratie der Südstaaten mit derselben Leidenschaft, mit der er Afroamerikaner hasste. Er stellte die Person dar, die er wirklich war.

Demagogische Auftritte wie die von Wallace werden häufig mit »Populismus« gleichgesetzt, vor allem mit Blick auf die rechtsgerichtete Arbeiterklasse. Das ist in doppelter Hinsicht bequem. Erstens weil Populismus nicht auf die Rechte beschränkt ist. Die Narodniki im Russland des 19. Jahrhunderts waren Agrarreformer, die sich selbst als »Populisten« bezeichneten, desgleichen die Agrarsozialisten in den USA. Zweitens ist es bequem, weil Populismus rechtsextremster Färbung keine besondere Affinität zur Arbeiterklasse besitzt. Einwanderungsfeindliche

Eiferer, Islamophobe, Homophobe und Abtreibungsgegner finden sich ebenso oft in der Mittelschicht oder bei den Reichen.

Wenn Wallace behauptete, Afroamerikaner nähmen den Weißen Jobs weg, so traf das auf den New Yorker Hafen damals nicht zu, und ich habe den Verdacht, dass die Weißen im Dirty Dick's dies sehr genau wussten. Auf alten Fotografien der Schlange an den Docks sieht man zwar hier und da ein afroamerikanisches Gesicht, doch es ist unvorstellbar, dass ein der Mafia angehörender Vorarbeiter einen schwarzen Arbeiter aus der Schlange herausgepickt hätte. Ob Weißer oder Schwarzer, die Hilfsarbeiter wurden alle gleich schlecht bezahlt.

Weiße Arbeiter unterschieden und unterscheiden auch heute noch oft zwischen einzelnen Schwarzen, mit denen sie zusammengearbeitet haben, und der Kategorie der »Schwarzen, die uns Jobs wegnehmen«. Im direkten Kontakt mit schwarzen Arbeitern, hätten sie sehen müssen, dass es denen noch schlechter ging als ihnen selbst. Doch wenn Wallace schrie: »Die Schwarzen nehmen euch die Jobs weg«, ging es nicht um einzelne Personen, und sein Mantra »Rassentrennung, Rassentrennung, Rassentrennung für immer!« bot keinerlei Lösung für den Niedergang der Docks an. Die Schwarzen waren eine fantasierte Zielscheibe – der fantasierte schwarze Arbeiter als Grund für das eigene Scheitern des weißen Arbeiters.[4]

Doch gerade darin lag das Erstaunlichste an der Szene im Dirty Dick's. Wallace erschien auf dem Bildschirm und verschwand wieder. Danach wurde der Fernseher wieder leiser gestellt, man wechselte zu einem Sportkanal, und die Leute versanken erneut in Schweigen. Niemand lief auf die Straße hinaus, um nach einem Schwarzen zu suchen, den er hätte erdrosseln können. Unterdrückt, deprimiert, die Wünsche unerfüllt und ihr Schmerz ungelindert – so fiel der Vorhang nach dieser Aufführung von *Defeat* in New York. Ein Aspekt der dramatischen Kunst erhellt, warum es so endete.

Es gibt keine Katharsis

KATHARSIS Dem Theaterstück *Defeat* fehlte es an einer Katharsis. Eine körperliche Katharsis entfernt etwas Schädliches oder Schmerzhaftes aus dem Körper, wie es etwa geschieht, wenn man sich erbricht. Wenn wir Schmerzen haben, wünschen wir uns keine langsame, sondern eine sofortige Erleichterung. Auch die Tragödie soll solch eine unverzügliche Erleichterung bringen. Am Ende einer Tragödie entlässt eine komprimierte Offenbarungsszene ein Publikum, das sich sehr viel länger Gewalt und Grausamkeit angeschaut hat. Es ist, als würde Gift aus den Zuschauern herausgespült.

In den Anfängen des Theaters rätselten Denker über die Frage, warum die Katharsis eine derart starke Wirkung besitzt. Aristoteles bezeichnet den Augenblick, in dem eine Figur in einem Theaterstück von der Unwissenheit zum Wissen gelangt, als *anagnorisis* – etwa wenn König Ödipus plötzlich erkennt, dass er seinen Vater getötet und mit seiner Mutter geschlafen hat. Die Katharsis ist zugleich ein Augenblick der Wahrheit und eine Befreiung von der Identifizierung. Wir identifizieren uns mit dem Ödipus, der nach der Wahrheit sucht, um seine Stadt von der Pest zu befreien – bis er erfährt (und damit auch wir erfahren), dass die Götter die Pest geschickt haben, weil er ein blutschänderischer Vatermörder ist. An diesem Wendepunkt, an dem Unwissenheit in Wissen umschlägt, hören wir auf, uns mit ihm zu identifizieren. Wir sind nicht wie er. (Oder doch?)

Aristoteles stellte die berühmte Behauptung auf, das Ergebnis sei eine Reinigung von Mitleid und Furcht. Das Mitleid, von dem in der *Poetik* die Rede ist, würden wir heute als Empathie bezeichnen: Wir identifizieren uns mit dem Protagonisten und empfinden ihn als jemanden, der wie wir ist. Wenn dann der Augenblick der Wahrheit kommt und unsere Empathie ihr Ende findet, verlieren wir die Furcht, das Schlimme, das ihm widerfahren ist, könnte auch uns widerfahren.[5]

In gewisser Weise ist die Formel des Aristoteles zu einfach. Wie der Literaturkritiker Frank Kermode anmerkt, erfordert Katharsis das Gefühl, dass etwas endet, dass eine Geschichte zu Ende ist. Doch in der Psyche jedes Menschen lauerten der Wunsch zu töten und der Nervenkitzel von verbotenem Sex. Die verschwänden nicht dank eines Abends im Theater. Das Theater biete allenfalls eine zeitweilige Entlastung von den inneren Dämonen. Katharsis in der Kunst ist daher nicht wie Erbrechen, das Gifte tatsächlich aus dem Körper hinausbefördert. Die inneren Gifte bleiben, doch dank der Kunst fühlen wir uns nicht länger krank – zumindest für eine Weile.

Der Psychologe Thomas Scheff wendet Aristoteles auf das alltägliche Leben an und bezeichnet kathartische Erlebnisse als »Distanzierungsgefühle«. Anfangs lassen wir uns auf Menschen ein, weil wir neugierig auf sie sind, und wir neigen ihnen gegenüber zu Empathie, weil wir gemeinsame Erfahrungen erkennen zu können glauben. Wissen wir jedoch erst einmal mehr über sie, beenden wir unsere Projektionen und ziehen uns zurück. Entweder haben wir wenig miteinander gemein, oder uns gefällt nicht, als was der andere sich erweist. Wir gehen auf Distanz. Diese Abkehr von anderen Menschen hat durchaus ihren Reiz oder löst, wie Scheff schreibt, ein Gefühl der Erleichterung aus. Wir erleben eine Katharsis.[6]

Vor den Docks in New York gab es keine Katharsis dieser Art. Die Schlange erlaubte solche Distanzierungsgefühle nicht. Und im Hinterzimmer des Dirty Dick's gab es kein Gefühl, dass etwas zu Ende ging, keine Reinigung oder zeitweilige Befreiung. Meine stärkste Erinnerung an dieses Hinterzimmer, wenn ich es am späten Nachmittag besuchte, besagt, dass Alkohol solch eine Katharsis jedenfalls nicht bewirkte. Die Männer tranken um diese Zeit teilweise heftig, aber fast alle tranken schweigend. Das Drama der Zurückweisung sollte sich am nächsten Tag wiederholen.

10 EIN THEATER DER FURCHT

Der Zuschauer hat Angst vor der Zukunft

Verleugnung

JUNGE KLIMAWANDELLEUGNER Vor gut dreißig Jahren begann ich mit meiner Beratertätigkeit für die Vereinten Nationen, zuerst für deren Kulturorganisation Unesco, dann für das Entwicklungsprogramm UNDP und schließlich für UN Habitat, das Programm, das sich insbesondere um Städte kümmert. Meine Laufbahn bei den Vereinten Nationen endete mit dem »Weltklimagipfel« in Glasgow 2021, auf dem ich bei der Organisation einer Gruppe half, die der Frage nachging, welche Auswirkungen der Klimawandel auf die Städte haben wird. »Es ist eine gewaltige Bedrohung«, erklärten die Politiker auf diesem Gipfel einmütig, bevor sie Schottland verließen und sich anderen Dingen zuwandten.[1]

Zur Vorbereitung auf Glasgow war ich im Sommer 2019 nach Washington gereist, um eine Gruppe von Klimawissenschaftlern zu treffen, die der Erzklimawandelleugner Donald Trump nach Jahren der Arbeit für die Regierung entlassen hatte. Wir trafen uns am 25. Juli, und am selben Tag versammelte sich im Washingtoner Trump International Hotel eine Gruppe von Klimawandelleugnern. Diese Gruppe mit Namen Heartland Institute sponsorte die »13th International Conference on Climate Change«. Sie war 2008 für die Verabschiedung der »Manhattan Declaration« gegründet worden, in der erklärt wurde, dass »Behauptungen über einen ›Konsens‹ unter Klimaexperten falsch sind«, und die Unterzeichner forderten, dass »Regulierungen und andere Eingriffe zur Reduzierung der CO_2-Emissionen unverzüglich aufgegeben werden« sollten. Die 13. Konferenz feierte nun »die mutigen Männer und Frauen, die auf der Höhe der Angst vor einer globalen Erwärmung die Wahrheit über den Klimawandel gesagt« hätten.[2]

Der lokale Ableger von Extinction Rebellion hatte eine kleine Gruppe von Demonstranten vor dem Hotel zusammengeholt, die gegen die Veranstaltung protestierten. Man hielt sie sorgsam außer Sichtweite, doch sie waren drinnen immerhin zu hören, vor allem wegen einer großen Basstrommel, die eine der Demonstrantinnen mitgebracht hatte. Sie war so klug, die Trommel gegen den Takt und mit verschiedenen Tempi zu schlagen, sodass niemand sie überhören konnte.

Die erstaunlichste Gruppe innerhalb des Hotels bestand aus einigen jungen Leuten, die weniger schmuddelig wirkten als ihre Altersgenossen draußen auf der Straße. Während einer Teepause staunte ich ganz besonders über eine junge Frau hinter mir in der Schlange, die mir zu verbotenem Zucker verhalf. Mit ihrer ernsten Art und ihrer leisen Stimme entsprach sie so gar nicht dem Klischee einer intoleranten Rechten. Vielleicht hatten meine Leberflecken und andere allzu sichtbare Zeichen meines Alters ihr ein gewisses Vertrauen eingeflößt, selbst nachdem sie mich gefragt hatte, was ich tat, und ich die Vereinten Nationen erwähnt hatte. Sie nickte höflich, und um diese unglückliche Enthüllung zu übertünchen, begann sie mir von sich zu erzählen, wie Amerikaner es stets tun, wenn sie Fremden begegnen.

Als Anhängerin des Libertarismus studierte sie im Hauptfach »Ayn Rand studies« an einem New Yorker College. Sie war zusammen mit einem Dutzend Klassenkameradinnen gekommen, denen sie mich vorstellte und mit denen ich anschließend zu Mittag aß. Wie sich herausstellte, hatte Ayn Rand sehr viel mit ihrem Interesse am Klimawandel zu tun. In Rands Lehren dreht sich alles um individuelle Initiative, und wer »Ayn Rand studies« als Hauptfach belegt, dem sind unpersönliche, jenseits der eigenen Kontrolle liegende Kräfte mit einiger Wahrscheinlichkeit suspekt.

Beim Essen legten sie eine gewisse geistige Offenheit an den Tag, die über bloße Höflichkeit hinausging. So fragten sie mich, welchen Unterschied ein Anstieg der globalen Temperaturen um 1,85 statt um 1,4 Grad im kommenden Jahrzehnt bedeuten würde. Meine Erklärung, warum es hier auf jedes Zehntel nach dem Komma ankam, taten sie nicht als »fake news« ab. Doch diese Offenheit währte nur, bis wir zur Großveranstaltung in den Ballsaal gingen. Da ergriffen die bösartigen Kräfte des Theaters von ihnen Besitz und verwandelten sie in eine zornige Masse.

Auf einer riesigen Leinwand zogen Schaubilder vorbei, während jeder Redner eine Version der These vortrug, dass »die Wissenschaft Betrug« sei. Die Betrüger waren abwesende Figuren – Professoren in Harvard und am MIT, professionelle Weltverbesserer in der Rockefeller Foundation und natürlich UN-Bürokraten. Kein einziges Mal räumte einer der Redner im Blick auf eine Warnerin vor dem Klimawandel ein: »Sie ist im Irrtum, aber sie meint es gut.« Persönlicher Rufmord war hier das einzige Mittel gegen wissenschaftliche Tatsachen.

Die Zuschauer reagierten, indem sie nickten oder »Richtig!« riefen. Die Schaubilder waren oft zu kompliziert, als dass man sie hätte lesen können, aber das spielte keine Rolle. Nach und nach ließ sich die Ayn-Rand-Gruppe von der Stimmung aggressiver Verleugnung anstecken. Meine Gefährtin, die draußen so zurückhaltend gewesen war, begann zu lächeln, dann zu klatschen und schließlich zu rufen. Sie nahm ihre Brille ab, Tränen der Begeisterung standen ihr in den Augen. Die Reaktion der Ayn-Rand-Gruppe erinnerte an das erregte Theater des 18. Jahrhunderts, in dem das Publikum die Schauspieler beklatschte oder ausbuhte – hier galt der Applaus den Rednern auf der Bühne, während die Buhrufe den abwesenden Weltverbesserern vorbehalten waren. Und noch ein weiteres historisches Echo: Die Claqueure im Theater des 19. Jahrhunderts hatten einige Mühe, die Schranken des höflichen bürgerlichen Anstands zu überwinden, doch wenn diese Schwelle erst einmal überschritten war, johlte das Publikum in fanatischer Begeisterung. So auch hier. Es hatte eine Weile gedauert, bis die jungen Leute warm wurden, doch dann spien sie Gift und Galle.

Diese Veranstaltung hatte etwas von einem George-Wallace-Auftritt. Als die Reden vorüber waren, kehrten plötzlich auch die guten Manieren der jungen Leute zurück. In einer weiteren Teepause – ich sehnte mich allerdings nach einem Martini, um den Geschmack dieser Rhetorik fortzuspülen – räumten meine Gefährtinnen sogar ein wenig beschämt ein, dass der Klimawandel eine reale Bedrohung darstellt. Die zwischen drinnen und draußen erfolgte Verwandlung war eine, die Le Bon und Freud gewiss verstanden hätten: Im Publikum hatten sie als Teil einer Masse aufgehört zu denken, während sie als Gruppe unterschiedlicher Individuen ins Reich der Tatsachen zurückkehrten.

Als ich das Trump International Hotel verließ, versprachen sie mir, über Ayn Rand und den Klimawandel zu schreiben. Ich habe nie mehr etwas von ihnen gehört, und in gewisser Weise überrascht mich das nicht. Anders als die Szene im Dirty Dick's, in der die Arbeiter zu keiner Katharsis finden konnten, fanden die Zuschauer im Trump International eine Katharsis ganz besonderer Art. In dieser Version – unter dem Bann des Theaters – bestand die Reinigung in einer Verleugnung der Realität, bei gleichzeitigem Bewusstsein, dass die Bedrohung real ist. Die Erklärung für diese Dualität kam von einem Ort, der weit von Washington entfernt liegt

GRADE DER VERLEUGNUNG In einer bemerkenswerten Studie über die Apartheid in Südafrika erforschte der Soziologe Stanley Cohen, was die weißen Buren tatsächlich über die Lebensbedingungen in den Townships wussten, in die man die schwarze Mehrheit eingesperrt hatte. Cohen fand heraus, dass sie sehr viel wussten und sich des Elends vollkommen bewusst waren, das die Apartheid mit sich brachte. Zugleich aber blendeten sie dieses Wissen weitestmöglich aus und behaupteten zum Beispiel, sie hätten ihr schwarzes Dienstpersonal niemals über das Regime klagen hören. Cohen bezeichnete diesen Zustand der Verleugnung als »wissen und nicht wissen« zugleich. Die Schärfe seiner Wahrnehmung lag in der Erkenntnis, dass die liberalen, aufgeklärten Heilmittel zur Veränderung der menschlichen Einstellungen – Information und Bildung – sich auf perverse Weise kontraproduktiv erwiesen. Je mehr die Menschen wussten, wie schrecklich das Leben in den Townships war, desto entschiedener verleugneten sie Realität.

Cohens Studie bestätigte eine Beobachtung, die Hannah Arendt Jahrzehnte zuvor im Blick auf die deutschen Konzentrationslager gemacht hatte. Gewöhnliche Deutsche behaupteten, sie hätten nichts davon gewusst, aber das glaubte Arendt ihnen keinen Augenblick lang. Allzu viele Juden, katholische Widerständler, Homosexuelle, Roma und Sozialisten waren von der Bildfläche verschwunden. Es war undenkbar, dass die gewöhnlichen Deutschen sich nicht gefragt hatten, warum und wohin sie verschwunden waren. Für Arendt verharrten die gewöhnlichen Bürger ebenso wie das KZ-Ungeheuer Adolf Eichmann – der angeblich nur Befehle befolgt und seine Arbeit getan hatte – in einem Zustand der Verleugnung, in dem sie zugleich wussten und nicht wussten. Brutal ausgedrückt, lautet die These von Arendt und Cohen: Je mehr unangenehme Tatsachen die Menschen kennen, desto mehr täuschen sie Unwissenheit vor.

Diese These stellt das im 18. Jahrhundert begonnene Projekt der Aufklärung in Frage. Für Montesquieu und Diderot, Adam Smith und James Ferguson hat Wissen eine befreiende Wirkung, in Cohens und Arendts Augen dagegen eine lähmende. Die Aufklärung glaubte, wenn die Menschen vollständige Information besäßen, würden sie verlangen, dass entsprechend gehandelt wird. In dieser Hinsicht war es ein großer Fehler, dass meine Kollegen bei den Vereinten Nationen und ich auf den Begriff des »Klimanotstands« verfielen. Das Wort »Notstand« löst den Verleugnungsmechanismus aus. Wenn die Faktenlage überwältigend ist, kommt man nicht dagegen an. Man ist hilflos. Deshalb verleugnet man, was man doch weiß.

Die These von Arendt und Cohen ist vollkommen richtig, aber es gibt noch einen weiteren Aspekt. Die Furcht vor dem Klimawandel betrifft etwas Schreckliches, das gerade erst beginnt, und nicht wie in der Geschichte des Ödipus etwas Fürchterliches, das bereits geschehen ist. In einer klassischen Tragödie dieser Art wird das Publikum in die Geschichte hineingezogen, damit die Tatsachen ans Licht kommen, ganz so, als würde eine Autopsie vorgenommen. Die Leugnung des Klimawandels basiert dagegen auf einer vorgestellten Zukunft, bei der man auf Projektionen, Wahrscheinlichkeiten und dergleichen zurückgreifen muss. Es scheint, als gäbe es noch nicht sonderlich viele greifbare Beweise (obwohl es sie gibt). Und wenn Katharsis, wie Scheff behauptet, einer Loslösung und »Herstellung von Distanz« bedarf, erhält diese Zurückweisung einer zukünftigen Zeit eine besondere Form.

Voraussehen und vorausahnen

DIE UNTERSCHEIDUNG Die Zukunft verzweigt sich in zwei Wege. Den einen können wir voraussehen, den anderen nur vorausahnen. Beim Voraussehen können wir ziemlich sicher sein, was geschehen wird, und wir wissen, was wir tun müssen, um mit dieser Wahrscheinlichkeit umzugehen. So wussten wir bei der jüngsten Pandemie, was wahrscheinlich geschehen würde, wenn jemand uns ins Gesicht nießt, und deshalb trugen wir Masken. Beim Vorausahnen ist die Zukunft weniger gewiss. Wie bei Long Covid scheinen die Auswirkungen nicht vorhersehbar zu sein.

In philosophischer Hinsicht bewegt das Voraussehen sich im Rahmen der Deduktion nach dem Muster: »Wenn *x*, dann *y*.« Falls *x* hier ungewiss oder falsch ist, wird das auch für das Ergebnis gelten, doch zumindest können wir die Deduktion prüfen und dabei aus Fehlern lernen. Das Vorausahnen liegt dagegen außerhalb des deduktiven Rahmens. Hier stellt man sich eine Reihe möglicher Ergebnisse vor, die sämtlich nicht überprüft werden können. Das Vorausahnen weckt Gefühle einer »ontologischen Unsicherheit«, eine hochtrabende Bezeichnung für ein Gefühl ständigen Unbehagens und innerer Unruhe, weil man nicht weiß, was als Nächstes geschieht, aber das Schlimmste befürchtet. Die politische Philosophin Jennifer Mitzen glaubt, ontologische Unsicherheit treibe die Menschen zu einer extremen Politik meist rechtsgerichteter Art, die diese täglichen Ängste unterdrücken soll. Man könnte sagen, die jungen Leute bei dem Treffen der Klimawandelleugner hätten unter ontologischer Unsicherheit gelitten (auch wenn ich dieses heftige Etikett nicht ganz mit ihren ordentlichen Strickjacken und gebügelten Hosen in Einklang zu bringen vermag). Ein solideres Fundament findet ontologische Unsicherheit in Zufallsoperationen.[3]

FORTUNA Das Vorausahnen blickt auf eine Geschichte zurück, deren Ursprung in den unterschiedlichen Vorstellungen der Menschen vom Zufall liegt. Das Vorausahnen stützt sich auf den Glauben, dass die Erfahrung mit dem Zufall nicht dem Werfen einer Münze ähnelt, bei dem das

Ergebnis mit gleicher Wahrscheinlichkeit Kopf oder Zahl sein wird. Vielmehr scheinen die Dinge langfristig eher schlecht als gut auszugehen. Die Karten sind gezinkt, und zwar zu unseren Ungunsten.

In unserer Kultur erschien der Zufall anfangs in Gestalt der griechischen Göttin Tyche (der römischen Fortuna), deren Augenbinde symbolisierte, dass die Dinge mit gleicher Wahrscheinlichkeit gut oder schlecht ausgehen können. Darin war Fortuna eine Kusine des Janus, der keine Voraussagen über die Zukunft machte. In der antiken Welt feierte Thukydides *tuhke*: »Das Glück winkt den Mutigen.« Heute würden wir sagen: »Wer wagt, gewinnt.« Die Tragödiendichter sprachen eher von *ate*, dem Verderben, das die Mutigen möglicherweise herausfordern. Der Altphilologe E. R. Dodds schrieb einmal, die Tragödie biete »das Schauspiel eines Menschen, der sich aus freien Stücken … zu einer Reihe von Handlungen entscheidet, die zu seinem eigenen Untergang führen«. Es gibt noch einen dritten Zustand, *proaísthima*, die Furcht, wir könnten uns selbst schaden, nicht mit Absicht, sondern durch einen unglücklichen Zufall.[4]

Das Christentum verwarf von Anfang an den Gedanken eines unglücklichen Zufalls und ebenso den eines blinden Schicksals. Nach christlicher Auffassung funktionierte der Zufall in der Art eines betrügerischen Casinos; das Rad des Schicksals war so manipuliert, dass man unmöglich gewinnen konnte. Die Grausamkeit des Zufalls hatte ihren Ursprung in Adams und Evas Sündenfall. Nach der Vertreibung aus dem Paradies war es unwahrscheinlich, dass Dinge gut ausgingen. In den *Canterbury Tales* bemerkt der Erzähler der Geschichte des Mönchs: »So wird Fortunas Rad herumgeschwungen; / Und heute weint, wer gestern noch gelacht.«[5] In Dantes *Inferno* ist der Zufall gleichsam die Trumpfkarte in einem Tarotspiel, die Menschen in den Abgrund der Hölle stürzt.

Man könnte sagen, im Klimawandel erscheint der Zufall in genau dieser christlichen Form. Auch wenn Wirkungszusammenhänge nicht im Einzelnen vorausgesagt werden können (zum Beispiel wo ein Sturm genau zuschlägt oder auch wie heiß es am 3. August 2024 in New York sein wird), stehen die Chancen doch langfristig schlecht für uns, da wir wie bei der Erbsünde die Urheber unseres eigenen Unglücks sind.

Es ist durchaus denkbar, dass die Redner im Ballsaal des Trump International Hotel ihrem Publikum diese christliche Bürde nehmen wollten, auch wenn sie das wahrscheinlich nicht so gesagt hätten. Ihr habt nichts Falsches getan, was zur Erwärmung der Erdatmosphäre geführt hätte. Das alles ist nur *fake science*. Kauft ruhig das größte Auto, das ihr euch leisten könnt. Wirklich verblüffend an diesen Rednern fand ich dagegen die extreme Aggressivität ihrer Angriffe auf die Klimawissenschaft. Dasselbe hatte auch für George Wallace gegolten. Er war nicht einfach ein Rassist, er war ein brutaler Rassist. Ich frage mich seither, was diese Bösartigkeit mit der Dramatisierung von Gewalt zu tun haben mag, die wir an früherer Stelle in diesem Buch untersucht haben. Wie konnten Verleugnung und Vorausahnung der Zukunft so dramatisiert werden, dass Abwehr und Furcht derart aggressive Züge annehmen?

Eine mögliche Antwort bietet uns der Mythos von Saturn, der in der antiken Welt der Gefährte des Janus war.

Die Sense des Saturn

IN GOYAS ESSZIMMER Der Maler Francisco Goya kaufte sich 1819 ein Haus außerhalb von Madrid, das er in einzigartiger Weise einzurichten begann. Ins Esszimmer hängte er sein Gemälde *Saturn frisst seinen Sohn*. Es ist eines der grausigsten Bilder in der Geschichte der Kunst. Der Kopf des Jungen und ein Teil seines Arms sind bereits gefressen, rotes Blut und weißes Fleisch erhellen das Gemälde. Von Saturns Gesicht sind in der Dunkelheit nur sein weit aufgerissener Mund und seine hervorquellenden Augen zu sehen. Die Finger des Gottes erscheinen wie Klauen, die sich in den Rücken seines Sohnes graben, während er sich zum nächsten Bissen bereitmacht.

Schon früh in seiner Karriere malte Goya auch solche Gemälde, in denen er irrationale Gewalt dramatisierte – als Gegengewicht zu den schicklichen Porträts, mit denen er sich anfangs einen Namen gemacht hatte. Es hatte nichts Abseitiges, diese kannibalistische Szene in sein Esszimmer zu hängen. Goyas Publikum sah sich gleichfalls eifrig Horrorbilder an.

Auch sie wollten ins Innere der Psyche blicken, vor allem wenn die Bilder antike Mythen darstellten.

Im Mythos von Saturn, den Goya hier als Vorlage nahm, resultiert die Gewalt ganz unmittelbar aus seiner Vorausahnung der Zukunft. »Saturn« war der römische Name für Chronos, den griechischen Gott der Zeit, der seine Kinder tötete und fraß, weil er fürchtete, dass sie ihn verdrängen würden, falls er sie am Leben ließ. Saturnus habe man ihn genannt, so schreibt Cicero, »weil er sich an den Jahren sättigt« (*saturatur*), das heißt, er war ein Gott, der die Zukunft fürchtete. Die Geschichte nimmt eine weitere Wendung, als Janus den wegen seines kannibalistischen Verbrechens in die Verbannung geschickten Saturn aufnimmt, um gemeinsam mit ihm über das Gebiet zu herrschen, aus dem später Rom wurde. Es ist eine dieser tiefgründigen, provozierenden Paarbildungen, zu denen es im Mythos kommt. Janus, der Gott der unbekannten Zukunft, herrscht gemeinsam mit Saturn, dem Gott, der die Zeit verleugnet.[6]

Wie alle Mythen ist die Geschichte von Saturn nicht einfach. Als Zerstörer wurde er mit der Ernte in Verbindung gebracht und stand für den Winter, wenn die fruchttragende Erde erschöpft ist. Doch als Gott der Vorahnung beschäftigte er die antike Fantasie. Der Kannibale Saturn auf Goyas Gemälde ist ein Symbol für den alten Kampf gegen den Verlust der Herrschaft in der Zukunft – oder noch verstörender für die Angst, die Jungen, unsere Kinder, könnten darauf aus sein, uns zu vernichten.

Der Romancier W.G. Sebald war besessen von Goyas Gemälde, holte den Mythos in die Gegenwart und nutzte ihn, um über die Umweltzerstörung nachzudenken. In *Die Ringe des Saturn* erzählt er von einem Spaziergang in der Landschaft Suffolks in England während eines Besuchs bei einem anderen Emigranten aus Deutschland, seinem Freund Michael Hamburger. Im Verlauf seiner Reise bemerkt er die geschundene Landschaft voll weggeworfener Plastikflaschen, weiteren Abfalls und sinnloser Gebäude, gelegentlich unterbrochen von plötzlichen Treibsanderuptionen und anderen Naturkatastrophen. Dann macht er in Gedanken einen Sprung zu den Nazigefühlen der Zeitgenossen seiner Eltern in Deutschland. Gedankenlose Zerstörung, zufällige Zerstörung, Selbstzerstörung –

diese drei Elemente bilden gemeinsam die Macht der Vorausahnung, die Sebald die »Sense Saturns« nennt.[7]

Das Saturngemälde in Goyas Esszimmer stützt sich auf einen Mythos, der zugleich theatralisch und fantastisch ist – und dasselbe gilt auch für Goyas Gemälde. In seiner Darstellung der Gewalt ist das Bild überlebensgroß. Hier haben wir eine weitere Form der Verbindung zwischen Theatralität und Gewalt. Die Sense Saturns wird zu einer Waffe in der Vorausahnung der Zukunft.

Buch V

WIE KUNST ÖFFNET

11 DIE BÜHNE VEREINT SICH MIT DER STRASSE

Offene Räume für die Kunst

Sie und ich sind natürlich zu klug, um zu glauben, dass es für jedes Problem eine Lösung gäbe. Dennoch wollen wir etwas tun. Wir wollen etwas gegen destruktive Darstellung unternehmen. Wenn etwas kaputt ist, können wir es auf dreierlei Art reparieren. Die erste ist ein bloßer Ersatz, etwa wenn wir eine ausgebrannte Glühbirne durch eine neue ersetzen. Die zweite ist eine Erweiterungsreparatur, wenn wir zum Beispiel einen Speicherstick gegen einen größeren austauschen. Bei der dritten Art von Reparatur kommt es zu einem drastischeren Umbau. Ersetzt man einen alten Computer durch einen neuen, verändert sich damit auch die gesamte Arbeitsweise. Diese Art Reparatur erweitert unser Verständnis.[1]

In den darstellenden Künsten und der Musik erfolgen Reparaturen auf ganz ähnliche Weise. Sie haben ein Kratzen im Hals, also lutschen Sie eine Pastille und können wieder so singen wie zuvor. Ihr Gesangslehrer bringt Ihnen bei, hohe Cs zu erreichen, und Sie haben Ihr stimmliches Repertoire nach oben erweitert. Sie hören sich eine Aufzeichnung Ihrer eigenen Darbietung an und merken, dass sie nicht stimmig ist. Es ist Ihnen nicht gelungen, die Bitterkeit in einem scheinbar süßen Lied herüberzubringen. Sie müssen Ihre Phrasierungstechniken überdenken, um Ihrer Stimme größere Prägnanz zu verleihen. Sie werden das Singen noch einmal neu lernen müssen.

Durch die dritte, tiefer reichende Form von Reparatur wird die Kunst offener. Und das betrifft zuallererst die Art, wie Kunst den Boden berührt: ihre physische Präsenz in der Stadt.

Die offene Stadt

ZUGÄNGLICH Kunstverwalter (ein trostloser Berufsstand) reden davon, Kunst »zugänglich« zu machen, wobei »zugänglich« eine Variante von »offen« darstellt. Damit meinen sie, wenn man Gemälde mit attraktiven Etiketten versieht; wenn Musikerinnen oder Musiker eine kurze Ansprache halten, bevor sie mit ihrer Darbietung beginnen, und ausführen, »was das für mich bedeutet«; wenn Choreografen Tanzunterricht erteilen, nachdem die Leute gesehen haben, wie man professionell tanzt – dann wird Kunst attraktiv, und die Besucher- oder Zuschauerzahlen steigen in die Höhe (Kunstverwalter leben und sterben mit Besucher- oder Zuschauerzahlen). Solch ein Vorgehen ist jedoch durchaus nicht demokratisch, sondern herablassend, als kapierten die Leute es ohne solche Zusätze nicht. Außerdem passt das nicht recht zu einem Gutteil der Kunst, die diese Kunstverwalter an den Mann oder die Frau bringen wollen – eine Kunst, die zutiefst beunruhigend oder schwierig ist und sich nicht keimfrei machen lässt. Und schließlich verstehen die Verwalter das Publikum nicht richtig – zumindest das städtische Publikum. Im Unterschied zum Dorf ist die Stadt voller Menschen, die wenig gemeinsam haben und deren Unterschiede sich unmöglich in Einklang bringen lassen. Musikalisch gesprochen, lösen menschliche Dissonanzen sich in der Stadt nicht auf. Das Publikum lebt jeden Tag mit Unterschieden und Dissonanzen. Die Herausforderung besteht darin, die Kunst zu einem Bestandteil städtischer Erfahrung zu machen, statt sie für Touristen hübsch einzupacken.

Damit wird die Frage zu einem Thema für Architekten und Stadtplaner. Im 5. Kapitel haben wir den langen Prozess aufgezeigt, in dem das Theater sich von der Straße zurückzog und in speziell dafür bestimmte Gebäude eingeschlossen wurde. Heute stehen wir vor der Herausforderung, das Theater wieder mit der Straße zu verbinden. Das gilt in einem umfassenderen Sinne. Geschlossene Wohnanlagen und bewachte Gebäudekomplexe stehen für Abschließungstendenzen innerhalb der Stadt, und ihre Form dominiert heute den modernen Massenwohnungsbau. Die meisten Bürotürme sind monofunktional, das heißt ausschließlich für geschäftliche Zwecke bestimmt, und werden am Eingang bewacht, damit niemand dort eintreten kann, ohne sich auszuweisen. Der Rückzug von der Straße, chaotisch in der Form und vielfältig in der Funktion, wie sie ist, bildet ein Charakteristikum der modernen Stadt. Wie können wir also wieder eine Verbindung zur Straße herstellen? Eine Möglichkeit weist uns der Ausdruck »komplex«.

KOMPLEX Das war einmal ein Schlüsselwort in der Entwickelung der wissenschaftlichen Theorie »offener Systeme«. Nach Pionierarbeiten von Wissenschaftlern und Ingenieuren wie Norbert Wiener und den Fachleuten am MIT in der Mitte des vergangenen Jahrhunderts erforschte man auf dem Gebiet der offenen Systeme, wie Computer ebenso wie Menschen durch Dinge angeregt werden, die schwierig sind und deren Verständnis Mühe erfordert. William Mitchell, mein Kollege am MIT, wandte die Analyse offener Systeme auf städtische Verkehrssysteme, Bauordnungen und Strategien der Stadterneuerung an.

Ganz konkret wurde mir klar, worum es bei der Komplexitätstheorie ging, als ich vor zwei Jahrzehnten für die Vereinten Nationen an einem Spezialprojekt arbeitete, das die städtischen Räume in Seoul und Lagos miteinander verglich. Die Unterschiede zwischen den beiden Städten machten auf verblüffende Weise deutlich, was eine geschlossene von einer offenen Umgebung unterscheidet. Neuerbaute Stadtviertel in Seoul funktionierten hinreichend effizient, besaßen aber nur wenig Straßenleben. Die Gebäude bestanden aus einheitlichen Wohnblocks, vor die man teilweise große Fahnen mit der jeweiligen Hausnummer hängen musste, damit die Bewohner erkannten, welches ihr Haus war. Neu-Seoul war das genaue Gegenteil der öffentlichen Räume in Lagos, die laut, aggressiv und informell waren. In einem Viertel zum Beispiel, in dem Gebrauchtwagen verkauft wurden, lebten auch Hirten vom Lande, die tief in der Nacht häufig Autos ausschlachteten und die Teile noch vor dem Morgengrauen verkauften. Um solchen Vandalismus zu verhindern, hielten die Gebrauchtwagenhändler ihr Geschäft die ganze Nacht über offen, was wiederum dazu führte, dass auch Restaurants durchgängig geöffnet blieben, damit die Kunden dieser Händler etwas essen konnten. Aus einigen

Hirten wurden nun Köche … Anders als die neuen Viertel in Seoul, die statisch blieben und sich wirtschaftlich nicht weiterentwickelten, regte die Komplexität in Lagos am Ende das Wachstum an.

In offenen Systemen nimmt der Wandel keine geraden Wege. Es geschehen Dinge, die niemand erwartet hat und die zu weiteren Veränderungen führen, jede davon mit eigenen Folgewirkungen. Der Prozess ist – im Jargon offener Systeme – nicht »linear«, sondern »pfadabhängig«. Ein weiteres Beispiel für eine pfadabhängige städtische Entwicklung ist Gaziantep in der Türkei. Die Stadt wurde 2010 plötzlich von einem massiven Zustrom syrischer Flüchtlinge überrascht, sodass die Einwohnerzahl sich in den folgenden fünf Jahren nahezu verdoppelte. Statt die Neuankömmlinge auszuschließen oder abzusondern, bemühte die Stadt sich, ökonomischen Nutzen aus diesem unerwarteten Zustrom zu ziehen. Dank technisch gut ausgebildeter Flüchtlinge konnte die Stadt ihren Dienstleistungsbereich erweitern und so eine neue regionale Ökonomie für sich entwickeln.

Bei Computern gibt es eine besondere Verbindung zwischen Komplexität und Reflexivität. Das heißt ganz einfach, wenn Dinge sich anders weiterentwickeln als erwartet, sucht das Computersystem in seinem Speicher, was unter den neuen Umständen nützlich sein könnte und was nutzlos ist. Die Feedbackschleifen in offenen Systemen setzen deren Umbaureparaturen dritten Grades in Gang.

Bei Menschen ist der Prozess der Beurteilung über Feedbackschleifen oft derselbe, doch während Computer keine Gefühle haben, sind die Ergebnisse solcher Sichtungsverfahren bei Menschen oft unangenehm, vor allem in offenen Umgebungen. Das wurde mir schlagartig klar, als ich Mitte der neunzehnhundertachtziger Jahre erstmals nach Shanghai reiste. Die Menschen waren gerade von der maoistischen Überwachungskultur befreit worden, die sich zuvor tief in ihr Leben eingegraben hatte. Als junger Mensch nahm man die westliche Kultur – das Kino, die Musik, die intellektuellen Moden – begeistert auf, und damit war man hipper als hip. Doch die Älteren konnten nicht einfach aus dem Rahmen ihrer Erinnerungen heraustreten – sie vergaßen nicht, dass die Nachbarn sie bei den Behörden denunziert oder sie selbst ihre Nachbarn vielleicht an die Behörden verraten hatten, um zu überleben. Schon die Tatsache, dass die Stadt sich nun offener zeigte, war verstörend. Es war jetzt schwieriger, die vielen schwerwiegenden Themen zu ignorieren, die offen in Cafés und Bars statt wie früher hinter verschlossenen Türen diskutiert wurden.

In einem allgemeineren Sinne heißt das, eine Stadt, die sich öffnet, lädt damit nicht nur zu etwas Vergnüglichem ein. Die Feedbackschleifen können auch wehtun. Die Herausforderung, mit der die Öffnung einer Kultur die Menschen konfrontiert, liegt in der Frage, wie sie mit gegenwärtigen Dissonanzen und vergangenen Verstörungen umgehen, statt sie einfach zu unterdrücken. Und genau das ist in unserer kulturellen Nische ein besonderes Rätsel. Wie vermag das undurchsichtige Gebiet der Theaterarchitektur ein Problem dieser Reichweite anzugehen – und kann es das überhaupt? Liegen solche Dinge nicht weit jenseits der Möglichkeiten eines Bauwerks? Um diese Frage zu beantworten, falls es denn überhaupt eine Antwort gibt, müssen wir uns das Innenleben dieser Gebäude anschauen.

Poröse Theater

Man könnte meinen, die einfachste Möglichkeit zu einer Öffnung der darstellenden Künste gegenüber der Stadt wäre es, das Theater als speziellen Ort aufzugeben. Alles würde sich dann auf der Straße abspielen. Viele Stadtplaner träumen heute von solchen Zuständen: keine Barrieren, keine Filter, keine Mauern, alles offen und frei zugänglich. Aufführungen benötigen jedoch gewisse Barrieren, damit die Menschen gut sehen und hören können. Gute technische Gründe gibt es insbesondere für Wände jener Art, wie sie in Gestalt der *scene* erstmals hinter der Bühne antiker Amphitheater errichtet wurden.

Wände reflektieren Schall. In einem rundum von Wänden umgebenen Theater wie Palladios Teatro Olimpico nimmt die Reflexion die Form der »Anfangszeitlücke« an. Das ist die Differenz zwischen der Zeit, in der Schall auf direktem Wege von der Schallquelle zum Ohr des Hörers gelangt, und der Zeit, die er benötigt, um von einer Wand oder Decke reflektiert zu werden und das Tympanon des Hörers zu erreichen. In einem vollständig geschlossenen Raum vermittelt diese Lücke das Gefühl, stereofon in Schall eingehüllt zu sein, statt ihn direkt und gerichtet zu hören, wie es geschähe, wenn er durch ein Fenster hereindränge. In einer bahnbrechenden Studie fand der Akustiker Leo Beranek heraus, dass diese Zeitverzögerung etwas weniger als zwei Sekunden betragen sollte. In ästhetischer Hinsicht hat diese stereofone Einhüllung in den Schall den Effekt, dass die Zuhörer den Eindruck einer größeren Nähe zur Bühne haben.[2]

Wie beim Hören ist es auch beim Sehen. Nehmen wir an, Sie sind ein mittelloser Straßenmusiker und spielen in einem Verbindungsgang der U-Bahn oder an einer Straßenecke, um Ihre Miete zahlen zu können. Dann wird der ebene Charakter ihrer Spielstätte zu einem Problem für Sie, denn falls sich eine Menge ansammelt, können nur die vorn stehenden Leute Sie sehen, während die übrigen weitergehen. Eine naheliegende Lösung für dieses Problem wäre es, die Zuschauerplätze nach hinten ansteigen zu lassen, doch auch diese Lösung muss mit Sorgfalt realisiert werden. Ein allzu starker Anstieg erhöht zwar die Sichtbarkeit, erzeugt aber auch leicht Schwindel, wie jeder weiß, der einmal in Opernhäusern wie Covent Garden ganz oben auf den billigen Plätzen gesessen hat. Wie die von Beranek für den Schall genannten Parameter sind auch die Parameter für den Anstieg ziemlich streng und bewegen sich zwischen 2,5 und 4,5 Grad.

Aus technischen Gründen wie diesen wäre es kaum sinnvoll, Theater einfach abzureißen und durch einen Platz oder eine andere freie Fläche zu ersetzen. Die Herausforderung besteht hier darin, physische Elemente der Einschließung wie Wände oder ansteigende Zuschauersitze so einzusetzen, dass sie Bühne und Straße zusammenführen. Die Natur hält hier eine Anregung bereit.

MEMBRANEN UND HÜLLEN Lebende Zellen sind von »Wänden« zweierlei Art umgeben: von Membranen und härteren Hüllen. Eine Membran ist gewöhnlich eine dünne, weiche Wand, durch die Nährstoffe leicht in die Zelle und Abfallprodukte nach außen transportiert werden können, während Hüllen dickere und härtere Wände darstellen, die das Eindringen von Stoffen verhindern sollen. Eine Membran ist nicht so durchlässig, als befände sich dort gar keine Wand. Sie filtert Stoffe beim Übergang zwischen Innen und Außen. Ohne diesen Filter würden die Zellen rasch ihr Inneres verlieren und sterben. Auch härtere Hüllen sind nicht vollkommen dicht. Ein gewisses Maß an Osmose findet auch bei ihnen statt, aber die Stoffe wandern langsamer hindurch als bei Membranen. Dennoch gibt es hier einen großen graduellen Unterschied: Die Membran ist poröser.

Auf die Kultur übertragen könnte Porosität als Vorbild für die Schaffung größerer Offenheit zwischen Bühne und Straße dienen. Doch wie lässt sich solche Porosität herstellen? Hier nun vier Modelle für diese Bemühung, von denen allerdings nur eines den Raum in einer Weise öffnet, die der Komplexität, der Dissonanz und der Unbequemlichkeit Rechnung trägt.

INTERNE POROSITÄT Sie suchen Ihren Weg zu einem Konzert im Barbican Centre in London, und Sie sind spät dran – aber die Musiker werden warten, weil sie wissen, dass es nicht Ihre Schuld ist. Der Eingang ist schwer zu finden, vor allem von den öffentlichen Verkehrsmitteln her, und auch wenn Sie zu Fuß durch diese Gegend laufen, ist kaum zu erkennen, dass hier irgendwo Kunst geboten wird.

Im Mittelalter war ein Barbakan eine am Stadttor angebrachte Schießscharte für Bogenschützen; später bezeichnete man damit jeden befestigten Ort, in den man nicht leicht eindringen konnte. Die Konzerträume im Barbican Centre sind »barbakanisiert«, ebenso wie die größte in modernen Zeiten gebaute Konzerthalle Europas, Hans Scharouns Philharmonie in Berlin, innen ein Wunderwerk, außen eine abweisende Festung.

Beim Barbican Centre, dieser Außenhülle für Kunst, ist der Raum indessen porös. Mit einem Drink in der Hand kann man durch Empfangsräume, Bars und Restaurants flanieren oder zu einem großen Wasserbecken hinausgehen, umgeben von Apartmentblocks, die diese Räume auf den übrigen drei Seiten einschließen.

Bedeutsam am Barbican-Modell ist die Tatsache, dass die Anwohner den Lärm und die Abfälle gar nicht mögen, die von den Besuchern der Kunstevents erzeugt und hinterlassen werden. Meine Studenten stellten bei der Untersuchung dieses Konfliktes fest, dass die Bewohner in ihren Wohnungen blieben, wenn das Publikum hinausging, um den künstlichen See zu genießen. Die Stadt London, die für die Kontrolle des Barbican zuständig ist, hat strenge Vorschriften erlassen, die das Publikum von den Wohnbereichen fernhalten sollen, auch wenn diese Vorschriften oft nicht beachtet werden und das Kunstpublikum – nicht unbedingt eine Bande verwahrloster Plünderer – durch den gesamten Komplex wandert. Der bedeutendere Mangel, für den das Barbican steht, ist der Umstand, dass unsichtbare Trennwände die Durchlässigkeit begrenzen – der Raum ist rechtlich betrachtet nicht durchlässig.[3]

DURCHBRÜCHE Die unmittelbarste Art der Öffnung einer im Bauplan vorgesehenen Hülle ist der Durchbruch. Dazu gehören Fenster- und Türöffnungen in den soliden Wänden eines Gebäudes, sodass keine physische Barriere mehr zwischen Innen und Außen besteht. Zudem werden solche Durchbrüche nicht kontrolliert. Man erinnere sich an die Janusplakette über der Tür antiker Häuser, die den Menschen sagten, wo sie von einem Raum in den anderen hinübergehen konnten, aber keine Regeln boten, wann die Räume offen waren und wer das Recht hatte, von Raum zu Raum zu gehen. Außerdem können die Menschen sich gleich zweifach bewusst werden, nämlich dessen, was sie selbst tun, während sie andere Menschen in einem angrenzenden Raum sehen und hören. Auch das hat eine antike Wurzel, nämlich in den synchronen Aktivitäten auf der Agora, wo zahlreiche Dinge gleichzeitig geschahen.

Wenn Durchbrüche ein mehrschichtiges Bewusstsein dieser Art ermöglichen, vermag ein Theater oder ein anderer Aufführungsort mit durchbrochenen Wänden auf seltsame Weise das Erleben einer Aufführung zu schwächen. Ein Beispiel dafür ist das Half Moon Theatre in London, ein Meisterwerk architektonischer Durchbrüche, das der Architekt Florian Beigel von 1975 bis 1985 schuf.

Das Half Moon wurde um einen Hof herum errichtet, der durch ein

Tor an der belebten und lauten Mile End Road betreten werden kann. In dem Hof erbaute Beigel zwei Theater, ein großes und ein kleines, getrennt durch eine schmale Gasse, in der die Menschen während der Pausen zusammenkommen können. In beiden Theatern durchbrach Beigel die Wände mit leicht zu öffnenden Fenstern und Türen. Er stellte sich vor, damit die perfekte Architektur für die Commedia dell'arte geschaffen zu haben, in der die Figuren plötzlich aus Türen im Erdgeschoss hervorkommen oder dort hinausgehen und an Fenstern hinter und über den Zuschauern auftauchen und wieder verschwinden.

Bei gleichzeitigen Aufführungen in beiden Theatern fielen die Dinge allerdings oft auseinander. Wegen der offenen Türen und Fenster hatte das Publikum das Gefühl, an zwei Vorstellungen gleichzeitig teilzunehmen. In beiden Häusern vermochten die Zuschauer sich nicht zu konzentrieren und verloren den Faden. Solche Durchbrüche erzeugen das Gefühl, man nähme gleichzeitig an zwei Zoom-Sitzungen teil, ohne sich auf die eine oder die andere vollständig konzentrieren zu können. Die Porosität innerhalb des Half-Moon-Komplexes wurde durch ein einfaches Mittel gerettet. Man hielt Türen und Fenster geschlossen, zog jedoch die Jalousien hoch. So hielt man die Geräusche in ihrem jeweiligen Raum, die Sicht blieb dagegen unversperrt.

Dadurch verwandelten sich die Durchbrüche in eine Art Membran, die eine Sinneswahrnehmung durchließ, die andere jedoch herausfilterte. Das Theater war nun wirklich durchlässig. Aber wozu? Durchbrüche neigen dazu, Wahrnehmung zu fragmentieren. In einem Theater oder einem Konzertsaal wünschen wir uns kein schwaches, verwässertes Erleben.

VERSIEGELTE SPEKTAKEL Doch was ist, wenn man den Zugang kontrollieren muss und deshalb unmöglich Wände einreißen kann, selbst wenn man es wollte? Wie kann man erreichen, dass der Raum sich dennoch offen und durchlässig anfühlt? Vor diesem Problem standen die Architektin Elizabeth Diller und der Architekt Ricardo Scofidio, als sie den Auftrag zur Renovierung der Alice Tulla Hall erhielten. In New York City bestimmt das Bauplanungsgesetz von 2007, dass der Zugang zu Konzerthallen kontrolliert werden muss. Draußen auf dem Broadway hupten die ganze Nacht Autos, und unter der Straße rumpelten ständig U-Bahnen. Die Architekten hätten etwas in der Art des Barbican bauen können, nämlich völlig abgeschlossen, aber sie entschieden sich dazu, die Menschenmenge innerhalb des Gebäudes, die dort im Foyer trank und aß, zu einem Spektakel zu machen, vollkommen sichtbar für die Passanten, die in diesem äußerst belebten Stadtteil an dem Gebäude vorbeikamen. Die Glasscheiben, die den Innenraum für die Außenwelt sichtbar machen, sind von extrem guter Qualität und so konstruiert, dass sie wie aus einem Stück wirken. Um den Eindruck eines von außen verfolgten Spektakels noch zu verstärken, schufen die Architekten an der Straßenecke ein kleines Amphitheater, von dem aus sich der belebte Innenraum beobachten lässt.

Das versiegelte Spektakel widerspricht der Logik der typischen Unternehmenszentrale, deren Eingangsbereich zwar verglast ist, aber dennoch keine Menschenmenge im Innern zeigt, sondern nur geschmackvolle Möbel und eine vom Rezeptionisten am Empfang überwachte Leere. Dennoch ist Tully Hall mit seinen Menschenmengen problematisch. Es wirkt wie ein Aquarium. Das Glas ähnelt einer Werbefläche: Komm herein, kauf einen Drink, kauf ein Ticket. Doch es ist ein teures Aquarium mit teuren Drinks. Außerdem sind in dem Gebäude nur wenige Menschen zu sehen, wenn kein Konzert stattfindet. Niemand hängt dort ab, weder Musikstudenten des angrenzenden Juilliard-Konservatoriums noch Bühnenarbeiter aus dem Lincoln Center. Versiegelte Spektakel können eine Hülle statt einer Membran erzeugen. Diller und Scofidio wussten das sehr wohl, doch sie durften bestimmen, wie das Gebäude aussieht, nicht, wie es genutzt wird.

Ob nun intern begrenzt, durchbrochen oder aquariumähnlich, insgesamt verstärkt die visuelle Schaustellung von Offenheit nicht das Engagement. Ist das Projekt der Porosität deshalb fruchtlos. Eine vierte Art von Theater widerspricht diesem Schluss dank einer radikaleren Neuformatierung der Bedeutung von Porosität.

DAS MOBILE THEATER Die Römer glaubten, Hausgötter wachten über bestimmte Orte. Alexander Pope, der das Fachgebiet der Landschaftsarchitektur zu gründen half, war der Ansicht, die lokale Umgebung solle die Hand des Gestalters führen:

> »Zieht das Genie des Ortes zu Rathe; dieses wird euch sagen, ob das Wasser steigen oder fallen müsse. Es hülft dem hochmüthigen Hügel den Himmel zu erreichen; oder vertieft das Thal in runden Theatern.«

Den Gegensatz dazu markieren Landschaftsgestalter wie André Le Nôtre, der bei der Gestaltung der Gärten von Versailles auf streng geometrische Formen setzte, die sich überall und auf jedem Gelände realisieren ließen.[4]

Heute preisen viele die Vorzüge des Place-Making und einer lokal basierten Kunst. In politischer Hinsicht ist dieser Ansatz gefährlich, falls der betreffende Ort vorwiegend von Menschen einer bestimmten Art, von Weißen oder Schwarzen, Christen oder Juden, bewohnt wird, unter Ausschluss von Menschen, die als Außenseiter verstanden werden. Der lokale »Genius des Ortes« kann als Abschottungsformel dienen.

Der Architekt Tadao Ando wollte dieser Vereinnahmung des Ortes entgegentreten, indem er ein Theater schuf, das »die Außenwelt hereinholt«, und zwar gemäß dem Grundsatz, dass Kunst gezeigt werden soll, die man an dem betreffenden Ort sonst nicht sehen kann. 1968 entwarf er ein Theater, das einen Ortswechsel ermöglicht, das Kara-Za Theatre, dessen Wände und Decke sich leicht auf- und abbauen lassen, wobei das Material akustisch auf die Erfordernisse der Form »abgestimmt« werden kann, die das Theater auf verschiedenen öffentlichen Flächen annimmt, zumal es sich dank der zeltähnlich abgewinkelten Wände an jede Stellfläche anzupassen vermag.

Das Theater sollte sich dabei aber nicht mit dem »Genius des Ortes« vermischen, als wäre es immer schon dort gewesen. Seine schwarze, klobige Form weist es sogleich als einen besonderen Bau aus. Auch im Innern fehlen die visuellen Merkmale eines »normalen« japanischen Theaters, die Bereiche und Gesten, an die sich die Menschen gewöhnt haben. Das Kara-Za brachte unbekannte Stücke und Musik aus dem Ausland. Andos Prestige als Architekt zog zwar Menschen an, aber dennoch spielte das Kara-Za nicht vor vollem Haus. Arthur Millers *Tod eines Handlungsreisenden* stieß anfangs auf Widerstand, und dasselbe galt für viele importierte Stücke des Theaters. Mit der Zeit wurden diese von außen kommenden Theaterstücke jedoch am jeweiligen Ort akzeptiert.

Andos Credo lautete schlicht: »Der Ort, an dem wir leben, sollte nicht bestimmen, welche Kunst wir sehen.« Er wollte Erfahrungen in die lokalen Gemeinschaften einbringen, die man dort sonst nicht hätte machen können, und das mit Hilfe eines Bauwerks, das sich leicht auf- und abbauen und von einem Ort der Stadt an einen anderen transportieren ließ. Von anderswo kommende Kunst spricht Sie an, aber nicht über Sie.[5]

Von den vier durchlässigen Theatern ist das von Ando das offenste im systemischen Sinne des Wortes. Die Architektur bekräftigt den fundamentalen Wert der Komplexität: Kunst sollte die Menschen anregen, indem sie sie fremdartigen, ausländischen oder herausfordernden Ausdrucksweisen aussetzt. Statt zugänglich zu sein oder als Spiegel der Gemeinschaft zu dienen, ist das Zelt, wie Ando einräumt, kein Ort, der in einer harmonischen Beziehung zu seiner Umgebung stünde. Das Zelt soll keine lokal beliebte Institution, sondern eine von außen kommende Botschaft beherbergen.

Nur im Sinne eines Gedankenexperiments habe ich mir vorzustellen versucht, wie es wohl für Carl gewesen wäre, seine schwierige, zuschauerunfreundliche Musik in Andos Zelt darzubieten. Es hätte den Fluch erleichtert, den informelle Räume den Darbietenden auferlegen können, etwa in den Jazz-Clubs, in denen Carls Musik lediglich als Hintergrund für Drinks und Gespräche diente. Baute man Andos Theater in Harlem auf, würde Carls Gruppe, obwohl deren Mitglieder sämtlich dort lebten, ganz ähnlich wirken wie *Tod eines Handlungsreisenden* in Tokio und Nachrichten von anderswo, Nachrichten über den Anderen dorthin bringen. Befreit von ihren Identitäten, befreit von der Aufgabe, die Gemeinschaft zu repräsentieren, hätte Carls Quartett eine ähnliche Funktion wie der Bote in der griechischen Tragödie, der auftritt, eine wichtige

Erklärung abgibt und wieder abtritt. Andos mobiles Zelt ermöglicht es den Musikern, diese Rolle einzunehmen.

Die heilende Agora

SIMMELS REALISMUS Dabei könnte es sich allerdings bloß um die Fantasie eines Architekten handeln. Der Soziologe Georg Simmel, der zu Beginn des 20. Jahrhunderts schrieb, dachte zweifellos so. Das Berlin seiner Zeit hatte eine gewisse Ähnlichkeit mit Lagos. Im Stadtzentrum geschahen allzu viele Dinge gleichzeitig: Menschenmengen drängten sich in den Einkaufsstraßen, dazu ein endloser Strom von Kutschen und Fuhrwerken; der Lärm aus den Werkstätten vermischte sich mit den Küchengerüchen aus den Wohnblocks in der Nähe der Fabriken; Obdachlose bettelten oder schliefen in Nischen zwischen den Gebäuden; es häuften sich Ausbrüche gegen Juden oder Ausländer, die die Stadt zu überfluten schienen …

Darauf antworteten die Berliner seines Erachtens, indem sie eine Maske der Gleichgültigkeit aufsetzten, statt sichtbar zu reagieren oder sich auf der Straße sozial zu engagieren. In seinen Augen kamen die Menschen nicht mit der urbanen Überfrachtung zurecht. Mit Bedingungen wie in Lagos mögen sie eine Zeitlang zurande kommen, doch letztlich sind Verhältnisse wie im ruhigen und friedlichen Seoul, in dem nichts zu geschehen scheint, erträglicher. Da die Menschen allzu große Komplexität nicht ertragen können, weicht die offene Stadt am Ende unvermeidlich einer geschlossenen. Ein Theaterzelt vermag daran nichts zu ändern.

Einige moderne Verhaltensbiologen stützen diese Ansicht durch Studien über dichte Tierpopulationen wie E. O. Wilsons Schriften über Insektengemeinschaften. Diese auf Erhaltung der Ordnung und Vermeidung von Dissonanz ausgerichteten Habitate sind besonders feindselig gegenüber Eindringlingen. Nach dieser Auffassung besitzen die Menschen eine biologische Disposition, in ihrer Gruppe unter sich zu bleiben und andere abzuweisen. Oder anders ausgedrückt, das ist der Elefant im

Raum des liberalen, auf wechselseitiger Akzeptanz beruhenden Kosmopolitismus.[6]

Simmels Realismus mag als gesunder Menschenverstand erscheinen, sein zurückgezogener Städter kann sich jedoch solch einen Rückzug von den anderen leisten. In Simmels Berlin hatten die meisten Menschen keine andere Wahl, als auf den Straßen zu sein, Dinge zu transportieren und zu verkaufen, ins Büro und wieder nach Hause zu gehen, Schulen oder Krankenhäuser zu besuchen. Sie hatten nicht die Möglichkeit, dem sensorischen Kontakt mit den schlecht riechenden und rempelnden Mitmenschen aus dem Weg zu gehen.

Die im 4. Kapitel beschriebene antike Agora könnte hier ein gutes Gegenbild zu Simmels Darstellung von Berlin abgeben. Nach Simmels Vorstellungen müsste solch ein Ort von Reizüberflutung geprägt sein, sodass die Menschen sich schon bald in sich zurückzögen und sich gegenüber anderen kühl und gleichgültig verhielten. In der antiken Agora war es schlichtweg nicht so. Sie überdauerte ein Jahrtausend, während die Pnyx nach wenigen Jahrhunderten verkümmerte. Eine Geselligkeit nach Art der Agora war den Menschen wichtiger als die Politik nach Art der Pnyx. Problematisch an diesem antiken Modell war jedoch, dass sie offen für die Wenigen, aber geschlossen für die Vielen war: offen für eine Minderheit männlicher Bürger der Stadt, geschlossen für Frauen, Sklaven und Immigranten.

Im modernen soziologischen Denken gibt es zwei Argumentationsstränge, die Simmel widersprechen und sich eine Agora vorstellen, die für alle offen ist und alle anspricht. Einer davon sieht in der Agora einen Diskursraum, der andere eine Bühne.

HANNAH ARENDTS AGORA Die Agora als Diskursraum findet ihre deutlichste Verkörperung in Hannah Arendts Buch *Vita activa oder Vom tätigen Leben*, das 1958 erschien. Die Agora in Athen dient ihr als Maßstab, doch kein athenischer Mann hätte sich in ihrer Agora zu Hause gefühlt.

Arendt meinte, in einer modernen Agora sollten die Menschen in der Lage sein, ihre Identität abzulegen, vor allem wenn sie arm oder schwarz sind oder in anderer Weise als Außenseiter klassifiziert werden. Der alte deutsche Spruch »Stadtluft macht frei« bedeutet in ihren Augen in erster Linie, dass Herkunft, Geschlecht, Lebensweise oder Klassenzugehörigkeit für die Stellung als Bürger keine Rolle spielen dürfen. Private Umstände haben im öffentlichen Raum keinen Platz. Arendt war eine entschiedene Gegnerin der heute so genannten »Identitätspolitik«. Ein Satz, der mit »Als Afroamerikaner sage ich …« beginnt, ist in ihren Augen ungeeignet, sich bei anderen vorzustellen. Dasselbe gilt für »Wir Arbeiter wollen …«. Nicht dass Arendt blind für »Rasse« oder Klasse gewesen wäre. Sie glaubte vielmehr, das Reden über die Identität entmutige die Menschen, sich offen und vollständig auf andere Menschen mit anderen Identitäten einzulassen. Das identitäre Sprechen mache den Schwarzen aus dem Getto zu einer Inkarnation des Zorns, den jüdischen Flüchtling zu einem Emblem des Leidens und so weiter. Dadurch verweigere man ihnen eine eigene Persönlichkeit. Helfen könne hier die Schaffung eines Raumes, in dem ihre Identität einen anonymen Bereich bildet. Sie hoffte, Nachbarn in Bürger verwandeln zu können.

Arendts Gedanke sollte uns wichtig sein, weil dies ein denkbarer Ausweg aus dem im vorigen Kapitel besprochenen Theater der Niederlage sein könnte. Es sollte einen öffentlichen Raum geben, in dem die Menschen keine Vorstellung zu geben brauchen, um sich ihr Abendessen zu verdienen, einen Ort, an dem sie sein können, ohne beurteilt zu werden.

Arendt lebte an solch einem Ort. Das West End Bar and Grill in der Upper West Side in New York ähnelte den Cafés ihrer Studentenjahre – ein lautes, überfülltes, nach abgestandenem Bier und Zigarettenrauch riechendes Lokal, nicht unähnlich dem downtown gelegenen Schwulenlokal Dirty Dick's am Abend. Im West End debattierte sie, manchmal mit Studenten, manchmal mit sich selbst. Das Wirrwarr unterschiedlicher Dinge, die gleichzeitig passierten, schien sie zu stimulieren und ihre Energie zu fokussieren. Im formellen Klassenzimmer, wo sie alles unter Kontrolle hatte, war sie kühler, weniger intensiv, vielleicht sogar ein wenig gelangweilt. Das West End Bar and Grill war ihre Agora.

Ihr Gespür für den Ort unterscheidet sie von dem anderen großen Philosophen der Öffentlichkeit, Jürgen Habermas, dessen Buch *Struktur-*

wandel der Öffentlichkeit 1962 erschien. Dank Habermas begann das Nachdenken über die Öffentlichkeit sich auf die Massenmedien und insbesondere die Zeitungen zu konzentrieren. Seit im 18. Jahrhundert die ersten Zeitungen mit hoher Auflage erschienen, so behauptete er, hätten sie eine breite Leserschaft dazu angeregt, über das Gelesene nachzudenken. Im Prinzip könnte heute das Internet demselben Zweck dienen. Über die von Habermas angeführten Zeitungsleser in den Cafés hätte Arendt vielleicht gesagt (wie ich vermute, aber ich habe sie nie über ihn sprechen gehört), das öffentliche Leben der Cafébesucher beginne, sobald sie ihre Zeitung weglegen und anfangen, miteinander zu reden.

Arendts Diskurskonzept stützt sich auf eine Verknüpfung von Bühne und Straße, und zwar in zweierlei Weise. Erstens weil sich in ihren Augen jeder öffentliche Raum – eine Bar, der Wartebereich in einem Krankenhaus oder ein Theater – in eine Agora verwandelt. In ihrer Jugend hatte sie während der sozialen Unruhen der neunzehnhundertzwanziger Jahren erlebt, dass Theater zu Stätten öffentlicher Zusammenkünfte wurden. Zweitens weil ihr Verständnis der Agora wie deren antikes Vorbild keine Unterscheidung zwischen Schauspieler und Zuschauer trifft. Doch im Unterschied zur antiken Agora glaubte sie an Gleichheit – und ihre Gleichheitsvorstellung besagte, dass Menschen sich der schützenden Hülle der Identität entledigen können und sollen, um offen und frei miteinander zu sprechen.

Ihre Agora ist ein Ort, an dem das Wort regiert. Und mehr noch ein Ort, an dem die Menschen durch den sprachlichen Austausch Energie gewinnen. Ich denke, ihr Vorwurf an Simmel lautet, dass sein defensiver, nach innen gewandter Städter mit der Zeit eine Ernüchterung erleben wird. Die Menschen werden ihr Leben am Ende wie viele Bewohner der neuen Viertel in Seoul eher als tot denn als sicher empfinden. Aber was ist, wenn Worte den Menschen keine Energie verleihen und dies möglicherweise auch gar nicht können? Wo und wie können sie eine positive Stimulierung ihrer Sinne bewirken? Diese Frage beschäftigte Roland Barthes sehr persönlich.

ROLAND BARTHES' AGORA Im Jahr 1966 reiste Roland Barthes nach Tokio, und zwar zu Lehrzwecken, da man ihn gebeten hatte, seine Vorstellungen zur Semiologie, der »Wissenschaft« der sprachlichen Zeichen und ihrer Bedeutung, vor diesem ausländischen Publikum darzulegen. Zu dieser Zeit empfand er diese »Wissenschaft« der Worte bereits als recht langweilig und war wie Arendt seiner Rolle als »der Professor« ziemlich überdrüssig. Die Reise an einen fernen Ort erschien ihm immerhin als eine Chance, seine Batterien aufzuladen. Ein Jahr später reiste er erneut nach Tokio, diesmal ohne Lehrauftrag. Die Stadt erregte seine Sinne. Er mochte das Essen, auch wenn er es nicht gut vertrug; die uralten Zeremonien, bei denen er kein Wort verstand; die TV-Trash-Kultur mit ihrer Ähnlichkeit mit der in kommerziellen Sendern des Westens gebotenen Kost, aber sonderbaren Zwischenspielen; die geschwätzigen Gemeinschaftsbäder, ganz anders als die schwulen, sexorientierten Saunen zu Hause. Sein Buch *Das Reich der Zeichen* zeichnet diese Eindrücke derart geistreich nach, dass selbst japanische Leser davon hingerissen sind.

Barthes, der vielleicht größte literarische Leser des 20. Jahrhunderts, empfand Japan als unlesbar. Viele Straßen hatten keinen Namen, und die Nummern auf den Häusern folgten nicht der üblichen Reihenfolge. Es sei schwer, schrieb er, in solch einem Raum ohne jede »Klassifizierung« zu bestimmen, wo man sich gerade befindet. In Tokio könne der Fremde sich nicht »durch das Buch, durch die Adresse orientieren«, sondern allein »durch Gehen und Sehen, durch Gewöhnung und Erfahrung«.[7]

Hier liegt meines Erachtens die Quelle für die Anziehungskraft, die Tokio auf Barthes ausübte. Da es keine festen Referenten, keine sprachliche Substanz gibt, muss der Ausländer in den Räumen der Stadt auf die eigenen Sinne und die eigene Vorstellungskraft zurückgreifen. Tatsächlich sensibilisierte Barthes sich oft, indem er ziellos durch das verwinkelte Gewirr der Tokioter Straßen wanderte und sich darin verlor. Barthes ist eine moderne Version des Baudelaire'schen *flâneur*, der durch die Stadt schlendert, angelockt von einer Ansicht oder einem Geräusch, ohne zu wissen, was er finden wird.

Die Unbestimmtheit regte seine Sinne an. Einmal nahm Roland mich in Paris mit in ein japanisches Restaurant, ein Lokal für Insider, dessen

Speisekarte in Japanisch geschrieben war, mit nervenden Kurzerklärungen in Französisch wie »leckere Fischbällchen« oder »Misosuppe mit weiteren Zutaten«. Diese nutzlosen Beschreibungen, die jedes realen Bezuges entbehrten, bereiteten Roland großes Vergnügen. »Wenn du wissen willst, wie es schmeckt«, sagte er, »dann probiere es. Genau so schmeckt es.«

Das Fehlen leitender Bezugspunkte in Tokio galt für das Stadtzentrum ebenso wie für viele Seitenstraßen. Die japanische Hauptstadt »offenbart ein kostbares Paradox: sie besitzt durchaus ein Zentrum, aber dieses Zentrum ist leer. Die ganze Stadt kreist um einen verbotenen und zugleich indifferenten Ort, einen hinter Grün verborgenen, von Wassergräben geschützten Wohnsitz, den ein Kaiser bewohnt, welchen man nie zu Gesicht bekommt ...«[8] Dagegen sind der Louvre oder Notre Dame Bezugspunkte, an denen Aktivitäten in ihrem Umfeld festgemacht werden können.

So gab es denn keine Agora im westlichen Sinne eines geographischen Ortes, wohl aber im Sinne eines sozialen Raums. Diese Agora bestand aus Gesten, über die dort die Menschen miteinander kommunizierten. Barthes sah in diesen Gesten ein alltägliches Theater, das die Menschen in physischen Räumen zusammenbringt, die sonst vieldeutig oder unlesbar, also unbestimmt wären. Theatergesten machen leere Räume zu lebendigen. Das geschieht zum Beispiel, wenn Japaner sich verbeugen.

Begleitet wird dieser Vorgang meist von einem Austausch der Visitenkarten. Der Verbeugende kennt oft nicht den gesellschaftlichen Status seines Gegenübers. Nach dem Austausch und einem Blick auf den Titel des anderen wird die Verbeugung entsprechend angepasst. Darin ähnelt die japanische Verbeugung der von Ludwig XIV. dargebotenen *révérence*. Der genaue Winkel der Verbeugung des Königs hing von der Stellung der Person ab, die Ludwig da grüßte. Die japanische Verbeugung, wie Barthes sie verstand, ist dagegen ein Akt, der eine Verbindung herstellt. Er öffnet die Tore für weitere Kommunikation und erzeugt damit einen sozialen Raum.

Bei dieser Version des Ausdrucks »Verbeugung« kommt es auf das Wort »sozial« an, »sozial« im Unterschied zu »symbolisch«. Dieser Unterschied wird deutlich, wenn man die japanische Verbeugung mit den Gebärden französischer Catcher vergleicht, ein Thema, das er in einem seiner ersten Bücher behandelte, den *Mythen des Alltags*. Die Catcher lieferten offensichtlich eine Fake-Show ab, so glaubte Barthes. Sie übertrieben ihre Schmerzen und protestierten lautstark, weil der Schiedsrichter nicht gerecht entscheide. Damit thematisierten sie die Ungerechtigkeit, indem sie dramatisierten, dass dieses Spiel manipuliert war. Viele der in den *Mythologies* beschriebenen Gebärden enthielten ein moralisierendes Element wie dieses. Tatsächlich ist das eine alte Tradition in der französischen Literatur, die bis zu dem Geschichtenerzähler La Bruyère zurückreicht. Ob zu Recht oder nicht, jedenfalls hatte Barthes den Eindruck, dass die japanische Kultur frei von der Bürde sei, Bedeutung dieser Art zu tragen. Eine Verbeugung ist eine Verbeugung und sonst nichts. Es geht darum, sich korrekt zu verbeugen und dies mit einer gewissen Anmut zu tun. Es ist der kunstvolle Charakter der Verbeugung, der ihr Bedeutung verleiht und ein soziales Band knüpft.

Barthes' Darstellung seiner Wege durch Tokio knüpft an seinen Glauben an, dass gut vollführte Gebärden ein soziales Band herstellen. Der Raum der Stadt ist unbestimmt, der eigene Platz darin wird durch ritualisierte Gesten geschaffen. So gesehen ist Tokio gar kein so fremdartiger Ort. Wie wir bei den Kaddisch-Ritualen beobachtet haben, leisten die körperlichen Rituale eine ganz ähnliche Sozialisierungsarbeit. Die Verbeugung unterscheidet sich von der Verbindung durch Worte, an die Arendt dachte. Diese japanischen Rituale sind keine Gleichmacher, vielmehr erkennen sie Unterschiede an und ritualisieren sie sogar. Vor allem aber werden die Gesten kunstvoll ausgeführt. Auch das ist nichts rein Japanisches. Barthes hatte ein Gespür für Mode und sagte mir einmal: »Wie die Menschen aussehen, ist wichtiger als das, was sie sagen.« Mit dieser scheinbar an Andy Warhol erinnernden Bemerkung meinte er, dass die Mode der Verbeugung ähnelt. Sie macht ein Statement, doch dieses Statement ist nicht persönlicher Art. Ein Anzug oder ein Kleid, die gut geschnitten sind, stehen für sich; man reagiert auf sie statt auf die Person, die diese Kleidung trägt. (Was die eigene Kleidung betraf, war Barthes allerdings eher nachlässig.) Das Theater der Straßen wird von einem kunstvollen Körper geschaffen, und dank dieses körperlichen Theaters vermögen Menschen, die einander nicht kennen und auch niemals kennenlernen werden, eine gemeinsame Verbindung zu empfinden.

Ich denke, es ist kein Zufall, dass Tadao Andos Zelttheater auch etwas von diesem Ethos besitzt. Es bietet eine anregende, aber fließende Erfahrung. In gewisser Weise unterscheidet sich Barthes' Vorstellung einer körperlichen Begegnung nicht sonderlich von Baudelaires Charakterisierung der Moderne als zeitweilig und partiell. Alle diese Vorstellungen des Theaters der Straßen haben mit Arendts Idee der Diskursagora den Glauben gemeinsam, dass es gut ist, sich nach außen zu wenden – weg von der Gemeinschaft, von einem gemeinsamen, lokalen, engen Verständnis, hin zu eher unpersönlichen Bindungen.

In meinen Augen geht es in der offenen Stadt genau um solch eine Wendung nach außen. Offenheit bringt sozusagen eine Menge Gepäck mit sich. Sie lässt sich nicht leicht realisieren. Eine Stadt offen zu machen, verlangt sehr viel Arbeit. Von all diesen Vorstellungen neige ich am ehesten denen von Roland Barthes zu: dass nämlich Verbindung zwischen Fremden am besten durch physische Erfahrung, durch Gebärden, durch kunstvolle, durchdachte Gesten statt durch natürliche erzeugt wird – durch Gesten, die theatralischen Charakter haben. Doch hier lauert ein gewaltiges Problem, wie ich feststellen musste, als ich gemeinsam mit ihm musizierte.

12 KÖRPER KOOPERIEREN

Der gesellige Darbietende

Wir halten es – durchaus zu Recht für ausgemacht, dass Schauspieler oder Musiker zusammenarbeiten können. Trotz ihres angeblich überdimensionierten Ichs müssen Künstler auf der Bühne auch mit Leuten zusammenarbeiten, die sie nicht mögen, weil sie sonst nicht gemeinsam auftreten könnten. Bei uns Musikern kommt noch hinzu, dass wir auf Reisen oft mit Menschen zusammenspielen, die wir nicht kennen. In diesem Fall leisten unpersönliche Gesten gute Dienste; sie bieten uns die Möglichkeit, ausdrucksstark mit Fremden zu kommunizieren. Wenn wir unterwegs sind, werden wir zu Japanern.

Bei der Kooperation gibt es einen Aspekt, der dem in dieser Studie betrachteten körperlichen, nichtsprachlichen Charakter der Darbietung näher steht und sämtliche Darbietungsformen betrifft, von Ritualen bis zu Theateraufführungen, vom Tanz bis zur Musik.

Der natürlichste Ausdruck gelingt, wenn der Darbietende sich, wie man so sagt, »wohl in seiner Haut fühlt«. Jeder Musiker weiß das. Wer gut spielen will, muss sich körperlich wohlfühlen. Wer nicht entspannt ist, kann nicht wirkungsvoll mit anderen kommunizieren. Die Gesten werden sonst steif oder eckig und unbeholfen erscheinen. Es kommt zu einem Missverhältnis zwischen dem, was der Darbietende innerlich fühlt, und dem, was er gegenüber anderen zum Ausdruck bringt.

Die Fähigkeit zur Zusammenarbeit mit anderen gründet im Körper. Daraus ergeben sich politische Folgen. Das werde ich zunächst einmal zu zeigen versuchen, indem ich beschreibe, wie Roland Barthes Klavier spielte. Im letzten Kapitel erschien mein Freund als ein Diogenes, dessen Licht die Agora erleuchtete. Wenn er musizierte, erlosch sein Licht.

Roland Barthes spielt leidenschaftlich und schlecht

AM KLAVIER In Paris spielte ich gelegentlich für Barthes Klavier, während er las und rauchte. Er hörte gerne die *Barcarolles* von Fauré – Stücke, die an der Oberfläche nett wirken, aber darunter eine eher verstörende Schönheit besitzen. Einige wenige Male ließen wir uns aktiver aufeinander ein und versuchten, vierhändig zu spielen – ein wenig Schubert und Bearbeitungen von Mozart-Quartetten. Was mich verblüffte, war, dass Barthes, ein so subtiler Schriftsteller, sowohl leidenschaftlich als auch schlecht spielte. Sobald er an eine schwierige Stelle kam – Töne, die er verfehlte oder einfach nicht spielen konnte –, verlangsamte er plötzlich das Tempo oder spielte laut, um statt der Töne das Gefühl zu betonen. Viele Amateurmusiker verstärken den Ausdruck, wenn sie technisch zu kämpfen haben. Und wie viele hatte Roland zu große Angst, Fehler zu machen, was nur die Wahrscheinlichkeit erhöhte, dass er tatsächlich welche machte. Auch scheute er vor Berührung zurück, sodass er mit dem Oberkörper von mir abrückte. Dadurch veränderte sich die Stellung des Oberkörpers zu den Armen, und er konnte nicht mehr die volle Kraft in die Unterarme legen, wenn er in die Tasten griff. Zum Ausgleich hämmerte er dann kräftiger aus den Handgelenken heraus und dramatisierte Momente, die eigentlich gar nicht leidenschaftlich waren.

Angst vertreibt Natürlichkeit. In Schuberts F-Moll-Fantasie für vierhändiges Klavier findet sich zum Beispiel zu Beginn des Eröffnungssatzes eine kleine anmutige Tonfolge von C zu F und zurück zu C, die der rechten Hand Orientierung gibt, und diese kleine Tonfolge erscheint dann immer wieder in diesem ersten Satz. Es fühlt sich wirklich gut an, diese Tonfolge zu spielen, weil sie die Hand auf der Tastatur stabilisiert und Spannung abbaut. Roland hatte jedoch, soweit ich sehen konnte, keinen Spaß daran. Statt einer anmutigen Gebärde stürmte er in die Melodie hinein und hämmerte das den Anfang bildende C. Dadurch wurde die kleine, aus zwei Tönen bestehende Phrase verzerrt, und das betonte C klang willkürlich.

Ganz allgemein gilt, dass die Bewegungen eines angespannten Körpers oft eckig oder unkontrolliert erscheinen, weil ein von physischer Angst ergriffener Mensch allzu sehr mit sich selbst beschäftigt ist, als dass er sich frei und ungezwungen bewegen könnte. Die Aufforderung, sich zu entspannen, dürfte nur selten helfen, sondern verstärkt allenfalls noch die Anspannung.

Hätte ein Fremder Roland Barthes beim Klavierspielen gehört, wäre er wahrscheinlich zu dem falschen Schluss gelangt, Barthes verstünde diese Musik nicht. Doch das war mitnichten der Fall, er schrieb wunderschöne Texte darüber. Der Fremde hätte aber Recht mit der Vermutung, dass Roland in solchen Krisenmomenten nicht empfänglich für andere war und zum Beispiel die hochgezogenen Augenbrauen ignorierte, mit denen ich ihm den kommenden Beginn einer Einführung signalisierte, oder nicht auf die Verlangsamung reagierte, die ich ihm anbot und die ihm mehr Zeit für die Ausführung einer raschen Tonfolge geben sollte. Er war allzu sehr mit seinen Schwierigkeiten beschäftigt, als dass er sich auf einen anderen hätte einstellen können. Die ängstliche Bemühung, das Gefühl zum Ausdruck zu bringen, ging auf Kosten der Aufmerksamkeit für andere.

Roland wusste, dass da an der Darbietung der von ihm so geliebten Kunst etwas nicht stimmte. In seinem Aufsatz »Musica practica« erklärte er: »Es gibt zwei Arten von Musik … eine, die man hört, und eine, die man spielt. Diese zwei Arten von Musik sind zwei vollständig verschiedene Künste.« Bei der einen geht es um »den Wunsch, eben diese Musik zu *machen*«, während die andere »dem Zuhörer jede Aktivität … abnimmt und im Bereich der Musik die Vorstellung des *Machens* aufhebt«. Roland war über diese Aufspaltung nicht glücklich. Nach solch einem fehlerbedingten Abbruch sagte er mir einmal: »Ich entfremde mich meiner selbst.«[1]

IDEALISIERUNG Was Barthes da im Wege stand, war die Idealisierung. Goethe beschrieb die Idealisierung 1774 in seinem Roman *Die Leiden des jungen Werther*. Werther erhebt Charlotte zur »einzigen Liebe«, zur »vollkommenen Liebe«, doch seine Liebe ist aussichtslos, sie kann niemals erfüllt werden. Unser Held begeht Selbstmord. (Das Buch löste angeblich eine Selbstmordwelle bei jungen Leuten aus.) *Die Leiden des jungen Werther* sind ein Echo auf Goethes eigene Liebe zu Charlotte Buff, die bereits mit einem anderen verlobt war. Je schlimmer seine Frustration wurde, desto engelhafter erschien ihm Charlotte. Gegen solche Idealisierung fand Goethe in Italien wieder Freude daran, sich in einem Zitronenhain zu ergehen, dem Glockengeläut zuzuhören und frühmorgens durch die Straßen zu wandern – ich denke, ganz allgemein gilt, dass schlichte körperliche Liebe besser für uns ist als eine idealisierte menschliche Leidenschaft.

Roland war sehr gut in der Selbstanalyse des Schadens, den Idealisierung anzurichten vermag. Die traurigsten Seiten seiner Schriften sind davon geprägt. In seinem Essay *Fragmente einer Sprache der Liebe* beschreibt er, wie er in einem Café auf einen Angebeteten oder zu Hause auf dessen Telefonanruf wartet. Das schweigende Telefon löst eine »Szenographie der Erwartung« aus. Tatsächlich stand Roland mit Dutzenden junger Männer in einer Liebesbeziehung, doch sie kamen im Erleben seines Begehrens nicht vor. Der eine, der da nicht anruft, muss die Liebe seines Lebens sein – so schön, so intelligent, der ideale Geliebte. »Das Wesen, das ich erwarte, ist kein reales.« Dann zitiert er den Psychologen Winnicott: »So ›schaffe ich es, aus meiner Liebesfähigkeit, aus dem Bedürfnis, das ich nach ihm habe, immer wieder neu‹.« Barthes' Schilderung des Wartens im Café oder zu Hause lässt auch an Schuberts Lied »Die Taubenpost« denken. Beide evozieren Sehnsucht, reines Sehnen, die Sirenenstimme des Eros. Darin sind Begehren und Abwesenheit unlösbar miteinander verbunden.

Das Erlebnis physischen Unbehagens hat in allen Künsten auch seine gute Seite. Angesichts des Widerstands engagiert der Künstler sich möglicherweise stärker als in einer Situation, in der ihm die Dinge leicht von der Hand gehen. Außerdem vergleichen Musiker oder Musikerinnen ihre Darbietung mit einer Idealvorstellung, wie die Musik klingen sollte. Wie wir im 3. Kapitel gesehen haben, kämpft der Glaube an einen richtigen Weg, der für den Augenblick der eigene ist, gegen den Widerstand an. Ja, du kämpfst, aber du tust es, um es richtig zu machen.

Was geschieht nun aber, wenn du es nicht schaffst? Wenn jemand wie Roland nicht glaubt, den eigenen Leistungsansprüchen gerecht zu werden, treibt ihn das noch stärker nach innen. Dieser Erfahrung sind wir bereits begegnet, und zwar in Ludwig Marcuses Kritik am Leistungsprinzip in der alltäglichen Arbeit – die beschämende und lähmende Lücke zwischen dem idealen Arbeiter, der man sein sollte, und dem realen. In den New Yorker Docks trieb diese Lücke die Arbeiter nach innen und veranlasste sie, im weiteren Verlauf des Nachmittags immer mehr und immer schweigsamer zu trinken.

Die Herausforderung ist hier in Kunst, Liebe und Arbeit dieselbe. Wie kann man das eigene Tun »entidealisieren« und dennoch danach streben, es gut zu tun? Ich glaube, dass man dieser Herausforderung im Körper gerecht zu werden vermag.

Körperliches Wohlbefinden

Ich werde den mit dem Klavier kämpfenden Roland Barthes einen Augenblick verlassen und darlegen, wie Cellisten eine »Entidealisierung« vornehmen. Das Problem stellt sich uns in besonderem Maße, wenn wir uns mit einer für das Instrument typischen Schwierigkeit auseinandersetzen.

VIBRATO Auf Streichinstrumenten erzeugt man das Vibrato durch eine wiegende Bewegung der linken Hand, mit der die Klangfarbe eines Tons um die genaue Tonhöhe herum abgewandelt wird. Im Vibrato breiten die Töne sich aus wie die Wellen auf einem Teich, wenn man einen Stein hineinwirft. Das Vibrato ist nicht auf Streichinstrumente beschränkt. Sänger produzieren es mit dem Kehlkopf, Bläser mit ihren Lippen. Bei Streichinstrumenten stellen die Fingerspitzen den ursprünglichen Kontakt her, doch die Energie stammt aus dem Ellbogengelenk, wobei die Kraft über den Unterarm und die Handfläche zur Fingerspitze geleitet wird.

Auf dem Cello ist das Vibrato deshalb schwer zu spielen, weil das Instrument nicht benutzerfreundlich ist. Es kann harsch klingen, wenn der

Cellist E und F auf der G-Saite spielt, ähnlich dem Blöken eines Schafs. (Kurioserweise nennt man dieses hinterhältige Phänomen den »Wolf«.) Diese kann sich noch verstärken, wenn der Cellist innerhalb der Gefahrenzone ein Vibrato spielt. Dann klingt es wie eine Frequenzstörung im Radio. Die Benutzerunfreundlichkeit ergibt sich aus der schieren Größe des Instruments. Die hohen Töne liegen auf dem Griffbrett nicht in der Nähe der Hand, sondern weit entfernt. Um dorthin zu kommen, muss die linke Hand die Daumenposition einnehmen, das heißt, der Daumen liegt nicht mehr auf der Rückseite des Cellohalses, sondern gleichfalls auf den Saiten, eine Bewegung, die einen leichten Widerstand im Subclavius auslöst, dem Muskel, der die Achselhöhle mit dem Brustbein verbindet. Spielt man in der Daumenposition häufig oder längere Zeit Vibrato, führt das zu einer Verspannung des Subclavius.

Wie kommt ein Musiker mit einem Instrument zurecht, das nicht vollkommen benutzerfreundlich ist? Cellisten bemühen sich darum, dass die physischen Schwierigkeiten nicht den Ausdruck beeinträchtigen. Ich will kurz beschreiben, wie man diesem Problem auf natürliche Weise im Körper oder eher künstlich durch das Aufsetzen einer Maske begegnen kann.

MINIMALE KRAFT Der einfachste Weg zu körperlichem Wohlbefinden ist der Einsatz eines Minimums an Kraft beim Spiel. Als Jugendlicher spielte ich einmal Schuberts Celloquintett zusammen mit der Cellistin Madeline Foley, die fasziniert war von der berühmten Passage im langsamen Satz, in der das zweite Cello in der Gefahrenzone der G-Saite versinken kann. Sie fand heraus, dass der hässliche Ton sich verändern ließ, wenn sie den Bogen zurück in Richtung Hals zog und den Druck auf den Bogen verringerte, sobald das Blöken begann. Minimale Kraft kann natürlich bei jeglicher Art von Musizieren hilfreich sein. Wenn Maria Callas herausfordernde Passagen in Bellinis Oper *Norma* erreichte, verringerte sie ihr Atemvolumen, statt noch mehr Luft durch ihre Luftröhre zu pressen.

MIT UNBESTIMMTHEIT ARBEITEN Wenn Kinder ein Streichinstrument erlernen, versuchen Lehrer oft zu helfen, indem sie schmale Klebstreifen auf das Griffbrett heften, damit die Kinder genau wissen, wohin sie die Finger zu setzen haben. Werden dann diese scheinbar hilfreichen Markierungen entfernt, sind die Kinder oft aufgeschmissen, da die nun leere Fläche keinerlei Hinweise mehr bietet, wo die Finger liegen sollten. Besser ist es, auf solche Markierungen zu verzichten. Wenn Anfänger von Beginn an suchen müssen, wohin die Finger zu setzen sind, entwickeln sie letztlich einen sichereren und entspannteren Kontakt zum Griffbrett.

KYUDO Beim dritten Weg zu entspanntem Spielen hört man, wenn man auf eine Schwierigkeit stößt, einfach auf und tut eine Weile gar nichts, statt sie auf der Stelle anzugehen. Man schaltet nach Möglichkeit einen Augenblick ab und fühlt keine Angst mehr, weil man gar nichts fühlt. Dann beginnt man wieder zu spielen, und oft ist man überrascht, dass man nun gut spielt. Ein wenig Zen-Philosophie vermag zu erklären, warum das so ist. Der Philosoph Eugen Herrigel beschrieb 1948 in seinem Buch *Zen in der Kunst des Bogenschießens*, wie ein Bogenschütze dank einer Zen-Praxis namens Kyudo lernt, den Bogen zu halten. In einer Art Trance ist der Bogenschütze »nicht mehr seiner selbst bewusst, als stünde ihm die Aufgabe zu, die Scheibe vor ihm zu treffen. Dieser Zustand der Unbewußtheit wird aber nur erreicht, wenn er von seinem Selbst vollkommen frei und gelöst ist, wenn er eins ist mit der Vollkommenheit seiner technischen Geschicklichkeit«. Das Wesen des Kyudo liegt darin, sich zu disziplinieren und nichts zu tun. Man tritt in den Kyudo ein, indem man den Blick von der Zielscheibe wendet. Ganz ähnlich beim Musiker. Den Blick von den Noten zu wenden oder sie besser noch ganz zu schließen, ist ein Ritual, das den Weg zu einem besseren Spiel öffnet.[2]

Auch Barthes' Angst vor Berührung lässt sich mit Kyudo angehen. Die beiden Partner sitzen schweigend nebeneinander am Klavier und tun nichts, doch an den Hüften berühren sie einander. Das ist die Kyudo-Intervention. Nach einigen Minuten verflüchtigen sich eventuelle sexuelle

Ängste oder Überempfindlichkeiten. Wenn die Übung beendet ist und die beiden Musiker zu spielen beginnen, werden sie sich nicht voneinander weglehnen, sodass ihre Körper sich verspannen; vielmehr sitzen sie bequem Hüfte an Hüfte. Was Roland Barthes betraf, kann ich in dieser Hinsicht keinen Erfolg vermelden, aber ich habe herausgefunden, dass dieses Verfahren gut funktioniert, wenn man Jungen und Mädchen beibringen möchte, gemeinsam vierhändig Klavier zu spielen.

KÜNSTLICHKEIT ERMÖGLICHT NATÜRLICHKEIT Für Barthes' Problem gibt es eine weitere Lösung, bei der die Darbietenden eine bestimmte Art von Masken tragen.

Vor fast einem Jahrhundert entwarf der Kostümbildner Amleto Sartori diese Maske, indem er Leder über eine hölzerne Form spannte und zu einer Vollmaske ausformte, starr, ohne jeden Ausdruck und gewöhnlich weiß angemalt. Sartori hatte ausgiebig die vielfältigen Halbmasken der Commedia dell'arte studiert, war jedoch nicht zufrieden mit deren typischem Ausdruck, der die Schauspieler auf die jeweiligen Merkmale der dargestellten Figur festlegte. Sartori wollte, dass die Schauspieler frei von der Festlegung auf einen bestimmten Typ waren. Er war außerdem unzufrieden mit der Art, wie der große Pantomime Marcel Marceau und andere Meister dieser Kunst sich schminkten. In Sartoris Augen leisteten die Gesichter der Pantomimen noch allzu viel Ausdrucksarbeit, auf Kosten der Gebärden des restlichen Körpers. (Nebenbei gesagt, trifft das nicht zu. Ein großer Pantomime wie Marceau setzt seinen gesamten Körper expressiv ein.)

Dennoch machte Sartori eine wichtige Entdeckung. Das Tragen einer neutralen Maske kann es Schauspielern ermöglichen, sich zu entspannen. Wenn das Gesicht ausdruckslos bleibt, geht die gesamte Energie in die Bewegungen des Körpers. Viele Musiker machen eine ähnliche Entdeckung. Wenn sie bei ihrer Darbietung keine Grimassen schneiden, seufzen oder in ein verzücktes Lächeln ausbrechen, spielen sie weitaus natürlicher, und die Zuhörer achten eher auf die Musik als auf den Gefühlsausdruck des Darbietenden.

Nach dem Zweiten Weltkrieg arbeitete Sartori mit Jacques Lecoq zusammen, der eine Ausbildung als Pantomime absolviert hatte. Sie brachten einer langen Linie von Schauspielern und Regisseuren bei, wie sie die neutrale Maske nutzen konnten, um den Körper zu befreien, und ihre Arbeit strahlte aus auf so unterschiedliche Theatermacher wie Giorgio Strehler und Ariane Mnouchkine. Die Logik der Sartori-Maske wäre jedem ganz unmittelbar einsichtig gewesen, der 1963 downtown New York Tänzern zugeschaut hätte, vor allem in Merce Cunninghams New Yorker Studio. Wenn Tänzer lächelten oder einen anderen Gesichtsausdruck verrieten, riefen Merces Trainer zuweilen vorwurfsvoll »Lächeln«. Uptown taten die für den Ballettmeister George Balanchine arbeitenden Trainer weitgehend dasselbe, nämlich das, was die Tänzerin und Tanzlehrerin Alexandra Danilova als »Ausräumen des Gesichts« bezeichnete. Das Gesicht wurde entleert, damit die Tänzer ihre Energie ganz in die Bewegung fließen lassen konnten.

Besonders hilfreich ist die Sartori-Maske, wenn man nackt auftritt. Heute ist nacktes Tanzen eine Allerweltserfahrung, doch vor fünfzig Jahren war es für das Publikum schockierend und für die Darbietenden wie die Tänzer und Tänzerinnen am Judson Dance Theater mit größtem Unbehagen verbunden. Sie bedienten eher voyeuristische sexuelle Fantasien, als dass sie wegen ihrer Kunst angeschaut wurden. Das Tragen einer Sartori-Maske half, einen Teil dieses Unbehagens abzubauen. Mit bedecktem Gesicht tanzten sie freier, weil sie dies als anonyme Körper taten.

Die leere Maske als künstliches Mittel zur Ermöglichung von Natürlichkeit geht zurück auf Debatten über Gebärden in Diderots Zeiten. Stellen Sie sich vor, Madame Alexis in der Rolle der Phèdre legt sehr langsam ihren linken Arm auf die Schulter ihres Stiefsohns Hippolytus, den Phèdre sexuell begehrt. Auf Madame Alexis' Gesicht zeigt sich keinerlei Leidenschaft; ihr Gesicht ist leer. Der gesamte Ausdruck liegt in der Gebärde, diesem Arm, der auf der Schulter des Schauspielers liegt, der den Hippolytus spielt – und gleichfalls keinerlei Reaktion in seinem Gesicht zeigt. Das ist Sartoris Idee eines künstlichen Mittels, das dem Körper Freiheit zum Ausdruck verleiht, wenn das Gesicht zur Maske wird.

Im 19. Jahrhundert und insbesondere nach dem Erscheinen der Darwin'schen Wissenschaft sah man im Gesichtsausdruck eine bedeutsame Möglichkeit, das Tier im Menschen zu erkennen. In seiner Schrift *Der Ausdruck der Gemütsbewegungen bei Menschen und Tieren* vertrat Darwin die Auffassung, dass Gesichtsausdruck und Gebärden der Tiere sämtlich unwillkürlich seien – oder genetisch programmiert, wie wir heute sagen würden. Darwins Belege für den Menschen stammen größtenteils von Fotografien psychisch Kranker, die in ihrem Schmerz Grimassen schneiden, oder von Menschen in hilflosem Gelächter oder in den Fängen des Zorns. Diese Bilder von Menschen in Extremsituationen, die sich nicht mehr zu kontrollieren vermögen, vergleicht er mit dem Ausdruck von Affen und anderen höheren Säugetieren.[3]

Darwin traf in seinem Buch eine irrige Unterscheidung, die auch heute noch herrscht, nämlich die Unterscheidung zwischen natürlich und künstlich, wobei unterstellt wird, dass Künstliches wie die Sartori-Maske täuscht und verbirgt, was Menschen tatsächlich fühlen. In Wirklichkeit brauchen wir künstliche Mittel, um unsre Natürlichkeit freizusetzen und um uns körperlich auszudrücken. Der Kunstgriff zähmt den Körper in Extremsituationen – er schafft eine breitere Palette natürlichen Ausdrucks, als sie Menschen zugänglich ist, die zornig sind oder unkontrolliert lachen. Entscheidend bei künstlichen Hilfsmitteln oder körperlichen Techniken wie Kyudo oder beim Einsatz minimaler Kraft ist, dass diese Mittel zur Entspannung des Körpers es Menschen ermöglicht, leichter miteinander zusammenzuarbeiten. Der entspannte Körper kann ein kooperativer Körper werden.

Wortlose Kooperation

Hier muss ich ein Vorurteil eingestehen.

Bei Proben hasse ich langatmige Diskussionen über die Intentionen des Komponisten, Ausführungen zum kulturellen Kontext oder dergleichen und ziehe es vor, stattdessen durch ein Heben der Augenbrauen, ein Grunzen oder eine leichte Verdrehung des Oberkörpers mit den anderen zu kommunizieren. Diese nichtsprachlichen Signale unterbrechen den

Fluss des gemeinsamen Spielens nicht – ebenso ist es im Sport und ganz allgemein in weiten Teilen der Arbeitswelt. Nichtsprachlicher Ausdruck ermöglicht es Kochcrews, Bauarbeitern oder Chirurgen, effektiv und effizient miteinander zu kommunizieren, ohne innezuhalten und zu erklären, was sie da tun. Auf der sprachlichen Seite wird Zusammenarbeit allzu oft als ein Geschehen beschrieben, das einem Vertrag ähnelt, als ein Ziel, auf das die Menschen sich verständigen, um es dann gemeinsam zu verfolgen. Das ist eine oberflächliche Sicht, da die Menschen erst zusammenarbeiten müssen, um zu sehen, was möglich ist und was nicht, und dann herauszufinden, wie sie miteinander umgehen können. Ähnlich dem irrigen Verständnis der Zusammenarbeit als Vertrag stellen manche sich auch vor, Kooperation müsse wie ein Uhrwerk funktionieren, wobei jeder Einzelne einen spezialisierten Part übernehme, der die Aktivitäten der anderen unterstütze. Diese Vorstellung einer effizienten Zusammenarbeit bezeichnete der Soziologe Émile Durkheim als »mechanische Solidarität«. Zu einer tieferen Form der Zusammenarbeit kommt es, wenn eine schwierige oder problematische Aufgabe erfüllt werden soll und die Kooperierenden Anstrengungen unternehmen müssen, um einander zu verstehen, statt lediglich eine zugewiesene spezialisierte Aufgabe zu erledigen. Wie bei militärischen Operationen im Feld verlangen unerwartete Ereignisse eine sofortige Interpretation. Ein Soldat, der lediglich den Anweisungen eines Lehrbuchs folgte, wird seinem Zug oder seiner Kompanie kaum helfen, gut zu arbeiten. Kooperation ist kein Vertrag, sondern ein Prozess.

WORTLOSE KOOPERATION IN EINER HIERARCHIE Der größte Irrtum im Verständnis von Zusammenarbeit ist die Ansicht, dass Kooperation ein gemeinsamer Prozess unter Gleichen wäre. Und gerade hier erweisen Musikproben sich als erhellend. Bei Proben mit einem Dirigenten folgen Orchestermusiker angeblich den Anweisungen einer übergeordneten Person, die ihnen sagt, was sie tun sollen. Doch das trifft nur in der Theorie zu. In der Praxis kann selbst der diktatorischste Dirigent unmöglich dreißig oder gar hundert Musikern explizite Instruktionen zu jeder Note geben. Da der Dirigent und die Musiker nichtsprachlich miteinander kommunizieren, genügen hier Gesten seitens des Dirigenten, gewöhnlich eine knappe Handbewegung, eine hochgezogene Augenbraue oder auch nur ein scharfer Blick, und der Musiker versteht, dass er etwas mehr Druck auf den Bogen legen, das Blasinstrument etwas sanfter blasen oder eine Trommel am Rand statt in der Mitte schlagen soll.

Außerdem gibt es noch ein Feedback aus dem Orchester zum Dirigentenpult. Die meisten Dirigenten – selbst Diktatoren wie Toscanini – modifizieren ihre Signale als Reaktion auf deren Interpretation durch das Orchester. Wenn Toscanini das Orchester der Mailänder Scala dirigierte, setzte er den Taktstock ganz anders ein als bei der Arbeit mit seinem eigenen NBC Symphony Orchestra in New York. Das Feedback ist in die Signale eingebaut, mit denen ein Dirigent die Zeit für die Musiker vorgibt. Wenn der Dirigent den Musikern anzeigen will, was gleich folgen soll, muss er die Töne im Kopf hören, bevor sie tatsächlich erklingen. Fiele das Zeichen mit dem Taktstock genau auf den Taktschlag oder den Tempowechsel, wäre das zu spät – der Ton wäre bereits produziert. Der Dirigent ist stets etwas voraus und kann deshalb führen. Umgekehrt müssen die Musiker entscheiden, in welchem Augenblick vor dem Ende der Armbewegung des Dirigenten sie reagieren. Auch hier wäre es zu spät, wenn sie warteten, bis der Arm den Endpunkt seiner Bewegung erreicht hat. Ein guter Dirigent wird – selbst bei der Arbeit mit ihm unbekannten Musikern – auf diese Reaktionen achten und seine Armbewegungen wie auch deren Geschwindigkeit entsprechend anpassen.

In Anleitungen zum Dirigieren finden sich oft bildliche Darstellungen der Handbewegungen für unterschiedliche Taktangaben. Bei einem Dreivierteltakt soll der Dirigent seine Hände in einem Dreieck bewegen; bei einem Viervierteltakt soll er sie abwärts führen, dann seitwärts und wieder aufwärts und so weiter für jede Taktart. Diese Bilder sind oft kontraproduktiv. (Während meines Studiums am Konservatorium war es ein beliebtes Folterinstrument, einem angehenden Dirigenten die Partitur zu Bizets Oper *Carmen* zu geben. Wenn er dann dem üblichen Schema der Handbewegungen folgte, verknoteten sich seine Handbewegungen schon bald, da die Taktvorgaben und die Tempi in vielen Arien so rasch und fließend wechseln.) Dasselbe dürfte auch für die Bilder gelten, die Darwin für sein Buch über den Ausdruck der Emotionen sammelte. Der angsterfüllte Ausdruck manischer Patienten zeigt an, dass der Patient etwas fühlt, hilft aber nicht, zu verstehen, um welche Art von Schmerz es sich handelt und wie man einfühlend darauf reagieren kann.

Die physisch entspannten Ausdrucksgesten wie die beim Dirigieren eingesetzten vermitteln also zwischen Ungleichen. Und daraus resultiert Zusammenarbeit.

Ich hatte das Privileg, solche wortlose Zusammenarbeit eine Woche lang unter Leitung des bereits recht betagten Pierre Monteux zu erleben, wobei die folgenden Anmerkungen sich eher auf Filmdokumente stützen als auf meine inzwischen dürftigen Erinnerungen. Er hatte 1943 in Hancock, Maine, eine Schule für Dirigenten eröffnet, wo er an kalten Sommerabenden, inmitten überdimensionierter Mücken junge Musiker versammelte, die in einem Orchester spielten und die er in der Kunst des Dirigierens unterrichtete. Er wirkte gebrechlich, wenn man nur seinen gebeugten Rücken ansah oder seinen schlurfenden Gang auf dem Weg zum und vom Dirigentenpult beobachtete. Auf die Musiker, vor denen er stand, wirkte er jedoch ganz anders. In seiner Einspielung der 8. Symphonie von Beethoven mit dem Chicago Symphony Orchestra 1961 (die gefilmt wurde und heute noch auf Youtube abrufbar ist) ringt er den Musikern einen großartigen Klang ab, zuweilen opulent, zuweilen wild und manchmal rhythmisch derart pulsierend, dass man darauf tanzen könnte. In ästhetischer Hinsicht klingt die Musik natürlich und ungezwungen, ein Ergebnis, das der Dirigent durch kleine Gesten an die Musiker erzielte – manchmal nur ein leichtes Heben des linken Handgelenks in Richtung der zweiten Geigen oder eine leichte Wendung des Kopfs nach rechts und ein Blick zu den Pauken.[4]

Diese miniaturisierten Gesten waren sämtlich in der sogenannten »Monteux-Box« enthalten, einem vorgestellten Rechteck, das horizontal von einer Schulter zur anderen, vertikal vom Hals bis zum Bauch reicht. In gewissem Maße zwang die Miniaturisierung die Musiker, sich visuell auf ihn zu konzentrieren – es gibt hier keine ausladenden Aufforderungen wie Leonard Bernsteins den ganzen Körper umfassende Drehbewegungen, denen man auch ohne genaue Fokussierung folgen konnte. Und gerade weil die »Monteux-Box« für das Publikum weitgehend unsichtbar ist, können die Zuhörer sich auf das konzentrieren, was sie hören – statt dem Tanz des Dirigenten zuzuschauen wie bei Bernstein. Monteux forderte die Musiker auf, von ihren Notenblättern nicht nur zu ihm aufzublicken, sondern auch zu den anderen Musikern zu schauen. Das taten sie auch und ahmten die leisen Signale der hochgezogenen Augenbrauen und des leichten Sich-Vorbeugens nach, die vom Dirigentenpult ausgingen.

Der Körper des Dirigenten muss entspannt sein, wenn die »Monteux-Box« funktionieren soll: entspannt, um kleine Gesten vollführen zu können. Ein angespannter Körper neigt zu größeren und oft krampfhaften Gebärden. Monteux' Art zu dirigieren vermochte auch die soziale Seite mehrdeutiger Gestik zu verdeutlichen. Das geschah, wenn er uns das sogenannte »Monteux-Schulterzucken« sehen ließ. Ein leichtes Heben der Schultern signalisierte, dass noch nicht alles gut war und wir die Passage deshalb wiederholen sollten. Dieses Schulterzucken sagte indessen nicht, was da falsch gelaufen war. Bei den Proben überließ Monteux die Lösung oft den Musikern, statt in Worte zu fassen, wie das Problem behoben werden konnte.

Das Schulterzucken exemplifiziert eine Form des sozialen Einsatzes von Unbestimmtheit. Nach meiner Erfahrung in Berufsorchestern kann die Lösung eines unbestimmten Problems sehr schnell erfolgen – nur ein Schulterzucken, gefolgt von einer Wiederholung der Passage, und die Sache ist in Ordnung. Das ist gar nicht so rätselhaft. Sobald die körperliche Bewegung sich richtig anfühlt, wird der Klang korrigiert. Die bei Kunstmanagern und Publizisten so beliebten Blitze der Inspiration schlagen im Probenraum nur selten ein. Stattdessen bringt eine stillere körperliche und wortlose Zusammenarbeit die Proben voran.

UNTER GLEICHEN Wortlose Zusammenarbeit kann dort funktionieren, wo Gleichheit unter den Beteiligten besteht. Auch hier bietet die musikalische Praxis aufschlussreiche Beispiele. Ich wähle zu diesem Zweck die Proben für Debussys Streichquartett aus, ein Stück, das ich viele Male für öffentliche Aufführungen geprobt habe. Es handelt sich um ein radikales Stück, das Debussy in der frühen Phase seines Lebens komponierte. Pierre Boulez sagte über das Quartett, es habe die Kammermusik von »starrer Struktur, eingefrorener Rhetorik und starrer Ästhetik« befreit. So finden sich im Einleitungssatz fließende Übergänge, bei denen ein Instrument nahtlos an ein anderes anknüpfen muss, als spielte hier nur ein einziges Instrument. Wie lässt sich das bei den Proben erreichen? Wenn die Musiker ihren Einsatz und das Ende ihres Parts ohne jeden Ausdruck spielen, beginnt sich eine nahtlose Verbindung herzustellen, wie bei Rohren, die ohne jedes sichtbare Verbindungsstück zusammengefügt werden. Kyudo tritt hier als zeitweilige Aufhebung des Ausdrucks in Erscheinung, die eine Kooperation innerhalb des Ensembles ermöglicht.

Unter Gleichen mag körperliche Kooperation einfach erscheinen, vor allem wenn die Musiker schon eine Weile zusammenarbeiten. Dennoch ist es meist offen, ob solche Zusammenarbeit gelingt. Hochgezogene Augenbrauen könnten bedeuten, dass wir zu schnell oder aber zu langsam sind. Bei Debussys Streichquartett könnte die Anspannung dazu führen, dass einer der Musiker ein falsches Signal sendet, zum Beispiel eine Erhöhung der Lautstärke, und die übrigen Musiker greifen das auf, weil sie ja alle gleichrangig zusammenspielen und keiner die Führung innehat. Falls es gelingt, die Sache zu richten, wird diese Reparatur darauf beruhen, wie die Geste sich anfühlt. Falls sie Spannung auslöst, wird sich das den anderen von selbst mitteilen, in kleinen Details wie plötzlichem Vorbeugen statt der üblichen aufrechten Sitzhaltung – eine Geste der Entspannung, die von den anderen Musikern aufgegriffen wird. Das sieht man bei Aufführungen häufig. Das Vorbeugen ist eine Gebärde, die von Musiker zu Musiker weitergegeben wird. Ihre Körper kommunizieren miteinander.

Im modernen Büro ist Zusammenarbeit zu einem Mantra geworden, und zwar deshalb, weil es so wenig davon gibt. Die Musiker zeigen in ihrer Probenarbeit, wie die Zusammenarbeit im alltäglichen Leben verbessert werden könnte. Ein naheliegender Vorschlag lautet, die Menschen sollten das Zoomen oder Verschicken von E-Mails sein lassen und *face to face* zusammenarbeiten, also physisch miteinander kommunizieren. Diese Probenpraktiken sind jedoch auch in einem weiteren Rahmen für Künstler bedeutsam.

In jeder kreativen Tätigkeit gibt es eine Spannung zwischen Prozess und Produkt. Das endlose Überarbeiten eines Musikstücks oder eines Gedichts – Kunst als reiner Prozess – führt ab einem gewissen Punkt zu einer Verschlechterung des Werks. Der Künstler kommt einfach nicht weiter, oder er kapriziert sich auf einzelne Details, die nur vom Ganzen ablenken. An einem gewissen Punkt muss der Prozess gestoppt werden, das heißt, der Künstler muss lernen aufzugeben. Andererseits ist impulsive Kunst, bei der ein Ausbruch künstlerischen Schaffens unangetastet bleibt und als Endprodukt präsentiert wird, gewöhnlich gleichfalls schlechte Kunst. Unsere ersten Impulse sind nicht immer unsere besten.

Der Kult der Impulsivität und Spontanität in der Kunst drängt sich Künstlern manchmal auf, weil behauptet wird, Wahrheit und Authentizität könnten sich nur spontan einstellen. In den darstellenden Künsten und der Musik darf man diesem Kult nicht erliegen. Dort müssen die Künstler mit anderen zusammenarbeiten, die keine Kopien ihrer selbst sind und daher anderen Impulsen folgen. Dennoch können darstellende Künstler ganz natürlich arbeiten, indem sie nichtsprachlich arbeiten. Diese Arbeit erfordert Disziplin, oder ein wenig anders ausgedrückt: Natürlichkeit erfordert handwerkliche Kunstfertigkeit. Das Ergebnis solcher körperlichen Kunstfertigkeit wird sein, dass der Darbietende zu einem geselligen Künstler wird, der in einer unvermeidlich kollektiven Kunst auf andere eingeht.

13 DER DARBIETENDE ERFINDET

Improvisation und Schnitt

Wir erinnern uns, dass der altgriechische Ausdruck für Schöpfung, *poesis*, bedeutete, etwas herzustellen, was es zuvor noch nicht gegeben hatte. Die meisten darstellenden Künstler können ihre Kunst nicht nach diesem Muster ausüben. Es gibt einen Text, eine Partitur, eine Choreografie, die wir ausführen. Wir können sie auf unterschiedliche Art und Weise ausführen, aber sie bleiben dennoch der Maßstab. Das bedeutet natürlich, dass die Freiheit des Darbietenden begrenzt ist. Dennoch dürfte kein Cellist jemals stolz verkünden: »Ich spiele die Suiten von Bach heute noch exakt genauso wie vor zwanzig Jahren.«

Im Folgenden werde ich erkunden, wie Darbietende es anstellen, ihre Darbietung zu verändern. In meiner vom Alter gefärbten Sicht verstehen Darbietende erst in späteren Lebensjahren wirklich, wie das geschehen kann – ein Geschenk des Alters an die Kunst, auch wenn darin eine grausame Ironie liegt. Bei älteren Musikern lässt die Kraft in den Händen nach; ein arthritischer Schauspieler kann nicht mehr auf der Bühne umherspringen; das Schicksal der Tänzer und Tänzerinnen, das wohl grausamste von allen, verdammt sie dazu, schon zu Beginn ihrer mittleren Jahre beruflich als alt zu gelten. Diese physischen Schwächen erscheinen just zu der Zeit, da sich ihr Verständnis der Musik, des Textes oder der Choreografie vertieft hat und gereift ist. Doch darstellende Künstler müssen sich nicht notwendig von der Ironie lähmen lassen, dass sie nun mehr wissen, aber weniger zu tun vermögen. Es können sich auch neue Möglichkeiten eröffnen, eine Partitur, ein Textbuch oder eine Choreografie umzusetzen. Die zwei wichtigsten Möglichkeiten dieser Art sind meines Erachtens die Fähigkeit zur Improvisation und das nötige Wissen, um radikale Schnitte vorzunehmen.

Ganz allgemein gilt, wenn man das Alter ausschließlich als Verlust empfindet, tut man sich und anderen damit keinen Gefallen. Ein verstorbener Partner hätte gewiss nicht gewollt, dass der überlebende in endloser Trauer versinkt. Wie die Lehren aus der Probenarbeit in der Musik für die Zusammenarbeit im Leben, so könnten auch die Wege, auf denen ältere darstellende Künstler sich erneuern, von allgemeiner Bedeutung sein.

Alberta Hunter improvisiert

VERLUST Erneuerung durch Improvisation kennzeichnet die Geschichte einer älteren Jazzsängerin, Alberta Hunter, die aus dem Ruhestand zurückkehrte, um ein ikonisches Kunstwerk neu zu gestalten. Zum Hintergrund ihrer Geschichte gehört der legendäre Impresario Barney Josephson, der 1968 das Cookery gründete – ein Lokal mit Bar, Restaurant und Jazzclub an der Ecke 8th Street und University Place in Manhattan. Das Cookery hätte keinen Architekturpreis gewonnen, es war lediglich ein großer verglaster Raum im Erdgeschoss eines Wohnblocks. Mittags speisten dort hauptsächlich Professoren der New York University. Das saubere und nichtssagende Lokal wirkte wie ein Vorbote der Gentrifizierung, die der Bohémienszene am Washington Square den Garaus machen sollte.

Ab etwa 9 Uhr abends veränderte jedoch das Cookery seinen Charakter. In den neunzehnhundertsiebziger Jahren war es einer der wenigen Orte, an denen man hochwertigen Jazz hören konnte – neben dem Blue Note ein paar Blocks weiter südlich. Außerdem war es eines der wenigen Lokale außerhalb von Harlem, in denen Schwarze als Stammkunden willkommen waren. Die Rassentrennung beim Publikum war damals in der New Yorker Unterhaltungsbranche ebenso streng wie in den Südstaaten.

Josephson durchbrach das in der Unterhaltungsbranche übliche Muster in seiner wohl berühmtesten Produktion: Die Sängerin Billie Holiday sang »Strange Fruit«, einen Song über zwei Schwarze, Thomas Shipp und Abram Smith, die 1930 gelyncht worden waren. Der von Abel Meeropol geschriebene Text ist eher indirekt. Es dauert eine Weile, bis man erspürt, dass die beiden gehängten Leichen wie Früchte an einem Baum sind. Die

Musik ist sehr leise, eher geflüstert als laut. Ihre *tessitura* – die Spannweite zwischen den tiefen und den hohen Tönen – ist verdichtet. Josephson ließ »Strange Fruit« sehr zurückhaltend vortragen, als Holiday den Song 1939 erstmals sang. Nur ein Spotlight war auf sie gerichtet in einem ansonsten dunklen Raum. Kein Essen oder Trinken wurde während der Darbietung serviert, mit der Holidays Auftritt endete. Überwältigt von der Geschichte, applaudierten die Leute meist nicht, und es gab keine Zugabe.

Vierzig Jahre später bat Josephson Alberta Hunter, »Strange Fruit« im Cookery zu singen und das berühmte Werk neu zu erschaffen. Sie ließ sich gern »Miss Hunter« nennen, wie ich herausfand, und zwar sowohl als Zeichen von Respekt als auch um deutlich zu machen, dass sie keinem Mann gehörte. Viele Jahre hatte sie mit einer anderen Frau, Lottie Tyler, zusammengelebt, in New York wie auch in Frankreich. In Miss Hunters mittleren Jahren war es, als ihre Mutter starb, zu einer Krise gekommen. Sie zog sich vom Singen zurück und arbeitete jahrzehntelang als Krankenschwester.

In dieser Zeit trat sie nur noch gelegentlich auf. Als sie ins Cookery zurückkehrte, war ihre Stimme eingerostet, und sie litt unter Anfällen von Lampenfieber. Aufgrund des Verfalls ihrer Stimmbänder erwies sich selbst die begrenzte *tessatura* als zu viel für sie. »Verfall«, das heißt im Vergleich zu ihren großartigen, stimmgewaltigen Aufnahmen aus den neunzehnhundertdreißiger Jahren.

IMPROVISATION Um mit diesen Schwierigkeiten fertigzuwerden, besann Hunter sich auf den Scat-Gesang, eine seit langem etablierte Darbietungsform, die sie in Teilen neu erfand, um ihre Schwächen zu überdecken. Im Scat-Gesang verwendet man eher einzelne Silben oder Töne statt ganzer Worte und behandelt die Silben wie die Töne auf einem Saxofon, einer Trompete oder einer Posaune. Das Jazz-Scatting integriert die Sängerin daher in eine Gruppe von Musikern, statt sie von ihnen abzusetzen. Alberta Hunter trat in den neunzehnhundertzwanziger Jahren zusammen mit Sidney Bechet auf, dem Saxofonisten, der die Improvisation auf der Grundlage des traditionellen Blues erweiterte. Um mit ihm zusammenzuarbeiten, hatte sie überhaupt mit dem Scat-Gesang angefangen.

Im frühen Jazz folgte die Improvisation dem Grundsatz des »blowing«, wobei die melodische Gesangsstimme in die bestehende harmonische Struktur eingepasst wurde. In der Bebop-Ära der neunzehnhundertvierziger Jahre wurde die Improvisation harmonisch komplexer, wie Hunters Londoner Aufnahmen aus dieser Zeit belegen, zum Beispiel »Downhearted Blues«, ein Stück, das sie selbst geschrieben hatte. Die Bebop-Zeit brachte neuartige Formen der Improvisation hervor, wie sie sich bei dem Saxophonisten Charlie Parker (1920–1955) herauskristallisierten. Er organisierte Improvisationen um das »*targeting*« herum, bei dem die harmonischen Grundlagen sich erst während des Spielens langsam herausschälen. Anders als beim »blowing« hält die Tonfolge sich nicht an eine etablierte Akkordprogression. Parker strukturierte die harmonische Entwicklung durch die Verhältnisse zwischen Terz- und Nonenton innerhalb eines Akkords. Der Nonenton dient nicht als Grundton, wie es bei einem verminderten Septimton der Fall wäre, der die Harmonie auflöste. Stattdessen ergeben sich aus dieser dissonanten Spreizung weitere Erkundungen, die diese Spannung in anderen Tonleitern beheben.

Angesichts der technischen Herausforderungen im Cookery übernahm Miss Hunter Parkers Technik und passte sie an ihre Stimme an. (Ich greife auf Notizen zurück, die ich mir damals machte, weil diese Aufführungen musikalisch so verblüffend waren.) Sie sang Silben, passte sie jedoch in Bebop-Manier so an, dass sie dem Umfang einer für sie gerade noch beherrschbaren kleinen None entsprachen (die einen Halbton mehr umfasst als eine Oktave). Hatte sie das geschafft, übernahm ihr Partner am Klavier mit langen Improvisationen, sodass ihre Stimme sich ausruhen konnte.

Eine Improvisation dieser Art, die eine in der Vergangenheit erlernte Technik modifiziert, findet sich natürlich nicht nur in der Musik. Sie leistete auch dem gealterten Choreografen Merce Cunningham gute Dienste. Er war in meiner Jugend die maßgebliche Vaterfigur für die Tänzerinnen und Tänzer am Judson Dance Theater, die dann in den neunzehnhundertneunziger Jahren selbst mit dem Problem ihrer alternden Körper umzugehen hatten. Cunninghams Knorpelgewebe war damals an Schulter- und Kniegelenken weitgehend verschwunden, und diese Gelenke schmerzten bei jeder Bewegung. Um mit den Schmerzen umgehen zu können, entwickelte er eine vollkommen neue Arbeitsweise, bei der er sich der digitalen Technologie bediente, um auf dem Bildschirm mit jüngeren Tänzern zu interagieren, etwa in dem Stück *Hand-drawn Spaces* von 1998. Wenn er jedoch selbst tanzte, formatierte er vor Jahren gestaltete Bewegungen neu und machte dabei größeren Gebrauch von den Handgelenken. Außerdem fügte er eine seitwärts gerichtete schiebende Bewegung der Beine hinzu, die seine Kniegelenke nicht belastete.

Diese Veränderungen mögen geringfügig erscheinen und wie Miss Hunters Scat-Gesang keine durchgreifenden Innovationen darstellen. Für alternde darstellende Künstler und Musiker sind sie jedoch von beträchtlicher Bedeutung. Die Künstler finden dadurch zu einer neuen Freiheit des Ausdrucks, wenn sie physisch nicht mehr so leistungsfähig sind. In gewisser Weise unterscheidet dieses Gefühl der Freiheit sich nicht sonderlich von der Freiheit, die Musiker jeden Alters empfinden, wenn sie von einer gedruckten Partitur abweichen.

IMPROVISATION AUF DER GRUNDLAGE EINER PARTITUR

Monteverdis *L'incoronazione di Poppea* ist ein gutes Beispiel für Parallelen zwischen der Jazz-Improvisation und einer Improvisation klassischer Musik auf der Grundlage einer Partitur. Der Plot der *Poppea* hätte bei Johannes von Salisbury einen Herzinfarkt ausgelöst, denn er handelt vom Triumph einer Prostituierten, der es gelingt, die Frau eines Königs ermorden zu lassen und selbst zur Königin gekrönt zu werden. Als Loblied auf unmoralische Selbstinszenierung hätte auch Pico die Geschichte gehasst. Die Aufführung des Stücks macht jedoch großen Spaß, weil es Sängern und Musikern ein Gefühl der Freiheit bei ihrer improvisierenden Darbietung gibt.

Im Spätmittelalter gab es noch keine gedruckten Partituren. Die Musiker lernten meist, indem sie hörten, wie andere sangen, bliesen oder zupften. Selbst wenn es geschriebene Partituren für Vokalmusik gab, zeigten sie in der Regel nur eine einzige Notenlinie; die übrigen Linien wurden aufgrund von Traditionen der Rhythmen und Instrumentierung hinzugefügt, die von den Musikern erlernt worden waren. Das veränderte sich in der Renaissance, als der Druck die Noten fest auf Papier bannte. Gedruckte Partituren leisteten dem Meisterkomponisten der Renaissance Josquin des Prez (um 1450/1455–1521) zum Teil auch deshalb gute Dienste, weil seine Musik auf neue Art komplex war. Vier oder sechs Stimmen erhielten bei Josquin dasselbe Gewicht, wobei sie melodisch miteinander interagierten und die Textur ihrer Interaktion in harmonischer Hinsicht immer dichter wurde. Eine derart dichte Musik musste aufgeschrieben werden, wenn sie aufgeführt werden sollte. Zu einem Gutteil dank des Drucks wurde der ausführende Musiker zum Diener des Komponisten.

Deshalb mag es scheinen, als hätten gedruckte Partituren die Freiheit des Musikers zur Improvisation eingeschränkt. In Wirklichkeit entstand eine andere Art von Freiheit, wie zu Zeiten von Monteverdis *L'incoronazione di Poppea* deutlich wurde.

Wenn zum Beispiel Poppea in Wut gerät, kann die Sängerin dies zum Ausdruck bringen, indem sie kurze, scharfe Wiederholungen desselben Tons, Triller genannt, hinzufügt. Die Sängerin muss herausfinden, wie sie diese stotternden Ausbrüche wütend klingen lassen kann. Soll sie schrittweise die Lautstärke erhöhen oder in einer plötzlichen, sich selbst erschöpfenden Explosion überkochen? Um das zu entscheiden, muss die Sängerin verstehen, was die Figur so wütend gemacht hat: ein plötzliches, unvorhergesehenes Desaster oder eine langsam brennende, siedende Wut, die schließlich überkocht? Es gibt hier nicht den einen und einzig richtigen Weg, den Triller zu singen; es hängt von der Interpretation der Sängerin ab. Ganz ähnlich gibt es Stellen – *passagi* –, an denen der Sänger oder die Sängerin an der Grundlinie entlang Töne hinzufügt wie bei der Jazz-Improvisation, um das Geschehen auf der Bühne hervorzuheben. Außerdem gibt es Interjektionen, die als *grazie* bezeichnet werden und den Gang der Musik verlangsamen, meist durch eine Dehnung des Tempos, als würde die Musik in der Schwebe gehalten. Und schließlich zeigen die Darbietenden ihre Anwesenheit in Augenblicken, die *recitar cantando* genannt werden und zwischen nahezu ausschließlich gesprochenen Erklärungen und dramatisch ausagierten Arien vermitteln. Die Drehungen und Wendungen des Plots erfordern eine Menge Erklärung, und wenn die Erklärung sich in die Länge zieht, kann ein begleitender Musiker die Dinge würzen, indem er in freier Form Verzierungen hinzufügt.[1]

In den gedruckten Fassungen der *Poppea* sind viele dieser Riffs ausgeschrieben, doch manche Musikwissenschaftler glauben, in diesen Partituren sei nachträglich aufgezeichnet worden, was bei den Proben tatsächlich geschehen war. Wenn die Musiker die Möglichkeiten erarbeitet hatten, wechselten bei den tatsächlichen Auftritten die Triller und *passagi* von Abend zu Abend. Wie gesagt, die Improvisationsfreiheit eines Jazzmusikers spiegelte sich schon über Jahrhunderte in der klassischen Musik. Wenn Alberta Hunter die Poppea hätte singen sollen, hätte sie diese Improvisationstechniken an ihre eigenen stimmlichen Möglichkeiten anpassen können und einen überzeugenden Job gemacht.

SPÄTSTIL *Poppea* ist ein Spätwerk Monteverdis. Dem Ausdruck, der sich erst spät im Leben eines Menschen einstellt, wird in den Kulturwissenschaften ein besonderer Wert beigemessen. Der Musikkritiker Theodor W. Adorno sah im »Spätstil« eine Zurückweisung der Gegenwart, vor allem die Weigerung am Ende einer künstlerischen Laufbahn, den Erwartungen des Publikums zu entsprechen. Einen Spätstil dieser transzendierenden Art erkannte er in Beethovens *Missa solemnis* und in dessen letzten Streichquartetten. In Adornos Augen hat der Spätstil auch eine sozioökonomische Seite, die über die klassische Musik hinausreicht. Der ältere Künstler lehne einen Ausdruck, der von der »Kulturindustrie« ausgebeutet werden kann, ebenso ab wie die institutionelle Ausbeutung und Verbilligung der Kunst, und am Ende seines Lebens könne er endlich frei sein. Jedenfalls feierte Adorno die angebliche Explosion seltenen Genies im höheren Alter.

Eine inklusivere Darstellung des Spätstils stammt von dem Schriftsteller Edward Said, der sich, wie er es ausdrückt, auf das »*late*« in »*belatedness*«, das Späte in der Verspätung, konzentriert. Der Schaffende habe das Gefühl, seinen Mittelpunkt in einer früheren Zeit zu haben. Er trauere der Vergangenheit nach und habe den Eindruck, etwas Bedeutsames gehe zu Ende. Das Zentrum liege nicht in der eigenen Zeit, das Herz sei irgendwo anders. Ein Beispiel wäre hier die am Vorabend des Ersten Weltkriegs geschriebene Oper *Der Rosenkavalier* von Richard Strauss, die durchdrungen ist von Sehnsucht nach der aristokratischen Schönheit der verschwundenen Vergangenheit.

Miss Hunter hatte mit solcher »Verspätung« umzugehen und stützte sich dabei auf das, was sie Jahrzehnte zuvor wusste und beherrschte – doch sie trauerte dem nicht nach und versuchte auch nicht, Holidays Version von »Strange Fruit« so getreu wie möglich nachzuahmen. Wenn ihr Gedächtnis sie im Stich ließ, überging sie zuweilen ein oder zwei ganze Zeilen, ohne das durch ihren Scat-Gesang zu überdecken. Ihre Schnitte waren clever, wie mir klar wurde, als ich bemerkte, dass sie sie Abend für Abend vornahm. Sie ließ stets Teile der mittleren Strophen weg, das machte die Geschichte rätselhafter, und die Zuhörer waren gezwungen, aufzupassen und den fehlenden mittleren Teil selbst einzufügen. Ich kann es nicht beweisen, aber ich habe den Eindruck, dass Miss Hunter sich durch diese Schnitte selbst stabilisierte – befreit von der Anspannung des Erinnerns. Doch es ist ein Dialog mit der Vergangenheit, ein Dialog auf der Basis der Beschädigung, die das Alter ihr zugefügt hat. In diesem Dialog befreite sie sich von dem Gefühl, dass es für sie vorbei und »zu spät« sei.

George Balanchine nimmt einen radikalen Schnitt vor

Die andere Möglichkeit, wie ältere darstellende Künstler sich befreien können, liegt in einem noch radikaleren Schnitt. Statt sich auf seinen Lorbeeren auszuruhen, kann man sie auch schreddern.

DER SCHNITT Wie andere Ballettomanen sah ich am 1. Mai 1979 im New York City Ballet mit größtem Erstaunen George Balanchines Revival des *Apollo*. Balanchine schuf *Apollo* 1928 auf der Grundlage von Strawinskys *Apollon Musagète*. Es ist eines der größten Ballettstücke des Jahrhunderts und schien ein vollkommenes Kunstwerk zu sein. In seinen

Lebenserinnerungen hatte Strawinsky geschrieben: »Der Ballettmeister Georges Balanchine hatte die Tänze genau so einstudiert, wie ich sie mir gedacht hatte.« Genau dasselbe empfand Balanchine gegenüber der Musik. So erklärte er 1948: » In ›Apollo‹ und in der gesamten nachfolgenden Musik kann man sich unmöglich vorstellen, irgendein Fragment durch irgendeines aus einer anderen Strawinsky-Partitur zu ersetzen. Jedes Stück ist einzigartig; nichts ist ersetzbar.« Doch nun, 1979, nahm Balanchine radikale Veränderungen an *Apollo* vor, schnitt die Anfangs- und die Schlussszene heraus, nahm Schnitte an Strawinskys Musik vor. Mit einem Streich fehlte plötzlich ein Drittel des Ballettstücks.

Ursprünglich besaß Apollo eine klare Handlung. Der Gott Apollon, Sohn der Leto, entdeckt seine eigene Schönheit und Macht. Die Musen der Musik, der Dichtkunst und des Tanzes treten für ihn auf, und er entscheidet sich für Terpsichore, die Göttin des Tanzes, als die Muse, die ihm die liebste ist. Am Ende führt Apoll die drei Musen auf den Parnass, wo sie für immer bleiben. Balanchine hatte nun die Jugend und die Apotheose des Apoll weggeschnitten; geblieben war nur das Spiel des Tanzes in der Mitte.

Als Strawinsky in den neunzehnhundertzwanziger Jahren mit Balanchine zusammenzuarbeiten begann, betonten beide die formalen Werte des Klassizismus. In den Norton Lectures in Harvard erklärte Strawinsky 1936: »Im klassischen Tanz sehe ich den Triumph maßvoller Planung über das schweifende Gefühl, der Regel über die Willkür, der Ordnung über den ›Zufall‹.«[2] Das Publikum erwartet solche Ausgeglichenheit und reagierte denn auch an diesem Abend im Mai, an dem Balanchine seine neue Fassung des *Apollo* vorstellte, gar nicht begeistert. In der *Ballet Review* bezeichnete Robert Garis die Produktion als eine »Plünderung«. Balanchine reagierte erbost auf seine zahlreichen Kritiker. Seinem Biographen Bernard Taper sagte er zornig: »Ich muss nicht erklären, warum ich Dinge ändere. Ich kann mit meinen Balletten tun, was ich will.« Doch er bot dennoch Erklärungen an. In einem Interview sagte er: »Ich habe den ganzen Müll herausgenommen«, als hätte er mit diesen Schnitten dasselbe getan wie jemand, der nicht mehr benötigte Dinge wegwirft, wenn er in eine kleinere Wohnung zieht.

Hier haben wir es mit einem »Spätstil« im Sinne Adornos zu tun – der Künstler am Ende befreit vom Publikum und der Kulturindustrie, die um Balanchine und das New York City Ballet entstanden war, eine Branche voller Publizisten, Geldbeschaffer und Tourmanager. Vor deren »Fürsorge« wurde Balanchine allerdings von Lincoln Kirstein, seinem beruflichen Partner, weitgehend abgeschirmt. Ich glaube eher, Balanchine hatte zu einem Impuls zurückgefunden, der sich erstmals in der Kindheit zeigt, beim Erwachsenen dann unterdrückt und im Alter wieder befreit wird.

Wir alle wissen, dass Kinder gern Puppen zerlegen, um nachzusehen, was darin ist und wie sie funktionieren. Hätte ich meinem Enkel ein Seziermesser gegeben, wäre das Haus bald übersät gewesen mit aufgeschnitten Leichen. Die Zerstörung einer Puppe oder eines Spielzeugs durch das Kind ist mehr als bloße Neugier. Es ist eine aggressive, gewalttätige Erkundung. Das intakte Objekt scheint ein Eigenleben zu besitzen, von dem das Kind ausgeschlossen ist. Die Puppe zu zerreißen, ist eine Möglichkeit, sie als ihm gehörig zu reklamieren.

Erwachsene müssen diese Art gewaltsamer Besitzergreifung in ihrer schöpferischen Arbeit meist unterdrücken. Im Gegenteil, wir wollen, dass unsere Schöpfungen ein Eigenleben entwickeln, etwas Solides und Greifbares werden, das zeigt, was wir zu tun vermögen. Doch tief vergraben in diesem äußerst sinnvollen Wunsch, etwas aus sich heraus Wertvolles zu machen, gibt es auch den Impuls, etwas wieder in Besitz zu nehmen, von vorn zu beginnen, zu erneuern – und zwar durch Zerstören.

Dieser Impuls lässt sich im Alter ausleben, wenn das Werk dasteht wie ein mit der eigenen Vergangenheit angefülltes Museum – ein Werk, das du zurückfordern willst, um das Gefühl zu haben, dass es nicht vorbei ist mit dir.

Ich weiß, das ist Küchenpsychoanalyse. (Aber warum nicht?) Doch solch eine Wiederaneignung findet sich ganz offen bei Komponisten wie Brahms, der seine Werke ständig überarbeitete, und Musikern wie Daniel Barenboim, der Stücke immer wieder aufzeichnete – und das nicht aus Profitstreben. Er wollte sie einfach nochmals machen. Balanchine trieb diesen Drang zur Wiederaneignung seines Werkes ins Extrem – und es dürfte kein Zufall sein, dass er dies mit dem *Apollo* tat. Es war ein jugendliches, vollkommen gestaltetes klassisches Ballett. Er holte es aus ihrer beider Vergangenheit heraus und eignete es sich erneut an, indem er es beschnitt.

Es gibt im Werk selbst instabile Elemente, die diesen radikalen Schnitt nicht ganz so willkürlich erscheinen lassen, wie man meinen möchte. So schrieb die Ballettkritikerin Arlene Croce über den Solotanz der Terpsichore: »Wir sehen Sprünge, die nicht vorankommen, Sprünge, die nach *unten* gehen, Verkehrungen von vorn und hinten, durch die eine Form eine geheimnisvolle Konstanz bewahrt, obwohl sie sich verändert.« Strawinskys Partitur lässt gleichfalls Harmonien des 18. Jahrhunderts rückwärts laufen, sodass aufgelöste Akkorde zu unaufgelösten werden und einfache Melodien zerschnitten und deren Fragmente im weiteren Fortgang der Musik zu seltsamen Mustern neu zusammengesetzt werden. So erklärte Balanchine in seinem Dance Index-Artikel: »Im Rückblick halte ich ›Apollo‹ für den Wendepunkt meines Lebens … Es schien mir zu sagen, dass ich es wagen durfte, nicht alles zu verwenden, dass auch ich etwas eliminieren konnte.«[3]

Balanchines radikale Schnitte erfolgten im selben Geist wie Alberta Hunters Scats und Schnitte in »Strange Fruit«. Die Aufführung oder Darbietung eines ikonenhaften Stücks war für beide mehr als eine bloße Wiederholung. Erst Improvisation und massive Schnitte machten die Ikone wieder lebendig.

Schon als Strawinsky die Musik zu konzipieren begann, die später in *Apollo* zur Reife gelangte, fragte er sich in einem Tagebucheintrag von 1917:

> Warum können Veränderungen in mir von einem Jahr zum nächsten stattfinden … aufgrund des beständigen und lebenswichtigen Hungers nach Wandel – während so etwas in der Kunst Anlass zu Vorwürfen gibt? Ständige unveränderte Hingabe (Formalismus) ist wertlos … nicht fruchtbar.[4]

Strawinsky spricht hier vom persönlichen »Hunger« des Künstlers nach Wandel als etwas, das im Widerspruch zu den essenziellen, dauerhaften, klassischen Formen steht, die er und Balanchine wiederzubeleben trachteten. Doch der unausweichliche Gang der Zeit bringt den Künstler dem Tod immer näher, der den klassischen Gedanken einer vollkommen abgeschlossenen Form in Frage stellt.

Viele ältere Menschen bedauern, dass viel von dem, was ihnen in jungen Jahren wichtig war, sich als oberflächliche Zeitverschwendung erwiesen hat, zum Beispiel das Streben nach einem besseren Job oder der Wunsch, gut auszusehen. Balanchine kannte solches Bedauern nicht. Die gewaltsame Wiederaneignung ermöglichte es ihm, weiterhin schöpferisch tätig zu sein.

Buch VI

KONFRONTATION UND ANERKENNUNG

14 KONFRONTATION

Instinktiv, musikalisch, sichtbar

Die Behauptung des romantischen Dichters Percy Bysshe Shelley »Verteidigung der Poesie«, die Dichter seien »die nicht anerkannten Gesetzgeber der Welt«, ist auf den ersten Blick blanker Unsinn. Wer gelernt hat, Verse zu schmieden, ist deshalb noch längst nicht fähig, ein Rentensystem zu konzipieren. Shelley meinte jedoch in Wirklichkeit, die Sprache sei das Mittel, mit dessen Hilfe wir die Gesellschaft erfassten; sie könne zugleich »ein Instrument geistiger Freiheit und ein Vehikel politischer und sozialer Unterjochung« sein.[1] Das trifft, wie wir gesehen haben, auf der Bühne zu. Darsteller erschienen und erscheinen dort als Agenten der Macht, von Platons Puppenspielern bis hin zu Trumps virtuosen Auftritten bei Massenversammlungen. Die andere Seite des Darstellens, von Isabella Andreini bis Bertolt Brecht, sieht in der Darstellung eine Herausforderung an die Macht. Beide Seiten der Darstellung werden in Shelleys Augen durch Sprache konstituiert. Im Folgenden versuche ich, diese These zu widerlegen. Auf der Bühne sind es Architektur, körperliche Gebärden, Kostüme und Masken, die als »Gesetzgeber« der Politik fungieren – und ihr entweder dienen oder ihr entgegentreten.

Keine Provokation

LEERE WORTE Worte besitzen oft nur eine schwache politische Durchschlagskraft. Das war so in den Zeiten des jungen Ludwig XIV., der versuchte, Klischees wie »*L'état, c'est moi*« durch seine Art zu tanzen mit Leben zu erfüllen. Und das war so in der Französischen Revolution, deren Anführer die Guillotine einsetzten, um klar zu machen, wer ein Staatsfeind war, da das Wort »Feind« eine leere Worthülse ohne genaue Bedeutung geworden war. Das ist ganz allgemein ein Problem der politischen Sprache. Unter bestimmten Umständen verlieren Worte jegliche Bedeutung und sind dann vollkommen leer. Für die Generation meiner Eltern war der Spanische Bürgerkrieg eine Verkörperung leerer Worte.

Ihnen erschien der Spanische Bürgerkrieg von 1936 bis 1939 als ein »reiner« Krieg. Die demokratischen Kräfte verteidigten die spanische Republik gegen Francos Faschismus. Menschen aus ganz Europa und Nordamerika, unter ihnen auch mein Vater und mein Onkel, strömten nach Spanien, die meisten ohne militärische Erfahrung. Wie die Ukrainer heute gegen den russischen Faschismus kämpfen, so stellten die internationalen Brigaden damals ihren Mut und ihre Entschlossenheit gegen die Massen von Flugzeugen, Waffen und Manpower, die Nazideutschland in das Land schaffte.

Doch anders als der ukrainische Widerstand erwies sich der Spanische Bürgerkrieg als ein zutiefst desillusionierendes Ereignis innerhalb der eigenen Kräfte der Republik. Die Linke war gespalten in Anarchisten und Kommunisten, die einander in brutalster Weise bekämpften, und oft führte der zwischen ihnen wütende Krieg der Worte zu Morden und zu Bombardierungen der gegnerischen Hauptquartiere. Mein Onkel blieb, wie er in seinen Memoiren berichtet, teilweise davon verschont, in diese internen Kämpfe hineingezogen zu werden, weil er und mein Vater nur sehr wenig Spanisch verstanden. In Amerika waren sie engagierte und effektive Kommunisten gewesen, im Ausland wurden sie nun zu Killern.[2]

Solche, die des Spanischen mächtig waren, erklärten den Brudermord innerhalb der Linken mit einer in »Ideologien« eingebetteten Krankheit – Ideologien, deren Substanz in Worten bestand: Manifeste, Reden, Zeitungsartikel. Die Worte hatten wenig mit der Wirklichkeit zu tun. Als zum Beispiel die Sowjetunion 1939 den Nichtangriffspakt mit Nazideutschland abschloss, überschlugen sich die Presseabteilungen der Kommunistischen Partei mit Verlautbarungen, die diesen Verrat an der spanischen Republik als »dialektische Wende in dem weitergehenden Kampf« erklären sollten. 1939 waren viele der Kämpfer wie meine Verwandten der Worte überdrüssig und wollten keine weiteren Rechtfertigungen oder Argumente, keine weiteren Worte mehr hören.

Octavia Paz, damals ein junger mexikanischer Dichter und später ein angesehener Diplomat, gehörte zu jenen internationalen Kämpfern in Spanien, die bestürzt über die Korruption der revolutionären Sprache waren. Ihm erschienen die Parolen des sowjetischen Kommunismus wie dem britischen Schriftsteller George Orwell nachgerade als ebenso leer wie die des Faschismus. Bei seinem Versuch, die Linke zu erneuern, stützte Paz sich deshalb auf nichtsprachliche Praktiken. Zunächst suchte er nach Alternativen zur sprachlichen Provokation in der Kunst der Surrealisten und des Dada – einer Kunst, die die bestehende Ordnung durch ein Theater des Absurden herauszufordern versuchte, das hauptsächlich mit nichtsprachlichen Bewegungen und Gebärden arbeitete. Demselben Impuls folgte sein russischer Zeitgenosse Wsewolod Meyerhold, der in den neunzehnhundertzwanziger Jahren mit der Pantomime als Darstellungstechnik arbeitete und Charlie Chaplin wie auch andere Stummfilmregisseure inspirierte. In Meyerholds Augen war körperlicher Spott ein mächtigeres politisches Instrument als Argumentieren. Er schuf viele der Gebärden, die Charlie Chaplin in *Der große Diktator* einsetzte, verrückte Gesten, die so unwirklich wirkten wie Dada, mit denen der Demagoge (Hitler) sich selbst lächerlich macht.

In den neunzehnhundertvierziger Jahren vollzog Paz eine weitere Wende und befasste sich mit der »politischen Macht der Zeremonien«. In *Labyrinth der Einsamkeit* zeigte er detailliert auf, wie manche alten mexikanischen Rituale eine Möglichkeit zu kollektivem Widerstand boten, ohne im Sumpf der Sprache zu versinken. Wichtig war dabei für Paz, dass die Mexikaner zusammenkamen und sich wortlos von der Macht distanzierten. Er konzentrierte sich auf Tänze, die die Totenkulte zu Zeiten der alten Mayas feierten. So konnte ein Bischof aus Rom diesen Zeremonien beiwohnen und dennoch nicht verstehen, was da vor sich ging. Der zu Besuch weilende Kleriker glaubte, die Skelettpuppen verwiesen auf das Wunder der Auferstehung, während die grinsenden Totenschädel für die Mexikaner eine ältere Geschichte erzählten, eine Maya-Geschichte über den unausweichlichen Sieg des Todes über die Mächtigen – eine Geschichte, die auf den weißen römischen Bischof gemünzt war.[3]

DAS KARNEVALESKE Dem Geiste nach waren diese mexikanischen Rituale ein Beispiel für das, was der russische Literaturwissenschaftler Michail Bachtin in den neunzehnhundertdreißiger Jahren als »das Karnevaleske« bezeichnet hatte. Mit diesem Ausdruck beschrieb er eine bestimmte Darbietung, die in mittelalterlichen Städten einmal im Jahr stattfand: Bauern kleideten sich und agierten für einen Tag als ihre Herren, während Adelige Bauern oder Dienstleute spielten und denen gehorchten, die sonst ihnen gehorchten. Bachtin setzte große Hoffnungen auf die Umkehrung der Rollen im Karneval. So könnten die Herren ein Gefühl dafür bekommen, wie es war, als geringerwertig behandelt zu werden – aber vor allem hoffte er, die Bauern und Dienstleute würden ein Gefühl dafür bekommen, wie es war, frei zu sein, und dieses Gefühl würde bestehen bleiben. Im Dunkel der tyrannischen Herrschaft Stalins stellte Bachtin sich vor, das Karnevaleske könne sich als eine kraftspendende Praxis erweisen und seine Landsleute sogar zur Revolte ermuntern. Stalin, der möglicherweise die Gefahr witterte, machte Bachtin 1939 zur »Unperson«, mundtot gemacht und unsichtbar.

Bachtin hatte den mittelalterlichen Karneval falsch verstanden. Er wirkte wie ein Ventil, das man öffnet, um den Dampfdruck zu verringern. Mit Ende des Karnevals, war alles wieder beim Alten. Die Befreiung bestand viel stärker in der Aneignung der herrschaftlichen Tracht und Gebärden als in der Nachahmung ihrer Redeweise. Umgekehrt zogen die Herren alte Kleider an und gaben sich unterwürfig. So funktionierte der Rollentausch im Karneval seit der Antike. Schon die Frauen in Athen hatten das sogenannte Adonis-Fest gefeiert. Einmal im Jahr stiegen sie des Abends mit Leitern auf die Dächer der Häuser, in denen sie während des Tages meist eingesperrt waren. Die Frauen warfen Töpfe mit Kräutern hinunter auf die Straße, als Warnung für die Männer, sich fernzuhalten, während sie oben auf dem Dach tranken und sangen, um die weibliche Solidarität zu feiern. Wenn der Morgen graute, stiegen sie jedoch wieder herunter, beseitigten die Unordnung, die sie auf den Straßen angerichtet hatten, kehrten in die Häuser zurück und wurden wieder zu stummen Dienerinnen.

Das Lob politischer Befreiungsrituale bei Paz und Bachtin ist im weiteren Rahmen eines fundamental unbehaglichen Verhältnisses zwischen Darstellung und Ritual zu sehen, das wir im 1. Kapitel erkundet haben. Es bedarf etwas anderen als des Rituals mit seinen Festlegungen und Normen. Nicht dass am Karneval etwas »falsch« wäre, doch das Ritual ist kein schöpferisches Geschehen. Es bedarf einer Darbietung anderer, originellerer Art, wenn es darum geht, den Herrn herauszufordern und seine Stellung zu untergraben.

Anstelle von Worten

Ganz so, wie es zum Beispiel und vor allem in Mozarts Oper *Le nozze di Figaro* geschieht, wenn sie in einer bestimmten Weise aufgeführt wird. Man könnte meinen, der politische Charakter der Oper liege in ihrem Libretto. *Figaros Hochzeit* basierte auf einem Stück von Beaumarchais, in dem ein Diener, der gewitzter ist als sein Herr, ihn bei dessen sexuellen Raubzügen austrickst. Das Stück gilt heute als politisch, weil es Klassenzugehörigkeit und Privilegien mit Ungerechtigkeit verknüpft. Doch damals in den siebzehnhundertachtziger Jahren spielte und verstand man es eher als eine bloße Komödie, die Königin Marie-Antoinette und viele darin aufs Korn genommene Aristokraten sehr genossen. Wie wir im 8. Kapitel gesehen haben, hatte Ludwig XIV. ein Jahrhundert zuvor versucht, die schalen sprachlichen Deklarationen königlicher Überlegenheit durch die Darbietung von Tänzen zu überwinden, in denen er selbst der Star war. In *Figaros Hochzeit* wird dieser Prozess umgekehrt. Die Musik, das Arrangement der Figuren auf der Bühne und deren Gebärden lassen sich so gestalten, dass die politische Konfrontation eine größere Durchschlagskraft erhält.

Figaros Arien sind voller Phrasen, die anfangs schicklich erscheinen, aber bei ihrer Wiederholung melodisch oder harmonisch so abgewandelt werden, dass der anfängliche Eindruck in sein Gegenteil umschlägt. Wir hören Figaro über sich selbst spotten, dass er liebenswürdig sei. In der gesamten Oper können die Darsteller diesen in der Partitur angelegten Spott durch Ritardandos, Accelerandos und andere Störungen des Takts betonen, die sich über die geschliffenen Erklärungen des Grafen lustig machen. Selbst wenn *Figaros Hochzeit* auf einer nackten Konzertbühne aufgeführt wird, ohne Kostüme oder Kulissen, versteht das Publikum allein durch Zuhören, was da vor sich geht. Die Töne, die sie hören, nehmen sie für die Seite des Dieners ein.

Akustische Politik dieser Art gibt es seit den Anfängen der Oper, von Monteverdis *L'incoronazione di Poppea* bis hin zu modernen Werken wie Brittens *Billy Budd*. Man braucht weder die Sprache zu beherrschen noch das Libretto zu kennen, um das zu verstehen. Solange man sich getreulich an die Musik hält, kann man deshalb eine Oper wie *Figaros Hochzeit* aus einem eleganten Gesellschaftszimmer durchaus auch in eine Louis-Vuitton-Taschen-Boutique verlegen (wie der Regisseur Peter Sellars einmal vorschlug), ohne dass die Oper ihren Biss verlöre. Der Biss liegt in der Musik.

Der Darsteller des Figaro kann diesen Biss noch verstärken. Wir erinnern uns an das 3. Kapitel – ich bin in einer Stimmung des Sammelns und Zusammenfügens – und an die rote Pistole, die in *La forza del destino* eingesetzt wurde, damit ein ansonsten absurder Mord auf der Bühne funktionierte. Zu Beginn des *Figaro*, am Ende der 1. Szene des 1. Akts, die in dem Arbeitsraum spielt, in dem Figaro und Susanna leben, holt Figaro eine Muskete aus einem Schrank und schleicht um das Bett, den Tisch und die Stühle herum, als befände er sich auf einer Kommandomission zur Tötung des Grafen, der Susannas Ehre bedroht. In dem Augenblick, da er in Takt 121 das hohe F erreicht, soll er abdrücken und so tun, als zuckte er wegen des Rückstoßes zusammen. Das alles ist lustig. Man könnte der Szene jedoch auch eine politische Wendung geben, wenn man das Gewehr mit einer Platzpatrone lüde. Beim hohen F gäbe es dann tatsächlich einen Knall, Figaro würde das Gewehr von sich weghalten und darauf starren. Die Eröffnungsszene ist sehr schnell, doch an diesem Punkt sollte Figaro vollkommen still stehen, um zunächst seine Ungläubigkeit zum Ausdruck zu bringen und dann sein wachsendes Bewusstsein, dass er den Adligen tatsächlich töten könnte. Was nicht mehr ganz so lustig wäre.

Auch ein geeignetes Arrangement könnte den politischen Charakter der Oper schärfen. Die 1. Szene des 3. Akts spielt im Arbeitszimmer des Grafen, von wo aus er sein kleines Reich regiert. Er ist allein mit Susanna, die mit der Gräfin ein Komplott geschmiedet hat, um seine Untreue ans Licht zu bringen. Zu Beginn dieser Szene sitzt er am Schreibtisch und schreibt, während Susanna stehend auf seine Anordnungen wartet – eine Möglichkeit, den Machtunterschied zum Ausdruck zu bringen. Ihre Anwesenheit erregt ihn, er steht auf und drängt sie, sich mit ihm auf ein Sofa zu setzen. Um sie zu verführen, geht er dann vor ihr auf die Knie und fleht sie an. Jetzt sind die Machtpositionen vertauscht. Doch an dieser Stelle singt er eine der schönsten, innigsten Arien Mozarts (»*Mi sento dal contento pieno di gioia il cor*«), die zeigt, dass er zutiefst einsam ist und sich eher nach Liebe als nach Sex sehnt. Sie verspricht ihm ein Stelldichein, und über ihn gebeugt, sein Kopf in ihrem Schoß, zwingt sie sich zu falschen Liebesbekundungen – sie muss die Stirn in Richtung Publikum runzeln, während sie lügt. Dann stürzt sie davon.

Das Arrangement ihrer beiden Körper macht diese Szene zu einem Machtspiel: stehen, allein sitzen, zusammen sitzen, knien, aufstehen, weglaufen. Das Arrangement definiert ihre Ungleichheit. Doch hier handelt es sich nicht um einen einfachen Unterschied, denn der Graf ist keine einfache Person und Susanna nach seiner Liebeserklärung voller Scham über ihr Täuschungsmanöver, aber auch voller Unwillen über ihn. Wenn die Darbietung gut funktionieren soll, muss die Körperhaltung der Darsteller deren Isolation zum Ausdruck bringen. Wenn Susanna stocksteif dasteht, blickt der schluchzende Graf niemals zu ihr.

Bei einem geeigneten Arrangement der Figuren und Körperhaltungen dramatisiert diese Szene Ungleichheit als ein komplexes, wechselseitig verständnisloses Verhältnis statt als krude Herrschaft. Worte allein vermögen das nicht zu leisten. Sie sind belanglos oder halb durchdacht oder elementar. Die Darsteller müssen gegen die Worte anspielen und auf diese Weise unser Verständnis der Kluft zwischen Herr und Knecht vertiefen. Manchmal heißt es, solche »Verkörperungen« würden der Bedeutung »hinzugefügt«, doch in Wirklichkeit machen sie die Bedeutung aus. Einer Verkörperung bedarf es vor allem dann, wenn die Sprache der Konfrontation schal geworden ist.

Dasselbe gilt auch für die Straße. Techniken wie diese in *Figaros Hochzeit* lassen sich auch im politischen Protest einsetzen.

Ein Marsch auf Washington

Am 28. August 1963 fand der »Marsch auf Washington für Arbeit und Freiheit« statt. Organisiert worden war er von Bayard Rustin, einem Führer der schwarzen Bürgerrechtsbewegung, die in der Hauptstadt nationale Unterstützung für den Kampf gegen die rassistische Ungerechtigkeit in den auf Rassentrennung beharrenden Südstaaten der USA suchte. Heute erinnert man sich an diesen Marsch vor allem wegen der Rede, die Martin Luther King zu dessen Abschluss hielt und in der er wiederholt ausrief: »*I have a dream …*« Diese Rede war jedoch der Höhepunkt eines sorgfältig geplanten, ergreifend theatralischen Events.

Die Behörden hatten Kampfhunde, Wasserwerfer und berittene Polizisten mobilisiert, um gegen die Gewalt vorzugehen, die sie erwarteten, weil sie offenbar davon ausgingen, dass aus jeder größeren Versammlung unvermeidlich ein gewalttätiger Mob hervorgehen musste, wie Gustave Le Bon ihn beschrieben hatte (3. Kapitel). Doch Rustin hatte eine politische Zeremonie organisiert, mit der er die Erwartung der Behörden, es würde zu einer blutigen Konfrontation kommen, wie es in den Südstaaten regelmäßig geschah, unterlief.

Die Gewaltlosigkeit war ein Credo für Martin Luther King, der stark von Mahatma Gandhis Bewegung zivilen Ungehorsams beeinflusst worden war. Anders als oft angenommen wird, bedeutet dieses Credo keineswegs nur passiven Widerstand. Gandhi suchte Orte und Tätigkeiten aus, die bei den Behörden mit hoher Wahrscheinlichkeit eine gewalttätige Reaktion auslösten. So startete er eine Kampagne, bei der die Massen selbst Salz herstellten, denn die Salzproduktion war ein Monopol der britischen Machthaber in Indien. Er wusste, wenn einfache Leute Salz trockneten und abpackten, würden die Briten sie als Kriminelle behandeln. Gandhi glaubte, wenn die Briten auf unschuldige Aktivitäten mit Gewalt reagierten, würde offenbar, wie hohl ihr Recht auf Herrschaft in Wirklichkeit war.

In den USA nahm die Gewaltlosigkeit einen anderen Charakter an. King erkannte, dass er die Diskriminierung in all ihren Formen in Frage stellen musste, statt einen einzelnen Bereich herauszugreifen. Die Kämpfe im Süden gegen die Rassentrennung in Schulen, Restaurants und öffentlichen Verkehrsmitteln waren untrennbar miteinander verbunden. Rassenintegration in den Schulen verlangte unvermeidlich Rassenintegration in den Schulbussen und das wiederum Rassenintegration in den Restaurants. Systematische Verknüpfungen erhöhten jedoch die Wahrscheinlichkeit einer gewalttätigen Reaktion seitens der herrschenden Mächte, die versuchen würden, die Verantwortung von sich zu weisen, indem sie behaupteten, die Demonstranten hätten den Einsatz solcher Gewalt provoziert.

Genau diese Überreaktion war die Dynamik, die Rustin verhindern musste. Und insgesamt gelang ihm das. Es gab kleinere Handgemenge während des Marschs, doch nichts passierte, was den Einsatz staatlicher Gewalt gerechtfertigt hätte. Polizei, Nationalgarde und FBI waren verblüfft. Sie sahen auf diese riesigen, geordneten Menschenmengen und wussten offenbar nicht, was sie tun sollten. Sie waren irrelevant.

Rustin traf einige grundlegende Vorkehrungen, indem er die Vertreter der nationalen und internationalen Presse innerhalb der Menge platzierte, anstatt sie an die Seitenlinien zu verbannen und von dort aus filmen zu lassen, sodass jedes Fehlverhalten von innen heraus aufgedeckt werden konnte. Seine schöpferische Arbeit als Organisator ging jedoch noch weit darüber hinaus. So ist »Einkesseln« eine häufig eingesetzte Technik zur Kontrolle von Menschenmengen. Dabei presst man die Menge zusammen und hält die Demonstranten innerhalb der Grenzen des offiziellen Demonstrationsweges. Die Einkesselung macht es auch den Zuschauern schwer, sich den Demonstranten anzuschließen, weil sie durch Polizeiketten von ihnen getrennt werden. Rustin und sein Team unterliefen die Einkesselungsbemühungen der Behörden, indem sie sie Straße für Straße mit Details zermürbten: Wo genau waren die Punkte, an denen Zuschauer sich dem Demonstrationszug anschließen durften? Wo sollten mobile Toiletten aufgestellt werden? Welche Lizenzen mussten Streetfood-Verkäufer beantragen (es gab damals unterschiedliche Lizenzen für amerikanisches und »ausländisches« Streetfood). Die Polizei war es nicht gewöhnt, dass Demonstranten eine derart sogfältige Choreografie ihrer Protestveranstaltung vorlegten. Ich denke, der Grund für die Verwunderung der Behörden lag vor allem in dem Vorurteil des US-amerikanischen Rassismus, Schwarze seien spontan, unkontrolliert und undiszipliniert – ein Vorurteil, das die Aufseher in den Plantagen einst in die Welt gesetzt hatten, um mit solcher angeblichen Widerspenstigkeit die Peitsche zu rechtfertigen.

Rustins Erfahrungen als darstellender Künstler halfen ihm bei der Gestaltung des Marsches. Als junger Mann war er ein guter Schauspieler und Sänger gewesen. In der High-School hatte er mehrfach Donizettis »Una furtiva lagrima« aus dessen *L'elisire d'amore* gegeben, keine leichte Aufgabe für einen Jugendlichen. Für die Wilberforce University hatte er sich weitgehend wegen der dortigen Musikausbildung entschieden, und während seines Studiums lernte er Komponisten wie Palestrina und Bach besser kennen. Auch als Erwachsener sang er noch, und er begegnete Alberta Hunter, als beide in Barney Josephsons Jazzclub Cafe Society auftraten. Vor allem aber lernte er Paul Robeson kennen, den größten schwarzen Schriftsteller und Sänger seiner Zeit, als beide 1939 gemeinsam in dem Theaterstück *John Henry* spielten. Das entsprach sicherlich nicht dem üblichen Werdegang eines politischen Organisators, war aber umso nützlicher, als es darum ging, Alternativen zum üblichen Theater der Konfrontation zu entwickeln.[4]

Rustin und sein Team übertrugen die von Architekten, wie oben dargelegt, beim Bau von Theatern eingesetzte Logik der Porosität auf die Straße. Am Bahnhof und auf den Busparkplätzen gab es zahlreiche Ein- und Ausgänge, die von den Demonstranten benutzt werden konnten, um zur Washington Mall, dem eigentlichen Ziel, zu gelangen. Auf Luftaufnahmen sieht die Menschenmenge auf der Mall sehr dicht aus, doch am Boden hielten Ordner sichere Durchgänge offen, auf denen die Leute das Gelände leicht betreten oder verlassen konnten. So machten es die Planer den Zuschauern leicht, sich der Demonstration anzuschließen, wenn ihnen danach war, und den Marschierenden, den Marsch zu verlassen, wenn die Natur rief. Die Porosität war weniger effizient, da die Menge langsamer zusammenkam, als es auf einem einzigen Zugangsweg geschehen wäre, aber sie steigerte den dramatischen Effekt, da so die Botschaft vermittelt wurde, dass die Menschen überall in der Stadt wären und heute in dieser Stadt die Freiheit hätten, sich ungehindert so zu bewegen, wie es ihnen gefiel.

Rustin modellierte die Beziehung der Straßen zur Mall im Sinne von Flügeln (Straßen), die zur Bühne (der Mall) und davon weg führten. Die Straßen waren natürlich voller Demonstranten mit Plakaten, doch Rustin wollte, dass sie sich weiter in Richtung Mall bewegten und sie füllten, sodass die schiere Größe der Menschenmenge aus sich heraus ein staunenerregendes Phänomen wurde. Bei der Vorbereitung des Marsches beschloss er, dass die Menschenmengen die Bühne so füllen sollten wie im 2. Akt der Oper *La Bohème*, nämlich langsam und von den Seiten her, ein ganz anderer Effekt, als würde sich der Vorhang vor der bereits bevölkerten Szene heben.

Die Designer des Half Moon hatten sich mit dem Problem der abgelenkten Aufmerksamkeit auseinandersetzen müssen, und das tat auch Rustin, sobald die Mall voll war. Die meisten Reden auf der dort aufgebauten Bühne vermochten nicht die Aufmerksamkeit der weit entfernt stehenden Menschenmengen zu fesseln. Deshalb bestand wie bei allen Demonstrationen die Gefahr, dass die Leute abwanderten. Rustin löste dieses Problem durch dezentrale Mini-Events wie Musikbands aus verschiedenen Teilen des Landes, die lokale Musik spielten, und durch Reden, die über Lautsprecher mit geringer Reichweite in Teilen der Menge ausgestrahlt wurden. Die dramatische Auflösung, Martin Luther Kings folgenreiche Rede, funktionierte hinsichtlich der Choreografie von Massen deshalb, weil all diese kleinen Events schlagartig gestoppt und die Lautsprecher zusammengeschaltet wurden, damit die gesamte Menschenmenge ihre Aufmerksamkeit auf eine Gestalt richtete, die nur wenige zu sehen vermochten.

Damals erntete Rustins Choreografie einige Kritik, weil es entlang der Straßen und auf der Mall nur wenige erhobene Positionen gab, von denen aus die Menschen sehen konnten, was vorne geschah. Rustin erwiderte darauf, er habe Gleichheit und Gemeinschaft betonen wollen, indem er alle auf eine Ebene stellte. Die Antwort ist konsequent, denn wie wir im 4. Kapitel über die drei Bühnen der Stadt gesehen haben, verbanden sich schon in den antiken Amphitheatern die ansteigenden Sitzreihen mit der Unterscheidung zwischen Schauspieler und Zuschauer. Um besser sehen zu können, stieg man in einem Amphitheater buchstäblich hinauf und entfernte sich damit von der Handlung.

Die Choreografie der Gleichheit auf derselben horizontalen Ebene hat ihren Preis, wie wir im 2. Kapitel zur Vereinigung der Bühne mit der Straße gesehen haben. Was die Darsteller sagen und tun, das hören und sehen auf gleicher Ebene allein die Menschen, die sich in ihrer unmittelbaren Nähe befinden. Unter diesen Umständen reduziert sich unvermeidlich die Reichweite der Darbietung. Rustin stand wegen der Anzahl der schätzungsweise 800 000 Teilnehmer und noch einmal nahezu ebenso vielen nichtdemonstrierenden Zuschauern vor einem scheinbar unlösbaren Problem. Es gibt Möglichkeiten, den Zusammenhang zwischen gleicher Ebene und geringer Reichweite der Darbietung zu umgehen, zum Beispiel so, wie man es bei Protesten der Occupy-Wall-Street-Bewegung vor einem Jahrzehnt versuchte. Die Leute in den vorderen Reihen der Protestveranstaltungen gaben das Geschehen vorn mit Worten oder Handzeichen nach hinten weiter – das »Occupy-Megaphon«, wie man es nannte. Das Verfahren ist umständlich und benötigt ein engagiertes Publikum, das sich mit der Langsamkeit der Weitergabe abfindet. Bei solchen auf einer Ebene stattfindenden Protestveranstaltungen haben die unmittelbaren Nachbarn gewöhnlich größere Bedeutung, weil hier die direkte physische Verbindung darüber entscheidet, ob die Teilnehmer bleiben oder langsam abwandern. Und genau dort hatte Rustin ein persönliches Problem.

DIE MASKIERTE MENGE Dieser Marsch war vielfacher aufgeladen, als das auf Hautfarben ausgerichtete Auge zu sehen vermochte, und zwar wegen Rustins Leben als schwuler Mann. Damals war Harlem weit weniger tolerant gegenüber Homosexualität als Greenwich Village mit seiner Bohème. Die Vorurteile gegen farbige Schwule waren in farbigen Gemeinschaften keine einfache Sache, da arme Eltern, die kämpfen mussten, um ihre Familie intakt zu halten, in der Homosexualität nur eine weitere destabilisierende Kraft erblickten. Das bedeutete, dass schwarze Homosexuelle in zweifacher Weise marginalisiert waren. Für Rustin kam es jedoch nicht in Frage, ein Leben in Verborgenheit zu führen. Schon in den neunzehnhundertdreißiger Jahren, als er der Kommunistischen Partei beitrat, hatte er kein Geheimnis aus seiner sexuellen Orientierung gemacht. Er war 1953 wegen »Erregung öffentlichen Ärgernisses« verhaftet worden und kurze Zeit im Gefängnis gewesen.

Wie er ganz offen als schwuler Kommunist gelebt hatte, so organisierte er nun den Marsch auf Washington als eine Aktion, die offen für alle war, ob schwarz oder weiß, straight oder gay – und für Angehörige aller Klassen. Er wusste, wenn das Projekt einer positiven Diskriminierung erfolgreich sein sollte, musste er die Aktionen so gestalten, dass auch Menschen aus der weißen Arbeiterklasse sie als offen für sich selbst empfanden. Wenn sie sich ausgeschlossen fühlten, konnten die Gewerkschaften, denen sie angehörten, ihnen keine institutionelle Unterstützung gewähren, und auch die Demokratische Partei konnte nicht uneingeschränkt daran teilnehmen. In diesem Fall kam es darauf an, dass die Menschenmenge nicht durch ihre Identitäten gespalten wurde.

Um solche Inklusivität zu erreichen, nutzte Rustin den neutralen Charakter einer nichtprovozierenden Sprache und ließ zum Beispiel Plakate mit sehr allgemeinen Parolen wie »Gegen Rassismus« oder »Für das Volk« drucken, die jedermann tragen konnte. Er versuchte, den Strom der Menschenmenge so zu organisieren, dass die Teilnehmer aus verschiedenen lokalen Organisationen gemeinsam mit anderen statt nur mit ihren eigenen Leuten marschierten. Soweit ich weiß, besaß Rustin keine Theorie über »kooperative Körper«, doch als Darsteller wusste er ganz sicher, wie wichtig es ist, sich auf der Bühne körperlich wohlzufühlen. Auf dem Marsch tat er angesichts der feindseligen Behörden alles, um unter Menschen, die in ihrem privaten Leben durchaus nicht einer Meinung waren, eine entspannte informelle Atmosphäre zu schaffen. In dieser Hinsicht unterschied sich der auf Inklusion bedachte Marsch von rechtsgerichteten politischen Veranstaltungen, die fast immer einen scharfen, dämonisierenden Unterschied zwischen *denen* und *uns* in Szene setzen.

Der Marsch ging die Frage, wer »wir« sind, in Arendt'scher Weise an. Das »wir« verlor seinen an die Rassenzugehörigkeit geknüpften semiologischen Referenten und machte dadurch die Werte der »Integration« und »Gleichheit« sichtbar. Rustins Choreografie zeigt, wie Maskieren für politische Zwecke nutzbar gemacht werden kann. Durch die Verdeckung der Identität fördert es die Solidarität.

Verstörende Anerkennung

Im 2. Kapitel haben wir die moralische Ambiguität des Judas bei seinem Verrat an Christus dargestellt. Die Folgen seines falschen Spiels rührten den Verräter zu Tränen; er war von seinem eigenen Tun verstört. In einer der großen Szenen des *Hamlet* geht Shakespeare dieser Verstörung nach und erkundet, wie sie sich möglicherweise gegen die Mächtigen wenden lässt.

HAMLETS SCHAUSPIEL INNERHALB DES SCHAUSPIELS Das Stück handelt von Mutter und Onkel des jungen Prinzen, Verschwörer und Geliebte, die seinen Vater ermordet und das Verbrechen verdeckt haben, sodass sie nun als legitime Herrscher des Reiches auftreten. Hamlet entdeckt den Mord schon früh und ist schockiert, dass sein Onkel Claudius sich als wohlwollend und freundlich gibt: »Daß einer lächeln kann, und immer lächeln, / Und doch ein Schurke sein.« Als seine Mutter Gertrude ihn wegen des Verlusts seines Vaters trösten möchte, kommt der junge Mann erneut auf die bösartige Macht des Schauspielens zurück: Tröstung und Wohlwollen »sind Gebärden, die man spielen könnte … / All dies ist nur des Kummers Kleid und Zier.«

Hamlet nutzt nun ein Bühnenmittel, um »Kleid und Zier« in Frage zu stellen, ein Mittel, das unmittelbar auf die Gefühle der Mörder einwirkt.

Ich hab' gehört, daß schuldige Geschöpfe,
Bei einem Schauspiel sitzend, durch die Kunst
Der Bühne so getroffen worden sind
Im innersten Gemüt, daß sie sogleich
Zu ihren Missetaten sich bekannt.

Er sorgt dafür, dass sein Onkel und seine Mutter sich eine Aufführung anschauen, die sie ganz unschuldig amüsieren werde. Die Vorstellung besteht aus zwei Teilen. Im ersten Teil spielen Pantomimen wortlos die Vergiftung seines Vaters (das Gift wird dem schlafenden König ins Ohr geträufelt), wobei die Königin den Giftmörder streichelt. Dann wird dieselbe Handlung mit einem gereimten Dialog wiederholt. An diesem Punkt vermag Claudius die Vorstellung nicht mehr zu ertragen, und sein Berater Polonius bricht sie abrupt ab: »Macht dem Schauspiel ein Ende! ... Licht! Licht! Licht!«[5]

Hamlets Schauspiel innerhalb des Schauspiels gleicht einem Spiegel, den Menschen meiden, weil sie ihr Spiegelbild nicht ertragen können. Auf der Bühne muss eine Verstörung dieser Art sorgfältig vorbereitet werden. Die Zuschauer im Saal müssen ebenso wie die Zuschauer auf der Bühne davon überrascht werden. Im *Hamlet* zieht die Pantomime beide Gruppen von Zuschauern in ihren Bann, da keine Figuren identifiziert werden. Anfangs glauben die Zuschauer auf der Bühne, dass der Mummenschanz in keinerlei Verbindung zu ihnen stünde, wie der Erzbischof in Mexiko, der das Ritual der Auferstehung der Toten beobachtete, anfangs keine Ahnung hatte, dass die Darbietung in Wirklichkeit zum Aufstand gegen ihn aufrief. Als die verstörende Erkenntnis ihm dämmert, flieht der Erzbischof nicht wie die schuldbeladenen Zuschauer auf der Bühne, sondern lässt die Teilnehmer des Rituals ins Gefängnis werfen. Danach werden sie zu einer *cause célèbre*, aufgrund deren die mexikanische Gemeinschaft sich gegen ihn wendet.

Die Pantomimen müssen diese Art Provokation nach dem Grundsatz durchziehen: »show, don't tell!« Bei guten Inszenierungen des *Hamlet* sollten die Pantomimen dieses Schauspiels im Schauspiel mit Gebärden arbeiten, die nur schwer als gewalttätig empfunden werden können. So sollte das Gift nicht mit einem Tropffläschchen in das Ohr geträufelt werden, sondern mit einem Krug oder in modernen Inszenierungen mit einer San-Pellegrino-Flasche. Es sollte nicht klar sein, dass sich Gift darin befindet. An dieser Stelle wird auch eine gute Darstellerin der Gertrude liebevoll auf den schlafenden König herablächeln, während ihr Liebhaber ihn tötet – die stumme Szene sollte uns zu der Frage veranlassen: »Was geht hier vor?« Der gereimte Dialog wird dann noch fesselnder und bedrohlicher wirken und die verstörende Erkenntnis auslösen.

Das Schauspiel im Schauspiel, in dem das Verbrechen der Mutter und des Onkels ans Licht geholt wird, unterscheidet sich von der Demaskierung der Figuren und ihres wahren Charakters. Die Demaskierung des wahren Charakters einer Person gehört zum Standardrepertoire des Theaters. Ihren musikalischen Höhepunkt erreicht sie in *Le nozze di Figaro*, als der Graf entdeckt, dass die Frau, mit der er gleich Liebe zu machen gedachte, nicht die Dienerin Susanna ist, sondern seine verkleidete Frau. In *Così fan tutte* inszeniert Mozart dasselbe Verkleidungsspiel, gefolgt von einer plötzlichen Erkenntnis, diesmal bei zwei Liebespaaren. Die als Albaner verkleideten Männer haben Sex mit der Partnerin des jeweils anderen, und die Frauen verlieben sich in den falschen Geliebten. Dann folgt die demaskierende Enthüllung.

Das Schauspiel im Schauspiel birgt indessen ein noch erstaunlicheres Phänomen, eine allein dem Theater vorbehaltene Möglichkeit, »der Macht die Wahrheit zu sagen«.

MIS-EN-ABYME In der Literatur gleich dieses Die-Wahrheit-Sagen einer *mise-en-abyme*. Roland Barthes definierte den Ausdruck als »negative Spiegelung« einer Erscheinung, ähnlich der Umwandlung von Schwarz in Weiß bei der Bearbeitung eines Bildes mit Photoshop. Der amerikanische Psychoanalytiker Roy Schafer verwendete die *mise-en-abyme* in seiner »Spiegelungstherapie«, bei der der Analytiker seinerseits etwas vom Patienten Gesagtes wiederholt, damit der Patient es kritisch untersuchen kann. Der Ausdruck besitzt außerdem auch eine politische Dimension.

Wenn man geradeheraus sagt, jemand oder etwas sei falsch, kann es, wie Amerikaner heute nur allzu gut wissen, geschehen, dass darauf mit einer Flut »alternativer Fakten« reagiert wird, mit der Folge, dass der Unterschied zwischen wahr und falsch zu einem bloßen Meinungsunterschied wird. Die *mise-en-abyme* ist ein Mittel, dieser Umgehung der Wahrheit entgegenzuwirken, indem man das von den Mächtigen Gesagte so nachahmt, dass es diskreditiert wird.

Die *mise-en-abyme* ist eine Möglichkeit, das Selbstbewusstsein des Akteurs zu zerstören. Im alltäglichen Leben ist nichts verstörender, als zu sehen, wie man selbst nachgeäfft wird, wie jemand einem die dummen oder negativen Aspekte seines Verhaltens vor Augen führt. Brechts Vorstellung von politischem Theater in seiner frühen Zusammenarbeit mit Erwin Piscator bei Stücken wie *Der brave Soldat Schwejk* setzte auf Mimikry statt auf direkte Denunziation, damit die Zuschauer sich zunächst mit den Figuren auf der Bühne identifizierten und sich dann von ihnen distanzieren. Etwas ganz Ähnliches geschieht in Figaros Arien. Gerade seine vielfache Wiederholung blumiger und hochtrabender Motive entwertet sie.

Wir erwarten natürlich nicht, dass ein Diktator wegen der *mise-en-abyme* seine Macht abgibt, doch seine Autorität lässt sich durch eine Bühnentechnik wie diese unterminieren. Man lacht über ihn, während eine bloße Denunziation ihm nicht unter die Haut geht. Die *mise-en-abyme* wirkt anders als der Spott im Karneval, denn dort weiß der Mächtige, dass alles bald wieder zur Normalität zurückkehren wird und die Menschen lediglich Dampf ablassen. Hamlets Schauspiel im Schauspiel bietet keine derartige Zuversicht – der falsche König flieht, weil die Darbietung möglicherweise immer weiter geht. Der Karneval bietet eine Katharsis, die *mise-en-abyme* verweigert sie. In dieser Verweigerung liegt ihre Stärke.

Die *mise-en-abyme* ist konfrontativ. Doch was hat der Herausforderer von seiner Herausforderung? In Shakespeares Stück bleibt Hamlet weiterhin zutiefst unglücklich. Ist die Konfrontation auf der Straße für jene, die protestieren und Widerstand leisten, ein kathartisches Erlebnis? Sollte sie das sein?

Die befreiende Darbietung

HEGEL'SCHE ABLÖSUNG Alle Eltern müssen mit folgenden Szenen zurechtkommen: Ihr Kind zertrümmert ein Spielzeug, um Ihre Aufmerksamkeit zu erlangen; Ihr Sohn oder Ihre Tochter bricht das Studium ab, um endlich »ernst genommen« zu werden. Hier geht es letztlich um Anerkennung. Je ärgerlicher oder empörter Sie reagieren, desto enger die Bindung. Solch kindliches oder jugendliches Verhalten entspringt einer »ungehorsamen Abhängigkeit«, wie ich es andernorts in einer Studie über Autorität am Arbeitsplatz genannt habe. Bei Erwachsenen kann solches Verhalten äußerst negative Konsequenzen für den um Aufmerksamkeit bettelnden Beschäftigten haben. Der Chef bestimmt, wann und wie er Anerkennung zum Ausdruck bringt. Und der Beschäftigte verliert angesichts der Anerkennung durch den Chef die eigenen Bedürfnisse aus dem Blick.[6]

Die Idee der ungehorsamen Abhängigkeit stammt nicht von mir. Sie lässt sich bis zu dem Philosophen des frühen 19. Jahrhunderts G. W. F. Hegel zurückführen, insbesondere auf eine Passage über »Herrschaft und Knechtschaft« in dessen *Phänomenologie des Geistes.*

Hegel stellt die allgemeine These auf, dass der Mensch nur »als ein Anerkanntes« ganz sei. Es bedürfe einer »Bewegung [gegenseitiger] Anerkennung«. Der »Knecht«, wie Hegel ihn nennt, will Anerkennung von seinem Herrn. Er ruft: »Es tut mir weh«, oder: »Du tust mir weh«. Der Herr, der nicht reagiert, der nicht einmal Notiz davon nimmt, ist der Herr, gegen den die Menschen mit größter Wahrscheinlichkeit kämpfen werden. Gleichgültigkeit ist unerträglich. Das ist für Hegel die Crux der Autorität. Es kommt nicht darauf an, ob eine Autorität Recht hat, ob sie gerecht oder vernünftig ist. Vielmehr bildet sie den Bezugspunkt. Wie in der ungehorsamen Abhängigkeit kämpfen die Knechte darum, *von ihm* Anerkennung zu erhalten. Der Herr bestimmt die Bedingungen dieses Kampfes um Anerkennung.[7]

Eine Liste der »Knechte« reichte heute wahrscheinlich weit über die Arbeitsplätze hinaus, die ich vor vier Jahrzehnten untersuchte. Sie dürfte inzwischen Frauen, Schwule, Immigranten, ethnische Minderheiten umfassen. Hegel wusste, selbst wenn Geschlechter oder Religionen nach dem Gesetz die gleichen Rechte haben, wird der Kampf um Anerkennung in der Gesellschaft weitergehen. Nimm mich wahr! Nimm meine Anwesenheit zur Kenntnis! Behandle mich nicht wie den Protagonisten in Ralph Ellisons Roman als einen »unsichtbaren Mann«! Wenn dagegen die Knechte statt Anerkennung Freiheit wollen, müssen sie sich aus dem Bezugsrahmen des Herrn lösen.

In Hegels Augen erfolgt der persönliche Übergang zur Freiheit in vier Schritten. Anfangs erträgt der Knecht stoisch das eigene Leiden, doch dann wird er skeptisch und fragt, ob der Herr überhaupt ein Recht hat, ihm wehzutun. Es folgt eine Phase der Ablösung, in der der Knecht zwar Freiheit vom Herrn erlangt, aber unsicher wird und ein unglückliches Bewusstsein entwickelt, weil er nicht weiß, was er tun soll. Die Vernunft wird schließlich herausfinden, wie dieses unglückliche Bewusstsein sich auflösen lässt.

Nach Hegel spielen die darstellenden Künste in diesem Prozess eine Rolle, und zwar in der zweiten Phase. Die Komödie hilft dem Knecht, Zweifel am Recht des Herrn auf Herrschaft zu entwickeln – wie etwa in *Figaros Hochzeit*. Ich denke, Hegels Verständnis der Komödie geht zurück auf die archaische griechische *mitis*-Vorstellung, wonach die alten Götter wie Proteus Gestaltwandler und Trickster waren und sich daher niemals auf eine bestimmte Gestalt festlegen ließen. Auch Komödien wie die von Mozart oder die Comedia dell'arte besitzen diese Tricksterfähigkeit – sie machen sich lustig, ironisieren und bringen die Dinge durcheinander.

Brecht prägte einen anderen Ausdruck für Hegels »Loslösung«, nämlich »Verfremdungseffekt«. Dabei hören die Zuschauer nach und nach auf, sich mit den Figuren und Handlungen auf der Bühne zu identifizieren, treten einen Schritt zurück und beginnen selbst über die Produktion nachzudenken. Im Grunde handelt es sich hier um einen Hegel'schen Gedanken – doch das Zurücktreten muss sorgfältig inszeniert werden. Gewöhnlich glauben die Menschen, was sie sehen, oder zumindest identifizieren sie sich mit den Figuren und dem Geschehen. Brecht erkannte, dass Schweigen eine derartige Distanzierung zu bewirken vermag. Kein Argumentieren mehr. Ende des Dialogs. Keine »sinnvolle Kommunikation« mehr. Ein äthiopisches Sprichwort sagt: »Wenn der hohe Herr vorbeigeht, beugt der kluge Bauer sich tief hinunter und furzt.« Das große Problem ist hier, dass auch dieses Schweigen noch auf die Anwesenheit eines »hohen Herren« ausgerichtet ist. Statt generell in Schweigen zu verharren, resultiert der Verfremdungseffekt aus einem schweigenden Widerstand gegen einen bestimmten Herrn.

So begreift Hegel darstellende Kunst gleichfalls als politisch, wenn sie die Zuschauer von der Identifizierung mit einem bestimmten, auf der Bühne dargestellten Herrn befreit. Ein Theaterstück ist natürlich kein Seminar, in dem die strukturellen Merkmale der Herrschaft sorgfältig erörtert würden. Dennoch hält diese Art politischen Theaters eine Falle bereit, wenn man es auf die Straße überträgt. Befreie dich von den Qualen abhängigen Ungehorsams, weise einen bestimmten Herrn zurück und du hast das Problem gelöst – glaubst du vielleicht. Doch das hast du nicht, denn ein anderer Herr wird an seine Stelle treten. Du brauchst eine Befreiung von der Identifikation, die sich weniger auf einzelne Personen bezieht und dich wirklich zu einem unabhängigen Menschen macht.

Das scheint weit entfernt von dem zu sein, was Kunst zu leisten vermag. Dennoch ging es genau darum in einer modernen Performance, die den Titel *The Artist is Present* trug und 2010 im New York Museum gezeigt wurde. Die Künstlerin Marina Abramović saß dabei insgesamt 736 Stunden und 30 Minuten schweigend auf einem Stuhl. Besucher wurden gebeten, an einem Tisch ihr gegenüber Platz zu nehmen und dort zu bleiben, solange sie wollten, von fünf Minuten bis hin zu einem ganzen Tag. Solange sie dort saßen, blieb die Künstlerin in ständigem Blickkontakt zu ihnen. Wie es schien, wirkte ihr starrender Blick beherrschend und hypnotisierend. Das Kauderwelsch, das die Presseabteilung des Museums herausgab, behauptete, unter Abramović' starrem Blick hätten diese Besucher blitzartige Erleuchtungen und fühlten sich plötzlich in Kontakt mit sich selbst und so weiter. Nach dem Event berichteten jedoch viele, sie hätten über Einkaufslisten oder das nächste Essen nachgedacht. Das ist nicht die Art von Loslösung, die Hegel im Sinn hatte.

Eine konsequentere Form der Loslösung findet ihre Verkörperung im Werk einer anderen Performancekünstlerin – konsequenter, weil der Rückzug von der Einlassung mit dem Mächtigen das Vorspiel zur Aufnahme von Verbindungen zu anderen Menschen darstellt.

TANIA BRUGUERA VERÄNDERT IHRE KUNST 2008 besuchte ich eine Performance von Tania Bruguera vor der Tate Modern in London. In ihrem Auftrag spielten zwei Schauspieler in der geräumigen Turbine Hall des Museums berittene Polizisten. Sie bewachten die Eingänge zu den Ausstellungsälen. Manchmal vertrieben sie Besucher, und manchmal drängten sie sie auf einem engen Raum zusammen, aus dem sie sich nicht entfernen durften. Bruguera, eine kubanische Künstlerin, die in ihrer Arbeit oft Unterdrückung durch die kubanischen Behörden erfahren hatte, wollte den Besuchern der Tate zeigen, wie es sich anfühlt, als Menschenmenge unterdrückt zu werden.

Am interessantesten an Tatlin's Whisper #5, wie ihre Performance hieß (ein Titel, den ich immer noch nicht verstehe), war in meinen Augen die Reaktion mancher Besucher. Alle wussten, dass es sich um eine Inszenierung handelte, und meistens machte das Publikum mit und tat, was die Polizisten ihnen sagten – außer einigen wenigen, die ein paar Tage nach der Eröffnung der Show dorthin kamen. Es waren eher ältere Leute, in Tweed gekleidet und mit praktischem Schuhwerk, die sich ganz offenbar mit Pferden auskannten. Sie sprachen die Pferde sehr bestimmt an. Die Pferde gehorchten und gaben die Eingänge frei, sodass die Besucher hineingehen konnten. Die Schauspieler auf den Pferden waren verblüfft – ihre Rosse, die nichts von Performancekunst verstanden, hatten den Bann gebrochen.

Als ich Bruguera später von dieser Szene erzählte, wirkte sie erstaunlicherweise erfreut. Die Aufführung des Stücks hatte politisches Handeln ausgelöst. Die älteren Leute leisteten Widerstand gegen die von ihr ausgeübte Repression. Tania war hier nicht besonders clever. In ihrer eigenen Arbeit als Performancekünstlerin ging es nun weniger um die Darstellung von Konfrontation als um die Einbeziehung des Publikums.

Zu der Veränderung kam es 2018, als die Tate ihr erneut einen Auftrag gab. Nun entwarf sie ein Stück mit dem Titel *10.148.451*, der sich auf die Zahl der Menschen bezieht, die in diesem Jahr aus ihrer Heimat an andere Orte in der Welt hatten fliehen müssen. Bruguera wollte die Tate Modern zu einem Ort machen, an dem Flüchtlinge zusammenkommen konnten. Ein Publikumsmagnet in dieser Ausstellung war eine recht komplizierte Apparatur, bei der die Leute sich auf einen riesigen berührungs- und bewegungsempfindlichen Bildschirm legten und Arme und Beine bewegten, woraufhin auf dem Bildschirm unter ihnen das Bild eines bekannten Flüchtlings erschien. Diese Attraktion, die anfangs Kinder, später dann auch Erwachsene anzog, war Teil eines längerfristigen Projekts, das eine größere Zahl in der Nähe lebender Flüchtlinge ins Tate Modern holen sollte.[8]

Die Tate warb für *10.148.451* mit der Kennzeichnung als »grenzüberschreitend« und verfehlte damit die eigentliche Absicht. Tania ging es in dieser Performance nicht um eine Schaustellung »radikalen Willens«, wie Susan Sontag dies einst genannt hatte. Sie wollte vielmehr eine Gemeinschaft schaffen.

Ihr Stück erinnert mich an das Dilemma, in dem die Tänzerinnen und Tänzer des Judson Dance Theater steckten. Im Rückblick scheint es, als hätten sie gar nicht befürchten müssen, dass ihre künstlerischen Innovationen das ältere Publikum und die italienische Gemeinde abgeschreckt hätten, die Trisha Brown zu »demokratischem« Engagement ermutigen wollte. Die älteren Leute am Washington Square waren keineswegs befremdet von Browns die Wände hinaufkletternden Tänzern. Sie interessierten sich nachhaltig für das, was die jungen Leute da taten, und blieben der Kirchengemeinde treu. Und ganz ähnlich ließen die durch Tanias Stück zusammengeholten Flüchtlinge sich keineswegs davon abschrecken, dass sie nichts von der Technik verstanden, die hinter dem auf dem Boden liegenden Bildschirm steckte.

Es mag etwas gezwungen erscheinen, diese verschiedenen Stränge des politischen Theaters zusammenzuflechten – doch in einer ganz einfachen Hinsicht bilden sie einen einzigen gemeinsamen Strang. Sie alle praktizieren Politik ohne Worte. Diese Praxis scheint mir überzeugender zu sein als politische Debatten. Als ich bei Hannah Arendt studierte, war ihr Glaube an das Wort einer der Gründe, weshalb ich nicht ihr Anhänger werden konnte. Wenn ich an meine prägenden Jahre in New York zurückdenke, als das Juilliard-Konservatorium so isoliert von den politischen Aktivisten gegen die Rassendiskriminierung erschien und das Judson Dance Theater sich mit Problemen der gesellschaftlichen Klassen auseinandersetzte, habe ich heute den Eindruck, dass dem größeres Gewicht zukam als den Manifesten der Neuen Linken und deren Streitereien mit der Alten Linken. Ein auf die Gefühle zielendes Theater füllt die Leere, die leere Worte hinterlassen.

15 ANERKENNUNG

Künstlerische Darbietungen verleihen dem Leben Würde

Während ich die Fäden dieses Essays zusammenführe, schweift meine Erinnerung zurück zum Algonquin Hotel in New York während der späten neunzehnhundertsiebziger Jahre zu einem Mittagessen mit Norbert Elias. Er war als junger Sozialwissenschaftler in Frankfurt nach der Machtergreifung der Nazis 1933 ins Exil gegangen, zunächst nach Paris und dann nach Großbritannien. Nach einem Zwischenspiel in Afrika führte Elias nach Kriegsende ein Leben als Emigrant an der University of Leicester. Seine Geschichte hätte die so vieler in der Generation meiner Eltern sein können, wenn man von einer Ausnahme absieht: Mitte der neunzehnhundertdreißiger Jahre hatte er ein großartiges Buch geschrieben, *Über den Prozeß der Zivilisation,* das dann jahrzehntelang in Vergessenheit geriet. Vierzig Jahre später war er nach New York gekommen, um den Versuch zu unternehmen, dem Buch durch eine englische Übersetzung zur Wiederauferstehung zu verhelfen. Meine Deutschkenntnisse waren allzu rudimentär, als dass ich ihm dabei eine Hilfe hätte sein können. Er nahm mein Scheitern als Übersetzer mit jüdischer Gelassenheit: Natürlich gehen Dinge schief. Am Ende des Essens bemerkte er über meine Assimilation in Amerika etwas in der Art von: »Europa stirbt in Ihnen.« Vielleicht.

Kultur und Zivilisation

Viele Kulturen unterscheiden wie das Deutsche zwischen »Kultur« und »Zivilisation«. Auf der einen Seite gibt es die Verhaltensweisen, Werte und Rituale, die das alltägliche Leben prägen. Sie werden ausgeführt, ohne dass die Menschen sich dessen sonderlich bewusst wären. Das ist der Bereich der Kultur. Auf der anderen Seite gibt es Verhaltensweisen, die erlernt werden müssen: Manieren und Höflichkeitsformen, die es uns ermöglichen, gewaltfrei miteinander auszukommen, wie auch Täuschungen und Listen machiavellistischer Art in Politik und Geschäftsleben. Sie gehören zum Bereich der Zivilisation. Kultur wird oft als eine Art unschuldigen, von Herzen kommenden Ausdrucks konstruiert, während Zivilisation eher verstandesmäßig und artifiziell erscheint.

In seinem Buch *Über den Prozeß der Zivilisation* versuchte Elias, über diesen Schwarzweißgegensatz zwischen »von Herzen empfunden« und »berechnend« hinauszugelangen. Zivilisation, die gute wie die schlechte Seite, resultiert aus Selbstkontrolle. Er zeichnete nach, wie die Menschen in der Geschichte der Moderne schrittweise Codes der Selbstkontrolle entwickelten, sodass sie nicht länger über ihr Verhalten nachzudenken brauchten: Die Selbstbeherrschung war in ihnen selbst angelegt. Die gute, gewaltlose Art von Zivilisation war, wie er wusste, zerbrechlich. Er hatte deren Zusammenbruch in den Straßen Deutschlands während der neunzehnhundertdreißiger Jahre selbst erlebt. Und es könnte jederzeit wieder geschehen, sagte er.

Elias entschied sich, die ganze Geschichte der Selbstkontrolle zu erzählen, indem er den Fokus auf den menschlichen Körper und die materielle Kultur legte. In seinem Werk legte er dar, wie die Menschen nach und nach Körperfunktionen wie das Furzen verschleiert hatten; wie sie begannen, mit Gabeln statt mit den Fingern zu essen und das Fluchen beim Reden einzudämmen. Dabei dachte er an mehr als nur Manieren der vornehmen Art. So wurden die Schulen im 17. Jahrhundert zu Einrichtungen, die das Verhalten der Kinder regulierten, statt ihnen lediglich Wissen einzutrichtern. Holländische Lehrbücher erklärten, dass man den Kindern beibringen sollte, nicht zu hampeln und zu sprechen statt zu schreien. Wenn die kleinen Raufbolde dann die Schule verließen, brauchte man ihnen nicht mehr zu sagen, wie sie sich zu benehmen hatten. Die körperliche Selbstdisziplin war so tief in ihnen verankert, dass sie ganz selbstverständlich erschien.

Die Arbeit, sich selbst zu zivilisieren, ist allerdings keine Einbahnstraße. Selbstkontrolle kommt und geht. Die wilde Kreatur im Kind wird zunächst durch die elterliche Disziplin und die Schule gezähmt. Der Heranwachsende rebelliert dann und wirft die Beschränkungen im Namen der eigenen Individualität ab. Der junge Erwachsene wird gemäßigt durch die Rempeleien anderer Egos, die Verwirrung persönlicher Wünsche sowie durch Grenzen der persönlichen Fähigkeiten. Der Erwachsene schließlich akzeptiert diese Beschränkungen und führt sein Leben innerhalb der Grenzen der Normalität.

Der Zivilisationsprozess scheint einiges mit Pico della Mirandolas Renaissance-Ideal des sich selbst erschaffenden Menschen gemeinsam zu haben, doch hier gibt es einen großen Unterschied. Statt die Erfahrung zu erweitern, wie Pico annahm, schränkt der Zivilisationsprozess sie ein. Freud, eine Generation älter als Elias, hatte in *Das Unbehagen in der Kultur* ein Jahrzehnt vor Elias ähnliche Ansichten geäußert. Das Datum spielt hier eine Rolle. Obwohl vor den Schrecken der Naziherrschaft geschrieben, stellt Freud dort die Zivilisation der Barbarei gegenüber ein Gegensatz, der im menschlichen Herzen liegt und nicht in die sozialen Beziehungen ausstrahlt. Das Tier in uns muss in uns gezähmt und nicht in einen Käfig gesperrt werden. Um von wütenden und gewalttätigen Impulsen abzulassen, müssen die Menschen sich in ihrem Inneren verändern. Die strenge soziale Kontrolle, an die Thomas Hobbes dachte, vermag das Tier in uns nicht zu ändern. Für Freud beginnt die Zivilisation mit der Erfahrung des Verzichts, der Eindämmung der eigenen physischen und emotionalen Impulse, um mit anderen zusammenleben zu können.

Freud war in zweierlei Hinsicht Realist. Erstens wusste er, wie zerbrechlich und außergewöhnlich der Prozess der Selbstzivilisierung ist: Die Regel ist die Barbarei. Zweitens war ihm klar, dass Verzicht keinen

Spaß macht. Das ist das Unbehagen in der Kultur. Wir handeln zivilisiert statt barbarisch, weil Moral, Religion und die Erfahrung des Mitgefühls und der Empathie uns dazu aufrufen.

Zivilisation als Selbstkontrolle und Verzicht besitzt eine soziale Seite, die von Elias, nicht aber von Freud behandelt wird: das Verhältnis der Zivilisation zur Klassenzugehörigkeit. In Büchern über Manieren, die um 1630 entstanden, erschien Selbstkontrolle als ein grober Maßstab für soziale Ungleichheit, da Erwachsene niederen Standes wie Dienstleute oder Bauern dort als unfähig dargestellt wurden, sich selbst zu beherrschen, beim Furzen wie in ihrer Sprache. Sozial Niedriggestellte platzen mit den Dingen heraus, reden mit lauter Stimme, während zivilisierte Menschen sich auf Andeutungen oder Anspielungen beschränken und sich zurückhalten. Natürlich ist das offenkundig falsch, doch das hinderte privilegierte Leute nicht, es zu glauben – im Sinne eines unterschwelligen Vorurteils. »Grob« wurde mit »niederen Klassen« assoziiert. In der viktorianischen Zeit hatte dieses Vorurteil sich in die Idee des Eigentums verwandelt – diese krude bürgerliche Version der guten Manieren. Elias fügte der marxistischen Kritik an der Ungleichheit eine körperliche Dimension hinzu. Die Repression, die das Bürgertum auf ökonomischer Ebene gegenüber den Arbeitern ausübte, praktizierte es auf körperlicher Ebene gegenüber sich selbst.

Im 19. Jahrhundert spielte die Kunst eine unglückselige Rolle in dieser klassenbasierten Konstruktion von Zivilisation. Der viktorianische Essayist Matthew Arnold schrieb in *Culture and Anarchy*, die Zivilisation bestehe aus der hohen Kunst, die »einfachen Leuten« nicht zugänglich sei. Das Vorurteil ist bis heute nicht wirklich verschwunden. Ältere Fernsehzuschauer dürften sich an die gepflegte aristokratische Stimme des Kunsthistorikers Kenneth Clark erinnern, der über die Künste als Höhepunkt zivilisatorischer Errungenschaften sprach. Clark war ein »Popularisierer«, die vielleicht herablassendste Haltung, die ein kultivierter Mensch gegenüber den Massen einzunehmen vermag. Er erklärte und »erleuchtete«, wie dieses herablassendste aller Worte lautet.

Das Verhältnis zwischen Kunst und Zivilisation wird weniger snobistisch, wenn wir den Fokus vor allem auf die darstellende Kunst legen. Im

3. Kapitel haben wir gesehen, wie Bühnenkunst die Menschen befähigen kann, zwischen der Darstellung von Gewalt auf der Bühne und realem Schmerz zu unterscheiden. Die willentliche Aussetzung der Ungläubigkeit kann Massen in der Tat dazu bewegen, gemeinsam Gewalt auf den Straßen auszuüben. Für Gustave Le Bon ist die gewalttätige Straße ein Theaterraum wie einst in den schlimmsten Tagen der Französischen Revolution. Le Bons ernüchtertes Individuum ist die selbstbeherrschte Person, die Elias sich als im guten, nichtgewalttätigen Sinne zivilisierten Menschen vorstellte.

So erscheint der darstellende Bereich als Antithese zur Zivilisation. Oder vielmehr stelle ich mir vor, wenn Elias, Freud und Le Bon die im 5. Buch behandelten Vorzüge der offenen Bühne bewerteten, dürften sie ihnen leichter und in der Substanz weniger folgenreich erscheinen als die bösartigen Kräfte der Bühne. Bei bösartigen Darbietungen geht es nicht allein um Gewalt, sondern auch um eine Herabwürdigung der Erfahrung wie bei den Hafenarbeitern in New York oder um eine Lähmung des Handelns wie bei den jungen Klimawandelleugnern in Washington.

Kunst als Erfahrung

Eine positivere Sicht auf die Rolle der darstellenden Kunst in der Kultur stammt von dem großen amerikanischen Denker und Philosophen des Pragmatismus John Dewey. Sein Buch über Kunst und Gesellschaft, *Kunst als Erfahrung*, erschien 1934, nur fünf Jahre vor *Über den Prozeß der Zivilisation* und war in einem gänzlich anderen Geiste geschrieben. Dewey war fünfundsiebzig. Er spürte, dass seine lebenslange Beschäftigung mit Bildung, Rassengerechtigkeit und demokratischem Sozialismus in einem Zusammenhang mit dem künstlerischen Ausdruck stehen könnte. Dass dieses Gefühl nicht trog, bemerkte er in seiner Zeit als Stipendiat der Albert Barnes Foundation, einer Einrichtung in Philadelphia, die Werke von Matisse und anderen modernen Malern in ihren Beständen hatte. Dewey blickte jedoch auch über Europa hinaus. Er studierte Keramik der Pueblo-Indianer, Felsmalereien der Buschmänner, skytische Ornamente, afrikanische Skulpturen und chinesische Kalligrafie. Innerhalb der USA nahm er die afroamerikanische Malerei schon zu einer Zeit ernst, als »Black Art« sich in der US-amerikanischen Massenkultur hauptsächlich auf sexy Unterhaltungsmusik beschränkte.

Dewey verlieh diesen unterschiedlichen Arten der Hereinnahme des Kunstschaffens ins Leben eine Gestalt, indem er »*eine* Erfahrung« von dem eher fließenden, amorphen Ausdruck »Erfahrung« unterschied. Eine Erfahrung baut sich auf, wenn die zugehörigen Verhaltensweisen und Empfindungen eine synergetische Beziehung eingehen: Das Ganze ist mehr als die Summe seiner Teile. Nehmen wir an, jemand geht die Straße hinunter und wird von einem Fremden anderer ethnischer Zugehörigkeit angehalten und nach dem Weg gefragt. Im ersten Augenblick misstrauisch, bis ihm klar wird, dass der Fremde nur nach dem Weg fragen möchte, wird dem Spaziergänger klar, dass rassistische Klischees falsche Ängste vor dem Anderen in ihm ausgelöst haben. Dieser Mensch hat *eine* Erfahrung gemacht – ein Geschehen, das in der Zeit eine Gestalt besitzt und kein bloßer Strom von Empfindungen ist. Und mehr noch, die Erfahrung ist sozial erweiterbar, denn beim nächsten Mal wird er, wenn er einem Fremden anderer ethnischer Zugehörigkeit begegnet, nicht unwillkürlich zurückschrecken.

Dewey war nicht naiv. Er wusste, dass Erfahrung meist nicht diese Gestalt annimmt und daher weniger erhellend ist. In den meisten Fällen besteht Erfahrung aus einem undifferenzierten Strom, dem »Bewusstseinsstrom«, wie William James ihn beschrieb. James' Zeitgenosse Henri Bergson hielt diesen Strom für ein das Leben stärkendes Element, wie das Sich-Verlieren, wenn man eine überfüllte, sich ständig verändernde Straße hinuntergeht. Trotz seiner Hochachtung vor Bergson teilte Dewey diese Ansicht nicht. Bewusstsein kann nur dann stimulierend sein, wenn es um materielle Dinge herum Gestalt annimmt.

Dewey war kein so herablassender Popularisierer wie Kenneth Clark. Aufgrund seiner demokratischen Gesinnung war er der Überzeugung, dass Hersteller und Konsument dieselben Erfahrungen der Klasse, des Geschlechts, der Rasse und ethnischen Zugehörigkeit, dieselben inneren Verwirrungen und dieselbe Suche nach Sinn miteinander teilen. Dewey lehnte jegliche Vergötterung der Kunst und des Künstlers ab. Wir alle stecken im selben Morast. Der Künstler ist nur insofern etwas Besonderes, als er über Materialien und Fähigkeiten verfügt, die sich als erhellend für andere Menschen erweisen könnten, für Menschen, die – im Idealfall – als Fragende in die Erfahrung eintreten und sich nicht scheuen, zu kritisieren und zu urteilen. Deweys Sicht ermutigt die Zuschauer.

Das Verhältnis des Zuschauers zur Bühne hat sich auf zwei Wegen entwickelt. Auf dem ersten, zu Montesquieus Zeiten von der Comédie-Française verkörperten Weg ignorierten die Zuschauer weitgehend die Bühne und vertieften sich stattdessen in die äußere Erscheinung und das Tun der anderen und ihrer selbst. Ein älterer Weg, bei dem die Zuschauer sich der Bühne fügten, nahm seinen Ausgang bei den Griechen. Dewey brach mit beiden Versionen – er verwarf den Gedanken, überhaupt Zuschauer zu sein. Er wünschte sich stattdessen wie die Schöpfer der berühmten altgriechischen Rituale eine aktive körperliche und geistige Beteiligung, damit eine kollektive, die Menschen zusammenführende Erfahrung entsteht.

Die pragmatistischen Philosophen nach Dewey waren nicht glücklich mit dem Glauben an die Kunst als eine einheitliche gemeinsame Erfahrung. Und so ging es Richard Rorty auch im Blick auf den Wandel in den Wissenschaften. Statt »auf den Schultern von Riesen zu stehen«, wie das alte Klischee zum wissenschaftlichen Wissen lautete, glaubte Rorty, dass neue Arbeiten den Riesen auf die Füße träten. Für Arthur Danto, einen Philosophen, der sich vor allem mit bildender Kunst beschäftigte, gehört es zur schöpferischen Arbeit in der Kunst, Lücken und Brüche zu schaffen, die sich nicht heilen lassen, und gegen Regeln zu verstoßen. Diese Pragmatisten legten den Schwerpunkt auf die Belastungen und unauflöslichen Widerstände innerhalb der Kultur.

Dennoch besitzt Dewey als Philosoph der Kunst etwas zutiefst Inspirierendes. Er griff eine Dimension der Zivilisation auf, der Elias keine sonderliche Aufmerksamkeit schenkte, der Frage nämlich, wie Kunst die Erfahrung so zu erweitern vermag, dass sie die Menschen offener füreinander macht. Oder um das Wort nun endlich im positiven Sinne zu verwenden: wie Kunst zu »zivilisieren« vermag.

Darstellung von Zivilisiertheit

»Zivilisiertheit« im Sinne von Anstand ist eine Kusine des Ausdrucks »Zivilisation«, doch die beiden sind keine Geschwister. Bei »Zivilisiertheit« geht es um ein Verhalten, das andere respektiert. »Zivilisiertheit« gehört nicht einmal zur selben Familie wie »Kultur«. Heute ist Kultur in ihrer herkömmlichen Bedeutung sogar zum Feind der Zivilisiertheit geworden. Kultur ist von Ressentiments gegen andere Menschen getrieben, die anders sind. Kultur blickt vor allem nach innen, auf Identität.

Im Algonquin begannen Elias und ich über den Gegensatz zwischen Kultur und Zivilisation zu diskutieren, der ihm von ebenso überragender Bedeutung zu sein schien wie meinen Eltern. Kultur hatte zu Zeiten der Nazis sein Leben aus dem Gleis gebracht, doch Norbert – wie ich ihn im Verlaufe des Gesprächs nennen durfte – war offenbar frei von Selbstmitleid. Wie sich zeigte, hatte er sogar noch mehr Freude an Abstraktion als ich, doch das Essen endete nicht mit einer Theorie, die eine Lösung für die Frage gebracht hätte, wie man in einem guten Sinne zivilisiert werden kann. Hätten wir aus dem Fenster des Restaurants geschaut, wäre uns indessen ein Beispiel für Zivilisiertheit aufgefallen, das auf der Straße aufgeführt wurde.

Das Algonquin Hotel liegt am östlichen Rand des Times Square im Theaterviertel New Yorks, das damals kaum als zivilisiert im Sinne von Elias gelten konnte. In den Nebenstraßen des Times Square wimmelte es von Drogendealern und Süchtigen, und zuweilen lagen dort an einer Überdosis Gestorbene, und in den Hauseingängen lungerten Prostituierte herum oder warben am Straßenrand um Kunden.

Das verlotterte Erscheinungsbild der Straße verbarg ein wenig die Anwesenheit einer großen Anzahl kleiner Büros und Werkstätten in Gebäuden, deren Innenräume an Kaninchengehege erinnerten. Viele der dortigen Läden und Werkstätten belieferten die Theater mit Kostümen oder Kulissen, andere betätigten sich im Musikalienhandel und bauten oder reparierten Musikinstrumente. Auch die *New York Times* hatte einen beträchtlichen Teil ihrer Belegschaft dort am Times Square, denn Teile der

Zeitung wurden damals an der 43rd Street gedruckt. Zu den Massen an Arbeitern kamen die Theaterbesucher hinzu, etwa 80 000 jeden Abend, wenn die Theater voll waren.

Nach dem Theater mischten die Theaterbesucher sich in Restaurants, aus irgendeinem Grund meist griechische, mit den Arbeitern, die von ihrer Schicht bei der *New York Times* kamen. Den Tag über verpflegten diese Restaurants die Beschäftigten in den Büros und Werkstätten, dazu die Taxifahrer, die dort um die Mittagszeit zusammenkamen, um einige der günstigen »*cab-driver-specials*« zu essen. Die geschäftige Szene hier unterschied sich deutlich von der Umgebung der Dirty Dick's Fo'c'sle Bar downtown, die sich im Wesentlichen auf Innenräume beschränkte und nur eine einzelne Gruppe anzog.

Außerhalb der Restaurants fand sich eine gleichermaßen gemischte Menge, am Tag wie am Abend, vor allem während der Theaterpausen, wenn Leute herauskamen, um auf der Straße zu rauchen, und dabei zur Beute von Taschendieben und außer Kontrolle geratenen Drogensüchtigen wurden. Damals gab es kaum Polizeipräsenz am Times Square. So mussten die Theaterbesucher sich selbst schützen, indem sie miteinander plauderten und geschickt um Drogensüchtige oder Prostituierte herumsteuerten.

Das taten sie, indem sie Zivilisiertheit darboten. Bedrohungen seitens der Süchtigen oder Prostituierten behandelte man, indem man sie bewusst nicht zur Kenntnis nahm. Man führte leicht gezwungene und gekünstelte Gespräche, als wären hier gar keine Übergriffe zu befürchten. Etwas klarer sortierte sich die gemischte Menge in den Restaurants, wo die Zeitungsdrucker eigene Tische hatten, die von den Theaterbesuchern am Abend und von den Taxifahrern um die Mittagszeit nicht belegt wurden, obwohl diese griechischen Restaurants oft stark besucht und freie Tische eine Seltenheit waren.

Das sind scheinbar triviale Beispiele für Zivilisiertheit. Können sie als kunstvoll gelten? Ich würde sagen, diese Höflichkeiten sind es, auch wenn sie keinen Choreografen wie Bayard Rustin hatten. Die gezwungenen Unterhaltungen auf den Gehwegen, auf denen Übergriffe drohten, waren etwas anderes als zum Beispiel die Ausweichbewegungen der um meinen kriegsverwundeten Freund Jamal strömenden Menschenmenge. Am Times Square wandten die Leute sich nicht ab, sondern agierten gleichsam in einem Theaterstück.

Nachdem wir das Algonquin verlassen hatten, gingen wir auf die Suche nach der U-Bahn-Station in der 7th Avenue ein paar Blocks entfernt. Elias trug einen Hut – ich glaube, es war ein Homburger –, wodurch er in einer Menschenmenge auffiel, in der sonst kaum jemand einen Hut trug. Als wir die U-Bahn-Station betraten, fragte er die Fahrkartenkontrolleurin nach der Richtung irgendwo nach Upper Manhattan. Sie antwortete ausführlich in einem stark haitianisch gefärbten Englisch, sodass nicht klar war, ob er viel verstanden hatte, doch in einer höflichen Geste lüftete er seinen Homburger, und sie nickte ihm zum Dank zu. Er hatte einen Akt zivilisierten Anstands vollführt.

ANMERKUNGEN

Einleitung: Kunst und Leben im Sommer 1963

1 *Free Jazz,* Rhino Records, CD Re-issue, 1998.
2 Béla Bartók, Brief an Márta und Hermina Ziegler, 4. Februar 1909, zit. nach Tibor Tallián, *Béla Bartók. Sein Leben und Werk,* Budapest 1988, S. 105.

1 Eine unbehagliche Nähe zwischen Schauspiel und Ritual

1 Victor Turner, »Symbols in African Ritual«, *Science* 179 (16. März 1972), S. 1100–1150.
2 Siehe Hillel Halkin, *After One-Hundred-and-Twenty: Reflecting on Death, Mourning, and the Afterlife in the Jewish Tradition,* Princeton 2016; besonders zu empfehlen ist hier das aufschlussreiche Buch von Leon Wieseltier, *Kaddisch,* München 2000.
3 Siehe Walter Benjamin, »Der Erzähler«, in: ders., *Illuminationen. Ausgewählte Schriften 1,* Frankfurt am Main 1977, S. 385–410.
4 Marcus Tullius Cicero, *De oratore. Über den Redner,* lat. und dt., Ditzingen 1976, S. 585 (Buch III, § 220).
5 Allen Ginsberg, *Kaddisch. Gedichte,* Wiesbaden 1962, S. 72.
6 »Kaddish« von Allen Ginsberg, Theaterstück, Regie: Robert Kalfin, Chelsea Theater Center, New York 1972.
7 Ebd.
8 Richard Schechner, *Experimental Theatre,* Portland, Oregon, 1973.
9 Leonard Bernstein, Symphony No. 3, »Kaddish«, London 1963, überarbeitete Fassung 1977.

2 Die moralische Ambiguität der Darstellungskunst

1 Jean Piaget, *Der Aufbau der Wirklichkeit beim Kinde,* Stuttgart 1974.
2 D. W. Winnicott, *Vom Spiel zur Realität,* Stuttgart 1973, S. 156, 119.
3 John Langshaw Austin, *Zur Theorie der Sprechakte,* Stuttgart 1972. Roland Barthes, »Der Tode des Autors«, in: ders., *Das Rauschen der Sprache,* Frankfurt am Main 2005, S. 57–63, hier S. 60.
4 Niccolo Machiavelli, Brief an Francesco Vettori, Florenz, 10. Dezember 1514, in: *Die*

Briefe des Florentinischen Kanzlers und Geschichtsschreibers Niccolo di Bernardo dei Machiavelli an seine Freunde, Berlin 1826, S. 116–117.

5 Ich danke dem Dirigenten Michael Tilson Thomas, der mich in die Welt des jiddischen Theaters in New York eingeführt hat. Zu dessen Geschichte siehe Nahma Sandrow, *Vagabond Stars: A World History of Yiddish Theater*, New York 1977.

6 Roland Barthes, *Fragmente einer Sprache der Liebe*, Frankfurt am Main 1984, S. 253 (teilweise abweichend).

7 Zit. nach William Shakespeare, *Hamlet*, in: ders., *Sämtliche Werke in vier Bänden*. Band 4, Berlin 1975, S. 272 und 311.

3 Die verstörendste Darstellung

1 Aristoteles, *Poetik*, übers. und erl. von Arbogast Schmitt (Akademie-Ausgabe der *Werke*, Bd. 5), Berlin 2008, S. 36.

2 Siehe Thomas Henry Huxley, *The Major Prose of Thomas Henry Huxley*, hg. von A. P. Barr, Athens, Georgia, 1997, S. 357.

3 Siehe Max Weber, *Wirtschaft und Gesellschaft. Grundriß der verstehenden Soziologie*, besorgt von Johannes Winckelmann, Tübingen [5]1980, S. 378–379; ders., *Die protestantische Ethik und der Geist des Kapitalismus*, in: ders., *Gesammelte Aufsätze zur Religionssoziologe*, 3 Bde., Tübingen [8]1978, Bd. 1, S. 17–207.

4 Siehe William James, *Die Vielfalt religiöser Erfahrung*, Frankfurt am Main 1997; siehe dort »Vorlesungen IV und V: Die Religion des gesunden Geistes«, S. 110–151, und »Vorlesung VIII: Das gespaltene Selbst und sein Vereinigungsprozeß«, S. 188–208.

5 Siehe S. T. Coleridge und J. Shawcross, Biographia Literaria, Bd. XIV, Oxford 1907.

6 William Wordsworth, *Präludium oder Das Reifen eines Dichtergeistes*, Stuttgart 1974, S. 293.

7 Ebd., S. 263.

8 Friedrich Nietzsche, *Jenseits von Gut und Böse*, in: ders., *Kritische Studienausgabe*, hg. von Giorgio Colli und Mazzino Montinari, 15 Bde., München 1999, Bd. 5, S. 100.

9 Theodor W. Adorno, »Die Freudsche Theorie und die Struktur der faschistischen Propaganda«, *Psyche*, Jg. 24, Heft 7 (1970), S. 486–508, hier S. 507.

10 Antonin Artaud, »Das Theater der Grausamkeit (Zweites Manifest)«, in: ders., *Das Theater und sein Double*, Frankfurt am Main 1976, S. 131.

4 Die drei Bühnen der Stadt

1 Richard Sennett, *Fleisch und Stein. Der Körper und die Stadt in der westlichen Zivilisation*, Berlin 1995, S. 76–84.

2 Platon, *Der Staat*, Buch VII (514A–520A), in: ders., *Sämtliche Werke*, 3 Bde., Köln und Olten 1967, Bd. 2, S. 248–256.

5 Der Rückzug der Bühne von der Straße

1 Inigo Jones, zit. in: James Laver, *Drama – Its Costume and Decor*, London 1951, S. 76.

2 Alois M. Nagler, *A Source Book in Theatrical History*, New York 1959, S. 73–81, zu Sebastiano Serlio, *Regole generali di architettura*, Buch II, Kap. 3; das direkte dt. Zitat aus Seb. Serlii *Von der Architectur fünff Bücher*, Basel 1609, Das ander Buch, Das III. Cap., S. B_27 r.

3 Ebd, S. B_25 r.

4 Ebd, S. B_26 r.

5 Montesquieu, *Persische Briefe*, Stuttgart 2012, 28. Brief, S. 58–59.

6 Richard Sennett, *Verfall und Ende des öffentlichen Lebens*, Frankfurt am Main 1983, S. 167–175.

7 Charles Baudelaire, »Der Maler des modernen Lebens«, in: ders., *Sämtliche Werke/Briefe* in acht Bänden, hg. von Friedhelm Kemp und Claude Pichois, München 1989, Bd. 5, S. 226. Ders., »Pariser Bilder«, in: *Sämtliche Werke/Briefe*, Bd. 3, S. 229.

8 Wolfgang Amadeus Mozart, Preußische Quartette, Nr. 21–23 (KV 575, 589, 590).

6 Seinen Lebensunterhalt auf der Bühne verdienen

1 Stephen Greenblatt, *Renaissance self-fashioning: from More to Shakespeare*, Chicago 2005.

2 Aristoteles, *Problemata physica*, übers. von Hellmut Flashar (Akademie-Ausgabe der Werke, Bd. 19), Darmstadt 1983, S. 250–256, hier S. 250.

3 Pico della Mirandola, *De hominis dignitate. Über die Würde des Menschen*, lat. und dt., übers. von Norbert Baumgarten, Hamburg 1990, S. 7.

4 Ovid, *Metamorphosen*, in der Übertragung von Johann Heinrich Voss, Frankfurt am Main 1990, Viertes Buch.

5 Jacob Burckhardt, *Die Kultur der Renaissance in Italien* (1860), Stuttgart 2014, S. 131.

6 William Shakespeare, *König Lear*, in: ders., *Sämtliche Werke in vier Bänden*, Bd. 4, Berlin 1975, S. 510–511.

7 Goldoni zit. nach Pierre Louis Ducharte, *The Italian Comedy*, London 1996, S. 262.

8 Peter Jordan, *The Venetian Origins of the Commedia dell'arte*, London 2014, S. 71.

9 Zu dem Vorfall siehe Jordan, *The Venetian Origins of the Commedia dell'arte*, S. 188–189.

10 Zum elisabethanischen Theater siehe John Orell, *The quest for Shakespeare's Globe*, Cambridge 1983.

7 Ein Kleiderwechsel

1 Richard Sennett, *Fleisch und Stein. Der Körper und die Stadt in der westlichen Zivilisation*, Berlin 1995.
2 Mary Douglas, *Reinheit und Gefährdung. Eine Studie zu Vorstellungen von Verunreinigung und Tabu*, Berlin 1985.
3 Philippe Ariès, *Geschichte des Todes*, München 1980.
4 David A. Napier, *Masks, Transformation, and Paradox*, Berkeley 1986, S. 9.
5 Andrew Sofer, *The Stage Life of Props*, Ann Arbor 2003, S. 32, 42–49.
6 Max Weber, »Wissenschaft als Beruf«, in: ders., *Gesammelte Aufsätze zur Wissenschaftslehre*, Tübingen [4]1973, S. 582–613, hier S. 594; ders., *Wirtschaft und Gesellschaft. Grundriß der verstehenden Soziologie*, besorgt von Johannes Winckelmann, Tübingen [5]1980, S. 378.

8 Die Kunst des Charismas

1 Philippe Beaussant, *Le Roi-Soleil se lève aussi*, Paris 2000, S. 151.
2 *Der Hof Ludwigs XIV. Nach den Denkwürdigkeiten des Herzogs von Saint-Simon*, hg. von Wilhelm Weigand, Leipzig 1922, S. 444.
3 Jennifer Homans, *Apollo's Angels: A History of Ballet*, New York 2010.
4 Heinrich von Kleist, »Über das Marionettentheater«, in: ders., *Sämtliche Werke*, München 1967, S. 944–951, hier S. 945, 948.
5 Ebd., S. 951.
6 Zit. in Julie Kavanagh, *Secret Muses: The Life of Frederick Ashton*, London 2004.

9 Ein Theater der Besiegten

1 Siehe https://www.youtube.com/watch?v=DgG177q2XTk&feature=youtube.
2 Herbert Macuse, *Der eindimensionale Mensch. Studien zur Ideologie der fortgeschrittenen Industriegesellschaft* (1967), Frankfurt am Main 1994.
3 Henry James, *Die Gesandten*, München 2015, 5. Buch, 2. Kap., Zitat S. 205.
4 Richard Sennett und Jonathan Cobb, *The Hidden Injuries of Class*, New York 1973.
5 Aristoteles, *Poetik*, übers. und erl. von Arbogast Schmitt (Akademie-Ausgabe der Werke, Bd. 5), Berlin 2008, S. 9, 15–16 (1449b21–28, 1452a).
6 Thomas J. Scheff, »Catharsis and Other Heresies: A Theory of Emotion«, *Journal of Social Evolutionary and Cultural Psychology*, Jg. 1, Nr. 3 (2007), S. 78–113, hier S. 106 ff.; siehe auch ders., *Explosion der Gefühle. Über die kulturelle und therapeutische Bedeutung kathartischen Erlebens*, Weinheim 1983.

10 Ein Theater der Furcht

1 Einen groben Überblick über diese Veranstaltung bietet ein Video, das mit António Guterres, dem Generalsekretär der Vereinten Nationen, Rowan Williams, dem früheren Erzbischof von Canterbury, mir und zwei studentischen Aktivisten aufgenommen wurde; siehe https://www.youtube.com/watch?v=MV5y8rMAwyU (zuletzt aufgerufen im August 2023).
2 Siehe dazu Eric M. Conway und Naomi Oreskes, *Die Machiavellis der Wissenschaft. Das Netzwerk des Leugnens*, Weinheim 2014.
3 Jennifer Mitzen, »Anchoring Europe's Civilizing Identity: Habits, Capabilities and Ontological Security«, *Journal of European Public Policy*, Bd. 13, Nr. 2 (2006), S. 270–285.
4 E. R. Dodds, »On Misunderstanding the ›Oedipus Rex‹«, *JSTOR*, *Greece and Rome*, 2. Folge, Bd. 13, Nr. 1 (1966), S. 37–49.
5 Geoffrey Chaucer, *Canterbury-Erzählungen*, in *Chaucers Werke*, Straßburg 1886, Band 2, S. 291.
6 Marcus Tullius Cicero, *Vom Wesen der Götter*, lat. und dt., hg., übers. und kommentiert von Olof Gigon und Laila Straume-Zimmermann, Zürich 1996, S. 145 (II.65).
7 W. G. Sebald, *Die Ringe des Saturn*, Frankfurt am Main 1995, S. 101.

11 Die Bühne vereint sich mit der Straße

1 Richard Sennett, *Handwerk*, Berlin 2008.
2 Leo L. Beranek, *Concert Halls and Opera Houses: Music, Acoustics & Architecture*, 2. Ausg., New York 2004.
3 https://www.lse.ac.uk/sociology/assets/documents/Cities-News-2012-2.pdf; https://lsecitiesstudio5.wordpress.com/ (beide zuletzt aufgerufen im August 2023).
4 Alexander Pope, »Vierter Brief an Richard Boyle, Grafen von Burlington«, in: *Des Alexander Pope Esq. sämmtliche Werke*, Vierter Band, Straßburg 1778, S. 127–163, hier S. 138–140.
5 Tadao Ando im Gespräch mit dem Autor.
6 Georg Simmel, »*Die Großstädte und das Geistesleben*, in: ders., *Gesamtausgabe*, hg. von Otthein Rammstedt, Band 7: *Aufsätze und Abhandlungen. 1901–1908*, Band I, hg. von Rüdiger Kramme, Angela Rammstedt und Otthein Rammstedt, Frankfurt am Main 1995, S. 116–131.
7 Roland Barthes, *Das Reich der Zeichen*, Frankfurt am Main 1981, S. 55.
8 Ebd., S. 47, 50.

12 Körper kooperieren

1 Roland Barthes, »Musica practica«, in: ders., *Der entgegenkommende und der stumpfe Sinn. Kritische Essays III*, Frankfurt am Main 1990, S. 264–265.
2 Eugen Herrigel, *Zen in der Kunst des Bogenschießens* (1948), 27. Aufl., München 1987, S. 2.
3 Angus Trumble, *Eine kleine Geschichte des Lächelns*, München 2006, S. 82–89.
4 Siehe https://www.youtube.com/watch?v=jMj-EVi5T-k (zuletzt aufgerufen im August 2023).

13 Der Darbietende erfindet

1 Wenn Sie mehr über solche Riffs erfahren möchten, können Sie wie wir bei unserer Produktion Rat suchen bei Richard Wistreich, »Monteverdi in Performance«, in: *The Cambridge Companion to Monteverdi*, hg. von John Wenham und Richard Wistreich, Cambridge 2007, S. 251–279.
2 Igor Strawinsky, *Erinnerungen*, in: ders., *Schriften und Gespräche, Teil 1, Erinnerungen. Musikalische Poetik*, Mainz 1983, S. 144, 107.
3 Siehe den ausgezeichneten Artikel von Eva Resnikova, »The Mystery of Terpsichore: Balanchine, Stravinsky, and ›Apollo‹«, *The New Criterion* (September 1983), S. 24.
4 Zit. in: Vera und Igor Strawinsky, *A photograph album 1921 to 1971*, London 1982, S. 13–14.

14 Konfrontation

1 Percy Bysshe Schelley, »Verteidigung der Poesie«, in: ders., *Ausgewählte Werke*, hg. von Helmut Höhne, Frankfurt am Main 1990, S. 621–665, hier S. 665; Fabio Liberto, »The Politics of language in P. B. Shelley«, *La questione romantica* 2/1 (April 2010), S. 56.
2 Siehe W. Sennett, »Communist Party Official, Communist Functionary and Corporate Executive, Individual Memoirs in Government and Politics«, Typoskript eines 1980–1997 durchgeführten Projekts zur »*oral history*«, Katalog II des Regional Oral History Office, The Bancroft Library, University of California, Berkeley, 1984, iv, S. 401.
3 Octavio Paz, *Das Labyrinth der Einsamkeit*, Frankfurt am Main 1974, S. 27–32.
4 John d'Emilio, *Lost Prophet: The Life and Times of Bayard Rustin*, New York 2003.
5 William Shakespeare, *Hamlet*, in: ders., *Sämtliche Werke in vier Bänden*, Berlin 1975, Bd. 4, S. 287 (I.5), 272 (I.2), 312 (II.2), 327 (III.2).
6 Siehe Richard Sennett, *Autorität*, Frankfurt am Main 1985, S. 15.
7 G. W. F. Hegel, *Phänomenologie des Geistes*, in: ders., *Werke in zwanzig Bänden*, hg.

von Eva Moldenhauer und Karl Markus Michel, Frankfurt am Main 1970, Bd. 3, S. 145–155.

8 Siehe Tania Bruguera (2018), *10,148,451*, Tate Modern Exhibition, https://www.tate.org.uk/whats-on/tate-modern/hyundai-commission-tania-bruguera (zuletzt aufgerufen im August 2023).